KB125023

조선시대 생활사 2

조선시대 생활사 2

한국고문서학회 지음

역사비평사

개인들의 삶을 통해 본 조선시대

1996년 5월에 『조선시대 생활사 1』(역사비평사)을 펴낸 지 4년 만에 『조선시대 생활사 2』를 펴내게 되었다. 『조선시대 생활사 1』에 대하여 독자들이 보여준 격려와 호응에 진심으로 감사를 드린다.

현대 역사학의 조류가 생활사 중심이 된 지 오래 되었지만 아직도 한국에서는 대학교재용이나 고급의 교양 지식을 희구하는 독자들의 요구에 부응할 만한 생활사 관련서들이 많지 않다. 생활사는 영웅호걸 중심이나 제도사적인 역사서술에서 벗어나 사회구성원의 다수를 차지하는 일반인들의 살아가는 모습을 생생하게 복원하면서도 그 시대의 전체적인 시대상을 보여주는 '생활시대사'가 되어야 독자적인 학문적 가치를 가질 수 있을 것이다.

한국고문서학회는 '고문서'라는 1차 사료의 검증과 그 시대적 의미를 해독하고자 형성된 학술단체이므로 이와 같은 생활시대사를 기획하고 편집하는 데 최적의 인력과 자원을 보유하고 있다고 자부한다. 그럼에도 불구하고 생활사 시리즈를 자주 펴내지 못하고 있음은 안타까운 부분이라 아니할 수 없으며 앞으로의 3, 4권을 기약하는 바이다.

『조선시대 생활사 2』의 편집과 기획의도는 다음과 같다.

첫째, 『조선시대 생활사 2』는 『조선시대 생활사 1』보다 더 깊이 있는 구체성을 지향하였다. 가령 『조선시대 생활사 1』의 「노비생활」과 『조선시대 생활사 2』의 「노비의 혼인과 부부생활」을 비교해보자. 제목만 보아도 생활사 연구의 관심 정도가 얼마나 빠르게 그리고 세밀하게 구체화되었는가를 잘 보여주고 있다.

둘째, 첫째의 기획의도와 연관되는 문제의식이지만 『조선시대 생활사 2』는 철저하게 케이스 스터디를 지향하였다. 그러므로 『조선시대 생활사 1』에 비하여 『조선시대 생활사 2』에는 제도사적 접근의 글은 거의 싣지 않고 있다.

셋째, 앞에서 지적한 기획의도와 역시 맥락을 같이 하는 것이지만 가급적 국가와 관련되는 생활은 제외하고 국가적 간섭이 적고 개인과 개인이 인격적으로 접촉하고 재화와 서비스를 교환하는 사적 생활 영역을 들여다보는 데 주력하였다.

위와 같은 세 가지 편집과 기획원칙에 따라 집필자를 선정하여 집필을 위촉한 지 1년여 만에 책을 펴내게 되었다. 그동안 바쁘신 가운데 고생해주신 집필자들과 편집·교정에 애쓴 분들의 노고에 진심으로 감사의 말씀을 드린다.

기획과 편집은 한국고문서학회의 편집위원회에서 담당하였으며 최종 실무책임은 심희기 교수가 맡았고 문숙자, 김경숙 회원이 헌신적으로 거들었다. 『조선시대 생활사 1』에 이어 『조선시대 생활사 2』를 발간해준 역사비평사에 감사의 말을 올린다. 그리고 집필자가 다수일 경우 통상 따르는 크고 작은 사고와 갈등을 슬기롭게 극복하고 격려와 용기를 아끼지 않은 역사비평사의 윤양미 단행본 팀장에게도 특별한 감사의 마음을 전한다.

마지막으로 편집위원회에서는 과감하게 문장을 손질하였음을 밝혀둔다. 집필자들에게는 대단히 죄송하지만 엄격하고 매서운 독자들의 안목을 배려하는 의도에서 있었던 부득이한 '작은 지적 폭력' 정도로 너그럽게 이해해 주기를 바란다. 한국고문서학회는 『조선시대 생활사 2』를 펴내는 지금 이 순간부터 다시 마음을 가다듬어 한층 심화된 『조선시대 생활사 3』을 준비할 것이다.

2000년 9월
한국고문서학회장 이수건

조선시대 생활사 2 · 차례

출산과 육아

　자식을 낳아 기르는 일은 오늘날에도 모든 가정의 중요한 관심사이다. 조선시대에는 더욱 그랬다. 조선시대를 지배한 종교는 유교이고 그 생명관이 특이하였기 때문이다. 유교에서는 조상의 생명이 후손의 몸을 통하여 대대로 이어진다고 믿었다. 자식을 두어야 조상 추모의식인 제사도 지속될 수 있다고 보았다. 자식을 못 낳는다는 것은 조상 대대로 물려온 생명을 단절하는 죄악이기에 가장 몹쓸 불효로 규정하였다. 우리가 잘 아는 대로 여인을 옥죄었던 '칠거지악'(七去之惡) 중에도 자식 못 낳는 죄가 들어가 있다. 따라서 자식을 낳는 일은 조선시대 사람들에게는 선택적인 일이 아니었다. 사람이라면 누구나 우선적으로 수행해야 할 절대적인 의무였다.

　명의 허준(許浚)도 『동의보감』(東醫寶鑑)에서 "사람의 사는 길이 자식을 낳는 데서 비롯"되는 것이라고 규정하고 있다. 이와 같은 강박관념을 가지고 살았던 조선시대 사람들은 한 아기, 특히 사내아이의 출산과 양육을 위하여 여러 가지 정성과 노력을 기울였다.

임신을 위한 노력들

아이를 낳기 위하여 가장 먼저 기울인 노력은 다산(多産)할 여자를 고르는 일이었다. 신부의 관상을 보는 데 기준이 되는 것을 '십삼구'(十三具)라 하는데 유중림(柳重臨)의 『증보산림경제』(增補山林經濟)의 해당 대목들을 정리해보면 다음과 같다.

- 눈매가 길고 눈 끝이 젖지 않을 것.
- 눈썹이 길고 이마는 펑퍼짐할 것.
- 콧날이 오뚝하고 봉눈처럼 생겨야 할 것.
- 목소리가 고르고 기(氣)가 족할 것.
- 피부에 윤기가 나고 향취가 있을 것.
- 살결이 부드럽고 건조하지 않을 것.
- 어깨가 모나지 않고 등이 두툼할 것.
- 손이 봄에 돋아난 죽순 같을 것.
- 손바닥이 붉을 것.
- 젖꼭지가 검고 굵을 것.
- 배꼽이 깊고 배가 두툼할 것.
- 엉덩이가 편편하고 배가 클 것.

외모를 보는 이 같은 기준과 함께 내면적인 덕성까지 고려해서 여자를 맞아들였는데도 아기를 갖지 못할 때는 남자에게 문제가 있다고 보아 그 처방에 따라 약물이나 음식을 먹였다. 고본건양탕(固本建陽湯. 근본을 견고히 하고 양기를 세워주는 탕약), 가미쌍보환(加味雙補丸. 가미하여 음기와 양기를 함께 보강해주는 환약) 등의 조제약을 먹이는 것은 물론이고, 누에 나비의 수컷, 참새 고기와 알, 수탉, 뱀장어, 수캐와 수사슴의 생식기 등을 남자에게 복용시켰다. 생식력이 왕성한 동물을 먹으면 그 힘이 사람에게 옮겨온다는 주술적인 생각이 거기 작용한 셈이다. 남자에게만 약을 쓴 것은 아니다. 아이를 갖지 못하는 여자에게도 그 처방에 따라 조경종옥탕(調經種玉湯. 월경을 순조롭게 하여 자식농사를 짓게 해주는 탕약), 육태환(育胎丸. 태를 견고하게 육성하는 환약)을 복용하게 하였다.

아기를 갖기 위한 노력은 이처럼 부부의 신체와 체질 조건을 구비하고 건사하는 데서 그치지 않았다. 성교하는 시기와 장소를 선택하는 것도 아주 중시하였다. 계절에 따라 생기(生氣)가 드는 날 밤에 잉태해야만 아들을 낳으며 장수하고 어질며 총명하게 된다고 믿었다. 봄에는 갑일(甲日)과 을일(乙日), 여름에는 병일(丙日)과 정일(丁日), 가을에는 경일(庚日)과 신일(辛日), 겨울에는 임일(壬日)과 계일(癸日) 등이 그런 날로 여겨졌다.

생기가 드는 밤이라고 아무 때나 무방한 것은 아니었다. 하늘이 개고 달이 밝으며 바람이 온화한 날은 길한 날이지만, 다음과 같은 날은 성교해서는 안되었다. 보름날·초하루·그믐날, 태풍이 불거나 큰비가 오고 안개가 많은 날, 아주 춥거나 더운 날, 천둥 번개에 벼락이 치는 날, 일식이나 월식이 있는 날, 무지개가 서는 날, 지진이 있는 날은 피하였다. 그런 날 잉태하면 부부의 심신에도 해가 될 뿐 아니라 아이에게도 병이 많고 불효하며 모진 사람이 된다고 생각하였다. 대낮에 성교하는 것도 상서롭지 못한 일이라 하여 금하였다. 아울러 성교하는 장소도 고려하였는데, 해·달·별·불빛 아래, 사당이나 절간, 우물·부엌·뒷간 옆, 무덤이나 관이 있는 곁에서는 성교하지 말라고 권장하였다.

자식 낳기를 기도함

조선시대 사람들은 아이를 낳기 위하여 이상과 같이 비교적 이성적이고 합리적인 차원의 노력을 기울이는 것 외에 신 또는 신적인 대상에게 치성을 드리는 종교적인 방법도 동원하였다. 이른바 '기자'(祈子)가 그것이다. 조선 전기의 문사 이문건(李文楗)이 남긴 『묵재일기』(默齋日記)와 『양아록』(養兒錄)의 기록을 보면 옥황상제에게 치성을 드리고 있다. 이문건은 부승지까지 역임한 인물로서 솔선하여 유학을 실천해야 할 사대부의 일원이었는데, 귀양살이 중에 가계(家系) 단절의 위기의식을 느낀 나머지, 손자 얻기를 강렬하게 염원하였다. 그도 그럴 것이, 이문건의 두 형은 사형을 당하였고, 외아들마저 반편이 되자 다급해질 수밖에 없었던 것이다. 마침내 이문건은 손자의 출산을 위하여, 출산 3년 전(1548년)에, 쌀·옷·종이·초·솜·기름·향 등의 물건을 보내 승려로 하여금 초제(醮祭)를 지내 아이를 얻게 해달라고 빌었다. 그때 이문건이 직접 작성한 기도문의 내용을 보면 손자의 출산을 염원하는 절절한 심정이 잘 나타나 있다.

엎드려 생각하옵건대, 제가 산과도 같은 앙화를 겪어 실낱과도 같은 목숨을 남겨 가지고 있사옵나이다. 시작과 종말은 그 운수가 정해져 있어 비록 크게 한정된 운명은 도피할 수가 없는 법이지만, 환난이 때로 찾아오면 그 횡액에서 벗어나기를 바라는바, 이에 저의 정성을 다해 옥황상제께 경건히 기도 드리옵니다. 원하옵기는, 특별히 신묘한 기운으로 도와주시며, 바라옵기는 영험한 반응을 내려주시어, 근심을 전환하여 기쁨이 되게 하시사 재액에 얽매인 상태에서 면해지도록 해주시고, 죽음에서 삶으로 돌이키시사 꺼져가는 생명을 이어가게 해주시옵소서. 또한 저는 외롭고 위태로우며 돕는 이도 없어, 거꾸러지고 자빠져도 그 누가 부축해주겠습니까? 우둔하고 병객인 제게 아들이 있어 비록 등유가 자식을 잃은 상태와는 같지 않은 처지이옵니다마는, 그 실마리를 계승하여 마묵처럼 아이를 얻게 되기를 감히 희원하옵나이다.

•『양아록』

비록 위탁의 형태이지만 이문건이 기자(祈子) 행위를 한 것은 분명하다. 유학을 신봉하던 이문건이 기자 행위를 했다면, 일반 대중의 기자 행위는 더욱 널리 이루어졌을 가능성이 크다. 다만 기자의 방법이나 대상은 다양했을 것으로 여겨진다. 이문건은 도교의 초제 형식을 빌려 옥황상제에게 기자 치성을 하였지만, 일반 민속에서는 삼신이나 칠성신에게 정성을 바쳤던 것으로 알려져 있다.

임신하여 출산하기까지 태교와 점복

아이가 잉태되면 태교를 위하여 부인이 지켜야 할 일이 많았다. 남편과 잠자리를 해서는 안되는 것은 물론, 날마다 달마다 태살(胎殺)이 노는 곳은 피하였다. 옆으로 누워 자지 않으며 가장자리에 앉지 않고 자리가 똑바르지 않으면 앉지 않았다. 음식물도 가려서 먹었다. 사특한 맛을 지녔거나 바르게 자르지 않은 음식은 먹지 않았다. 토끼를 먹으면 언청이를 낳고, 게를 먹으면 아이가 팔부터 나오며, 자라고기를 먹으면 자식의 목이 짧게 움츠러든다고 믿었다.

보는 것도 금하여, 수선하는 일이라든가 기괴한 그림이나 조각품을 보아서도 안되었다. 칼에 가까이하면 아이의 형상이 상하고, 물건을 타격하면 아이의 빛깔이 푸르고 어둡게 된다고 생각하여 금하였다. 듣는 것도 삼가서, 음란한 소리를 듣지 않았다. 크게 놀라서는 안되며, 갑자기 큰소리를 쳐도 안되었으며, 산달에는 머리를 감아서도, 높은 곳에 오르거나 곁으로 누워서도 안되었다. 이런 금기를 지켜야만 태어난 자식의 형상과 용모가 반듯하고, 재주가 반드시 남보다 뛰어나게 된다고 믿었다. 태아의 성격과 언행은 그 어머니를 많이 닮는다고 믿었던 것이다.

잉태된 아이의 성별이 아들인지 딸인지, 낳을 시기가 정확히 언제인지 미리 알고 싶은 마음은 예나 이제나 마찬가지이다. 이문건의 경우를 보면, 며느리가 아이를 출산하기 바로 전 날, 태아 감별과 출산 시기를

이문건의 『양아록』 아기가 출생할 당시의 상황, 탯줄자르기, 태반의 처리과정 등이 기술된 육아자료.

알아보기 위하여 점쟁이를 불러 묻고 있다. 『묵재일기』의 해당 대목을 인용하면 다음과 같다.

　　1551년 1월 4일 : 점쟁이 김자수가 와서 만나다. 점을 치기 위해 나가서 만났는데, 눈발이 어지럽게 날려 눈을 뜰 수가 없었다. 김자수에게 언제쯤 출산하겠느냐고 물으니, 글자를 불러보라고 하였다. 이에 '수'(手) 자와 '풍'(風) 자 등을 부르자, 점을 쳐서 풍뢰익(風雷益) 괘를 얻었다. 이에 판단하여 이르기를, "여아를 얻을 듯합니다. 만약에 사내를 낳으면 어머니와 잘 맞지 않을 것이니 반드시 목(木) 자 들어간 성씨를 쓰는 여자종에게 맡겨서 양육해야 합니다"라고 하였다. "낳는 시간은 자시·묘시·유시일 것입니다"라고 하였다.

　이 자료를 보면, 점쟁이 김자수는 이문건의 요청으로 두 가지 사항을 점괘를 통하여 예언하고 있다. 출산할 아이는 딸일 가능성이 높으며, 만약 아들이라면 어머니와 맞지 않으니 목(木) 자 성을 가진 유모에게 맡겨 길러야 한다는 것, 출산 시기는 자시(오후 11~1시)·묘시(오전 5~7시)·유시(오후 5~7시) 중의 하나일 것이라는 대답이었다. 하지만 실제로는 진시(오전 7~9시) 말에 출산함으로써 점쟁이가 예언한 출산 시기는 적중하지 않았다.

해산할 때 취했던 조치들

해산 당시에 가장 먼저 이루어진 것은 '탯줄 자르기'와 '해독'(解毒)이었다. 이문건의 『양아록』과 『묵재일기』에는 해산하자 여자종이 아기의 탯줄을 잘랐다고 되어 있다. 현행 민속에서의 '금줄치기'가 당대의 기록에서는 아직 발견되지 않지만, 실제로는 이루어졌을 것으로 짐작된다. 금줄은 일정 기간 외부인의 출입을 제한함으로써 산모와 영아에게 전염병이나 세균의 침투를 막는 예방의학적인 효과를 발휘하는바, 의학이 덜 발달하였던 당시로서는 최선의 지혜였다.

신생아의 해독을 위하여 이문건은 '감초물'과 '주사(朱砂)가루 탄 꿀'을 삼키게 하고 있다. 그런 다음 젖을 먹여야 무병하게 자랄 수 있다고 본 전통적인 방식에 따른 것이다. 주사가 독성을 지닌 물질이지만 살균력이 뛰어나서 조금만 사용할 경우 인체에 전혀 해롭지 않으면서 해독효과를 내기 때문에 먹인 것이라 하겠다. 출생 당시의 기록을 보이면 다음과 같다.

1551년 1월 5일 : 진시 말경에 손자가 태어났다. 그 어미가 아침부터 복통이 점점 더하더니 진시 중에는 한층 더했다. 진시 말에 이르러서야 사내아이를 낳았는데 포동포동 건장하다고 하니 기쁘다. 아기에게 감초탕물, 주사가루 탄 꿀을 삼키게 하였다.

해산 당시의 조치 가운데 태반 처리도 중요하였다. 전통사회에서는 태반 처리가 동생의 임신에 결정적인 영향을 미치는 것으로 알았다. 그래서 태반은 부정 타는 일이 없도록 하여 좋은 방위의 정결한 장소에 묻거나 태우되, 반드시 날짜와 시간을 택하였다. 이문건의 『묵재일기』에는 다음과 같은 단계를 밟아 처리한 것으로 나타나 있다.

1551년 1월 6일(생후 2일) : 여자종들로 하여금 태를 가지고 개울가로 나가게 했는데, 나도 뒤따라가서 깨끗이 씻도록 해서는 항아리 속에 담아 기름종이로 싸게 했다. 그리고 생기(生氣)의 방위인 동쪽에다 매달게 하고, 그 자리에 머물러서, 그 태를 풀 위에 놓고 태우는 모습을 지켜보았다. 그리고는 저들과 함께 그 태 불태운 것을 핏물 속에다 채워서 묻고는 돌아왔다.

1551년 1월 8일(생후 4일) : 남자종 만수와 귀손 등으로 하여금 태를 넣은 항아리를 가지고 북산(北山)에다 묻으라고 했더니, 그 말을 지나쳐 듣고 남산에 가서 먼 곳에 묻고 왔으니 마음에 걸린다.

1551년 1월 10일(생후 6일) : 만수로 하여금 태 담은 그릇을 도로 가지고 와서 전에 있던 곳에다 두게 했다.

1551년 1월 18일(생후 14일) : 남자종 귀손이로 하여금 태의 껍질을 담은 그릇을 가지고 일찌감치 북산(北山)에 가서, 남이 보지 않을 곳에 이르러 깊이 감추도록 시켰다. 남자종 거공이가 동행하였다.

1551년 1월 18일(생후 14일) : 오시(午時) 사이에 남자종들이 돌아와 항아리를 묻고 왔노라 보고하였다.

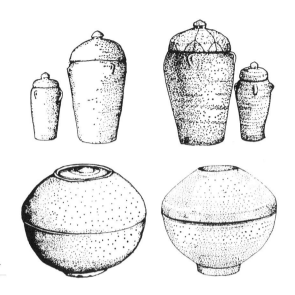

태항아리
태를 넣어서 묻었던 항아리.

　이 기록들의 내용을 정리해보면 다음과 같은 단계를 거쳐서 태반을 처리하였다는 것을 알 수 있다. ① 냇가에서 깨끗이 씻는다. ② 항아리에 담아 기름종이로 싼다. ③ 생기(生氣)의 방위인 동쪽에 매달아놓고 풀 위에 올려놓아 태운다. ④ 핏물에 채워 임시로 묻는다(이상 생후 이틀째 되는 날의 일임). ⑤ 생후 나흘째 되는 날, 북산에 묻도록 지시한다. ⑥ 종들이 분부대로 묻지 않은 것을 알고, 생후 14일째(두이레째) 되는 날, 제자리에 환원한 후 다시 북산에 완전하게 매장한다.

　태반 처리와 함께 행한 것이 아기의 목욕이었다.

　1551년 1월 8일(생후 4일) : 복숭아와 자두와 매화의 뿌리를 얻어서 그 껍질을 벗겨 끓여 가지고 오시에 아이를 씻기었고, 비로소 옷을 입히어 포대기에 쌌는데 젖을 잘 먹는다고 한다.

　이렇게 『묵재일기』에는 생후 나흘 만에 복숭아와 자두와 매화의 뿌리를 끓인 물로 아이를 씻기고 있다. 복숭아나무를 아기 목욕에 사용하는 이유는 다른 데 있지 않다. 전통사회에서 복숭아나무는 다산력과 잡귀 퇴치력의 상징이었다. 꽃이 잎보다 먼저 피고 열매가 많이 열리기 때문이었다. 허준의 『동의보감』에서도 "아침마다 사흘 동안 아이를 씻기는데, 동쪽으로 뻗어간 복숭아 나뭇가지 달인 물에 씻어 아기가 놀라는 것을 예방한다"고 하였다.

출산 이후 육아의 양상

　조선시대에는 의학이 발달하지 못하였기 때문에, 영아의 사망률이 아주 높았다. 그래서 아이의 사주를 미리 보아 그 운명을 예측함으로써 사전에 대처하려 하였다. 그것은 당시 부모에게는 육아를 위해 필수적인 의무였다. 실제로 이문건의 『묵재일기』에는 아이가 태어난 후 점쟁이를 통하여 그 사주팔자를 점치는 대목이 나온다. 이문건이 손자의 팔자를 뽑아 점쟁이에게 보내자, 점쟁이가 그 결과를 알려주고 있는 것이다. 이문건은 그 예언에 따라 아이가 액운에서 벗어나도록 주성(主星)에게 제사를 지낸다. 해당 기사는 다음과 같다.

　1551년 1월 9일(생후 5일) : 신해생(辛亥生. 손자 숙길의 생년)의 팔자를 뽑아, 자공을 시켜 김자수 사는 곳에 가서 묻도록 했는데 쌀을 주어 보냈다.

　1551년 1월 10일(생후 6일) : 자공이 돌아와 김자수의 답장을 전했는데, 이 아이의 운명은 귀한 듯하며, 3세와 7세 때 액이 있으니, 수명을 주관하는 별에 기도하는 것이 좋겠다고 하였다. 또한 친모가 길러서는 안되며 반드시 유모에게 맡기는 것이 좋겠다고 하였다.

1551년 1월 15일(생후 11일) : 김자수가 와서 말하기를, 아이를 위해 주성(主星)에 제사지내야 하는데, 따로 택일해서 시행하는 것이 좋으니 마땅히 택일해서 보이겠다며 바로 갔다.

　1551년 3월 25일(생후 55일) : 초제에 쓸 축문을 써서 봉하고, 제수 보따리를 점검하였다. 서동이를 김자수에게 보내, 초제 지낼 일에 대해 묻도록 하고, 문어 한 마리도 보냈다. 저녁에 답장을 가지고 돌아왔는데, 26일에 제수품을 보내면 27일 새벽에 시행하도록 하겠다고 하였다.

　1551년 3월 26일(생후 71일) : 귀손으로 하여금 축문 1통, 쌀 다섯 말, 무명 1필, 초 일곱 자루, 향 1봉, 아기옷 한 벌, 보통 종이 5권, 기름 5홉 등의 물품을 가지고 일찌감치 가리현의 김자수 처소로 보내었다. 이는 청명일 새벽에 초제를 행하여 신생아가 액운을 면하게 하기 위한 것이다. 어린 종 효원이가 나누어서 가지고 갔다.

　1551년 3월 27일(생후 72일) : 새벽에 가리현산에서 신생아를 재액으로부터 구제하기 위한 초제를 베풀어 행하였는데, 김자수가 산승을 시켜 주재하도록 했다고 한다. 효원 등이 오후 3~4시쯤에 돌아왔는데, 마침 비가 오지 않아서 초제 지내기 좋았다고 김자수가 말했다고 한다. 가족이 아침부터 고기를 먹기 시작하였다.

　한편 이때 올린 초제에서 이문건은 어떤 기도를 드렸을까?『양아록』에 자세하게 실려 있는데, 아이를 내려준 데 대한 감사를 표현한 다음에 무병하게 해달라고 빌고 있다.

　1551년 3월 기축 27일에, 조선국 경상도 성주 동리에 사는 귀양살이 하는 신하이며 급제한 이문건의 아들 유학 이온(李熅)과 그 아내 김종금 등은 황송하게 머리 숙이옵니다. 저희는 천지신명의 생성을 주재하시는 덕을 입어, 이미 올해 정월 초5일에 아들을 출산하여 대를 이어가게 되었으니, 삼가 오늘 밤 이 시각에 공손히 향불을 사르오며 아울러 쌀과 돈도 진설하여, 경건하고도 정성스레 기도를 올리옵니다. 삼가 생각하건대, 옥황상제께서는 제 자식으로 하여금 일체의 재액과 질병이 다 제거되어 보호받아 장성하게 해주실 것을 지극히 소원 드리옵나이다. 저희가 엎드려 생각하건대, 옥황상제께서 사물의 생성을 주재하시므로, 저희가 그 크게 도와주시는 덕을 깊이 입어 그 명령을 맡은 신이 (아기를) 안아 보내주시므로, 특별히 돌봐주시는 은혜를 입었으니, 백 개의 몸을 가지고도 그 은혜를 갚기가 어려워, 한마음으로 기뻐서 추앙하옵나이다. 삼가 생각하옵건대, 옥황상제께서는 성관(星官)들에게 명하시어, 저희가 꺾이어 패망하는 것을 불쌍히 여기시사 보존해 완전하게 도와주시었으니, 그래서 아들을 주시사 천세의 경사를 열게 하시므로 후사를 이어가게 되었고, 만복의 근원을 파게 되었습니다. 이에 감히 예물을 드리는 뜻을 펼쳐서 신명의 감찰하심을 더럽히는 바입니다. 저희가 엎드려 바라옵기는, 이미 내려주시고 이미 주셨고, 또 주관하시고 사랑해주셨으니, 함부로 침범하는 재앙을 쫓아서 제거해주시어 능히 장성해 자라도록 하시고, 장수와 복이 구비되도록 분부하시어, 이 아이로 하여금 단단하게 해주시옵소서. 그런즉 영원히 신의 아름다움을 힘입고 신령의 보우하심을 덧입어 계계승승하여 무궁토록 가문을 보존하고, 자자손손 대를 이어 없어지지 않을 것이옵니다. 저희는 떨리고 두려운 마음을 가누지 못하오며, 삼가 백 배 하오며 이 축문을 읽어 기도 올리옵나이다.

일반적으로 한국의 전통사회에서는 아이가 태어나면 정식 이름을 지어 부르기 전에 아명(兒名)이라 하여 막 부르는 이름을 지어 불렀다. 장수를 바라는 뜻이 반영되도록 짓는 것이 상례였다. 『묵재일기』에 나타난 노비들의 이름을 분석해보면, '개똥이'(介同)처럼 천하게 지음으로써 잡귀가 외면하게 유도하는 이름도 있고, '돌이'(石伊)처럼 겁주는 이름도 있다. 하지만 신체의 특징이나 부모의 희망을 투영한 이름도 있다. '금동'(金同)이나 '수복'(受福) 등의 이름이 그것이다.

이문건의 『양아록』에는 아기의 이름을 짓는 과정이 나타나 있다. 오행의 원리에 따라 예비로 두 개의 이름을 지은 다음, 산가지를 다섯 번 집어 많이 나온 쪽을 선택하고 있다. 최종적으로 이름을 확정하기까지의 과정을 산문으로 요약 서술한 관련 대목을 소개하면 다음과 같다.

> 아이의 용모는 단아하고 골격상이 비범하였다. 숙길(淑吉)이라 명명했는데 성장하면 길하라고 그렇게 지은 것이다. 방경(邦慶)을 자(字)로 삼는 것이 좋을 것이며, 다른 한편 자봉(子逢)도 좋다. 후에 길(吉) 자를 상고해보니, 종토종구(從土從口)라 오행상생의 뜻이 아니라서 개명해 준숙(遵塾)이라 하였으며 자는 희순(希順)이라 했다. 갑자년(1554) 9월 28일 밤에 개정하고 이튿날 기록했다. 갑자년(1564년) 시월 11일 밤 다시 개명하여 수봉(守封)이라 하고 자를 경무(景茂)라 했다. 산가지를 다섯 번 집었는데 수봉이 네 번이나 나왔다. 그래서 많은 것을 따라 개정했다.

이문건이 이렇게 공들여서 손자의 이름을 지은 덕일까? 숙길이에서 수봉이로 개명한 그 손자는 임진왜란 때 의병으로 참여하여 공을 세우는 등 바른 사람으로 장성하였다고 전해지고 있다.

아이를 키우면서 가장 당황하는 일이 있다면 질병이다. 대신 앓아줄 수도 없어 노심초사 발만 구르기 일쑤이다. 『묵재일기』의 저자 이문건은 아기에게 병이 들어 낫지 않자 이 문제를 해결하기 위해 일정한 조치를 취하고 있다. 자신이 가지고 있는 의학지식을 동원해 약물 치료를 시도하다가 그 효력이 없자 다른 방법을 동원하고 있다. 첫째, 무당을 불러다 굿하기, 둘째, 점쟁이에게 병의 귀추와 치병의 방도를 물어, 그 말에 따라 가족을 격리시켜보기가 그것이다.

1551년(1세) 9월 24일(발병한 지 4일) : 숙길이의 설사가 아주 잦아, 얼굴이 수척해지고 황백색이 되었다. 항문이 막히고 뭔가가 내려 쌓여, 붉은 고깃덩이 같은 것이 가끔 보였다. 똥을 눌 때마다 우니 불쌍하고 불쌍하다. 숙길이를 위해 무당을 불러다 고사를 지냈다. 점치는 곳에 물어보니, 숙길이의 어미가 올해에 액운이 들어 있다고 하였다. 그래서 남쪽에 있는 집으로 나가서 따로 거처하게 하였다.

1551년(1세) 10월 1일 : 숙길이가 밤에 세 번 설사를 하였다고 한다. 김자수가 저녁에 와서 만나 술을 먹여 보냈다. 숙길이의 이질병에 대해 물어보니, 병이 물러갔다 더했다 해서 오랫동안 걱정거리였는데, 종당에는 흉하지 않을 것이라고 하였다.

1551년(1세) 10월 7일 : 김자수를 불러다 숙길의 이질병에 대해 물은즉, 8일에 조금 차도가 있고, 12일에는 크게 차도가 있을 것인데, 다만 남쪽에서 조금 피해 있다가, 아주 나은 후에 들어오는 것이 무방할 것이라고 하였다.

1554년(4세) 9월 17일(눈병이 발병한 지 3일) : 숙길이의 두 눈동자가 다 빨개졌는데, 오후에는 눈이 감겨서 뜨지를 못했으며 밤에는 자주 울었다고 한다. 맹인에게 물어보게 했더니, 내일 아침에 허공에 음식물을 바치라고 하였다 한다.

1554년(4세) 9월 18일 : 무녀를 불러다 밥을 차려놓았으니, 아이의 눈병이 속히 낫도록 기도하는 일이었다.

1565년(15세) 4월 2일 : 가리현산에서 액을 쫓는 초제를 지냈다.

손자의 나이 15세 때, 그 질병을 퇴치하기 위해 지낸 초제에서 낭독하기 위해 이문건이 작성한 기도문을 보면, 손자가 혼인할 때까지만이라도 살기를 바라는 염원이 절절하게 드러나 있다. 혼인 때까지만 살면 후사를 볼 수 있으리라는 희망 때문에, 옥황상제께 그렇게 최소한의 시한을 정하여 기도했던 것이리라.

　삼가 변변치 못한 것들을 차려놓아 신명을 더럽혔습니다. 엎드려 바라옵건대, 수명과 운수가 기박하고, 타고난 기질이 아주 약하여 일찍이 자녀를 양육했는데, 모두 중도에 요절했습니다. 우연히 손자를 얻었으니, 끝까지 온전히 보존되어 혼인 때까지 갔으면 하고 바라는데, 질병과 액운을 지탱하기가 어려울까 두렵습니다. 엎드려 원하옵나니, 특별히 재생할 수 있도록 인자하심을 내리시고, 만전의 행운을 모두 이루게 하시사, 쇠퇴해가는 실마리를 다시 떨치게 하시고, 연속하여 은혜를 베풀어주시어, 늙은 나무에 거듭 꽃이 피게 하고, 잎마다 윤기가 흐르게 해주시옵소서.

돌잔치

조선시대에는 아이의 돌잔치를 어떻게 치렀을까? 이문건의 『묵재일기』에는 돌잡이의 양상이 잘 나타나 있다. 아기 돌날, 책·붓과 먹·벼루·활·도장·투환(套環)·쌀·실·떡 등을 차려놓고 아기가 그 물건들을 차례로 집는 모습을 자세히 기술하고 있다. 이때 이문건의 손자는 붓과 먹, 투환, 활, 쌀, 도장, 책의 순서로 잡았다고 하였다. 손자가 물건을 집을 때마다 이문건은 다음과 같이 반응하였고 이를 『양아록』에 시의 형태를 빌려 기록해놓았다.

　1552년 정월 초5일 : 숙길의 돌날이다. 잡물들을 늘어놓고 아기가 잡는 것을 보았으니, 옛사람들이 모두 이런 일을 해왔기 때문이다. 이에 절구 5수를 지어서 아기가 잡은 것들에 대해 읊고, 아울러 기도하는 뜻도 나타내었다.

첫째, 필묵을 잡다　높다랗게 놀잇감들을 늘어놓아 돌날에 시험해보니, 엉금엉금 기어와서는 필묵을 집네그려. 손을 들어 소리내며 한참 동안 가지고 노니, 참으로 훗날에 문장을 업으로 삼을 아이로구나.

둘째, 투환을 잡다　집안에 전해오던 장식품인데, 가운데는 옥이고 가장자리는 금으로 두른 것이다. 금과 옥이 단장되어 보배로운 고리 하나를 만들었는데, 아기가 끌어당겨서는 찬찬히 쉬지 않고 가지고 노네. 가만히 원하노니 네가 필경에는 덕을 이루어, 온화하고 순강(純剛)한 가운데 성인과 짝할 만큼 되기를.

셋째, 활을 잡다　남자가 태어나 천하사방에 뜻을 두어야 하는데, 문무의 지략에 모두 다 능해야 하지. 활을 잡아 무예를 닦는 것이 진정 그 일이 되어야 할 것이니, 느슨하게 할 때와 당겨야 할 때 등 활쏘는 법을 배워야 할 일, 고귀함은 강한 데 있느니라.

넷째, 쌀을 잡다　활을 잡고 쉬다가는 다시 쌀을 잡더니, 집어서 입에 넣고 서너 번 맛을 보는구나. 백성의 목숨을 살리는 것이 진실로 곡식에 의존해 있는 법, 도리에 맡긴 채 몸일랑 모름지기 양육되고 평강하게 되거라.

다섯째, 도장을 잡다　나무를 깎아 네모난 도장을 새겼으니, 이것으로 시험삼아 관직에 오를 조짐을 점쳐보았네. 빙 둘러보다가 필경에는 이것을 끌어당겼으니, 모름지기 좋은 신하가 되어 임금님을 보좌하거라.

이문건은 아이가 필묵을 집은 것은 문장을 업으로 삼게 되고, 옥으로 만든 투환(套環)을 잡은 것은 덕성을 갖춘 인물이 될 조짐으로 보았다. 활을 잡은 것은 무예도 겸비한 인물이 되며, 쌀을 집은 것은 잘 양육되어 평강을 누리며 살고, 도장을 집은 것은 관직에 나가 임금을 보필하게 될 징조로 보았다. 부디 그렇게 되었으면 하는 기대와 희망을 이문 건은 돌을 맞이한 손자에게 피력하고 있다.

우리가 주목해야 할 조선시대의 출산·육아

생명에 대한 외경과 지극한 정성이 아닐까? 한 생명의 탄생을 위하여 출산 훨씬 이전부터 주도면밀하게 대비하며 임하는 그 정성, 인간적인 차원에서 가능한 노력을 다 기울이는 것은 물론 종국적으로는 초월자에게 겸허하고도 간절하게 믿음으로 기도하는 정성은 자못 심각하기까지 하다.

과학만능주의와 더불어 생명 경시 풍조가 퍼져가는 오늘날이다. 아이의 생명을 신이 점지한 선물로 보는 인식, 아이가 태중에 있을 때부터 보고 듣고 먹는 것을 삼가는 등 태교를 위하여 기울인 절제의 미덕, 이름 하나 짓는 데에도 노심초사하는 정성, 돌잡이 의식에서 확인할 수 있는 것처럼 아이가 균형 잡힌 인격과 지식을 갖춘 인물로 자라 국가에 기여하기를 바라는 의식 등이 시사하는 바를 재음미하는 데 어쩌면 문제 해결의 실마리가 있지 않을까?

●이복규·서경대 국문학과 교수

가 훈

　가정은 사람이 살아가는 가장 기초단위의 사회이다. 뿐만 아니라 가정은 인간의 역사가 시작된 수십만 년 전부터 현재까지 유지되어온 가장 오랜 역사를 가지고 있다. 가정은 부모와 자식으로 형성되는 것이 기본 구조이지만 시기에 따라 조부모와 손자, 손녀 등이 포함되어 조금 더 확대되기도 하고 부부와 자녀 중심으로 축소되기도 하면서 변화를 겪는다. 하지만 한국인의 가정은 혈연 중심으로 이루어진 점, 부모로부터의 전승적인 성향이 강한 점 등 여전히 변함없는 특징을 지니고 있다. 한국의 가정은 가풍을 유지하기 위하여 가훈을 만들고 지켜왔다. 가훈은 한 대에만 유지된 것도 있지만, 몇 대에 걸쳐 지속된 가훈도 있다. 따라서 가훈은 한 시대의 시대상을 알 수 있는 중요한 자료이다.

　우리나라에서 가장 오랜 가훈은 『김유신 열전』에 보인다. 비록 가훈이라는 말은 없지만 광개토대왕의 비문에 역대 선조들의 수묘인을 지정하고 비를 세우고 이를 영구히 지키도록 한 것이나, 고려 태조의 『훈요십조』도 가훈적인 내용에 속한다. 『용비어천가』 역시 후대 군주들에게 선조들의 간난을 잊지 말 것을 당부한 가훈적 성격을 가진다.

　조선조의 가훈은 가정의 교훈이라는 뜻에서 정훈(庭訓)이라고도 칭하였고 가정의 계율 또는 규칙이라는 뜻에서 가계(家戒), 가규(家規)라고도 불리었다. 또 가정의 법이라는 뜻으로 가헌(家憲), 가법(家法), 가범(家範)으로 칭해지기도 하였다. 교육제도가 오늘날처럼 발달하지 않은 조선시대에 가훈이 일상생활에 미치는 영향력은 대단히 컸다. 어떤 사항이 가훈으로 정해지면 그것은 자손들에 의하여 비교적 충실하게 지켜졌고, 몇 대를 걸쳐 지속되었다. 조선조의 생활윤리가 주로 유교, 특히 성리학 중심으로 고착되면서 가훈은 거의 대부분 수신제가의 덕목을 규정한 것이 주류를 이루었다. 명가에 전하고 있는 가훈들을 보면 대체로『삼강오륜』의 훈계, 자녀교육에 대한 내용, 마음가짐과 몸가짐에 대한 것, 건강관리, 대인관계, 재산관리, 관혼상제에 대한 것, 관직생활에 대한 것 등으로 그 내용을 분류할 수 있다.[1]

혈족의 중요성을 강조한 가훈

가훈의 편린은 고문서를 통해서도 발견되고 있다. 고문서에 나타나는 가훈은 일반적인 훈계보다 구체성을 띤 내용들로 구성되어 있다는 점에서 특색을 가지고 있다. 주로 분재기의 서문과 말미에 보이고 있는 가훈을 구체적으로 검토하여 보기로 하자.

1429년에 작성된 김무(金務)의 분재기는 자녀들에게 재산을 균등히 나누어줄 것을 강조하고 있다. 이 분재기는 노비만을 나누어준 것인데, 자녀들에게 실질적인 균분을 하기 위하여 노비의 나이에 따라 노(老)·장(壯)·약(弱)으로 이를 구분하고 32명씩을 나누어주고 있다. 또 미처 분배하지 못한 노비가 발견되면 동기간이 노·장·약으로 구분하여 평균 분급하라고 지시하고 있다. 조선 전기의 재산 분배의 관행은 어느 집을 막론하고 이처럼 동복 자녀들에게 평균 분급하는 원칙이 지켜졌음을 다른 분재기 문서를 통하여서도 확인할 수 있다. 이 평등사상은 모든 자

1) 손인수,『한국인의 가훈』, 문음사, 1986 ; 김종권,『명가의 가훈』, 가정문고사, 1977.

1429년 김무의 『분재기』
광산 김씨가 소장.

녀에 대한 평등이 아니라 한 어머니에서 나온 자식들에게만 통용되는
것이었다. 따라서 서자의 경우 여기서 제외됨은 말할 필요도 없다. 이러
한 제한적인 평등사상은 조선 전기의 모든 정치사상에서도 발견된다.
즉 같은 신분 내에서의 평등사상이 강조되었지 모든 인간의 평등사상은
아직 강조되지 못하였던 것과 같다. 이 분재기의 말미에는 다음과 같은
말이 기재되어 있다.

　나의 증조부 정경공(貞景公) 김사원(金士元)의 유서 안에 이후의 자손
들이 자신에게 자식이 없다고 하여 대의를 버리고 구차하게 정욕을 좇
아 다른 사람의 자식을 길러 자식으로 삼으면, 골육지친을 마치 길에서
만난 사람 대하듯하게 된다. 선조로부터 받은 노비를 하루아침에 남에
게 가볍게 주기도 하고, 벼슬을 얻으려고 선조로부터 물려받은 노비를

권세 있는 가문에 뇌물로 바치는 자가 더러 있을 것이니 이런 일이 생기거든 효순한 자손들은 관에 문서를 올려 그 노비를 되찾아 다른 사람에게 넘어가는 것을 영원히 끊어버리라고 쓰셨으므로 자손 된 자들은 따르지 않으면 안될 것이다. 아울러 이것을 문서의 끝에 써서 후손에게 보이니 무릇 나의 자손은 행여 자식이 없는 자가 있으면 마땅히 이를 따라서 조종의 유훈(遺訓)을 잃지 않으면 다행이고 몹시 다행이겠다.

이 분재기에서 혈손이 아닌 사람을 길러 대를 잇지 못하도록 각별한 경계를 하고 있음을 확인할 수 있다. 이 가문의 가훈은 고려 말의 불교적인 유제에서 변형된 한국인의 습속을 보여준다. 즉 고려 말에는 자식이 없는 경우 흔히 남이 버린 어린아이를 데려다 길러 자기의 자식으로 삼았다. 이 관행은 불교적 전통하에서 있을 수 있는 일인데 김무의 분재기의 기술은 이러한 습속에서 탈피하려는 한국인의 모습을 잘 보여주고 있다.

또한 고려 말에 관직을 얻으려고 뇌물을 주어 청탁하던 관행이 있었음을 이 문서는 보여주고 있다. 이 문서는 조상으로부터 물려받은 노비를 뇌물로 남에게 주어서는 안된다는 것을 강조하고 있다. 중요한 사실은 재산을 혈족 중심으로 계승할 것이 강조되고 있다는 점이다. 자식이 없으면 그 재산을 혈족의 친족에게 넘겨주어야 한다는 점이 강조되고 있다.

비슷한 내용의 가훈은 1452년에 작성된 이우양(李遇陽)의 분재기에서도 보이고 있다. 이 문서의 말미에 다음과 같은 유서가 보인다.

여기에서 자자손손에게 유서를 남기는 것은 내가 이웃집을 보니 자기 조상들이 어렵게 고생하며 경영한 것을 생각하지 않고 집과 토지를 모두 팔아치우고 다른 지방에 이사하여 남이 그 집에 들어와 살고 그 토

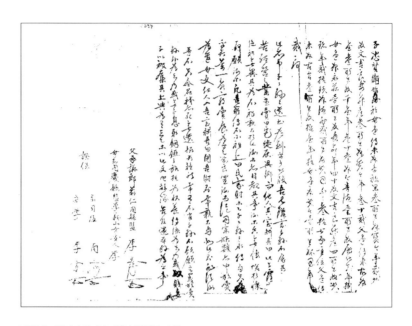

1452년 이우양의 분재기 진성 이씨가 소장.

지를 경작하니 이는 종통(宗統)을 뒤엎고 제사를 끊는 것과 다름이 없다.
그 잘못이 이보다 큰 것이 무엇이 있겠느냐? 너희들이 그런 일을 직접
눈으로 본다면 마음에 슬프지 않겠는가? 바라건대 너희들은 무릇 내가
전하는 적지 않은 조상의 토지, 노비, 가재 등을 자자손손 영원히 전하
여 잃지 않도록 하라! 만일 가난하여 이를 매매하게 되더라도 너희들
동족에게 팔고 다른 사람이 내 집에 들어와 내 토지를 갈며, 내 재물을
사용하게 하지 않는다면 이보다 더 다행스러운 일이 없을 것이다.

자기가 살던 집과 토지, 재물이 혈족 자손들에 의하여 유지되기를 바
랐던 이 유서는, 교환경제가 발달하지 않았던 한국 중세의 경제상태와
끈질긴 혈족 중심 사회의 특성을 반영하는 것이다. 여기서 혈족이란 성
이 비록 다르더라도 외손 가닥이 포함됨을 의미한다. 이 점은 조선 후

기의 동종(同宗) 중심의 친족제도와 다른 양상을 보여준다.

아들과 딸의 역할 차이를 명시한 가훈

17세기 중엽 이후에는 자손에게 재산을 차등 지급하는 관례가 생겼고, 그 첫 단계는 딸자식에 대한 차등 지급이다. 재산의 차등 지급에는 제사의 윤행을 금하는 조처가 따랐다. 이는 『부안 김씨 우반동 고문서』를 통해 그 생생한 과정을 볼 수 있다. 김명열(金命說)은 김홍원(金弘遠)의 아들로 자기의 자식대에 부안군 줄포에서 우반동으로 이사하였다. 김명열이 1669년에 작성한 분재기에는 다음과 같이 쓰고 있다.

기유년 11월 11일 후손에게 전해주는 문서
위의 글을 작성함은 다음과 같다. 종가에서 제사를 받드는 법은 예제를 다룬 글에 소상히 적혀 있듯이 이미 중시되고 있고, 또한 해마다 제사를 받드는 많은 재산을 내어 종가에서만 지내고 여러 자손에게는 윤행시키지 않도록 되어 있다. 그런데 우리나라에서는 종가의 법이 폐해진 지 오래 되어 제사를 여러 자식들에게 윤행시켜 사대부 양반가의 집에서 모두 관례가 되었으니 이를 바꿀 수는 없지만 딸자식의 경우 출가한 후에는 문득 다른 집안의 사람이 되어 남편을 따라야 하는 의리가 중함으로 성인(聖人)이 예절을 만듦에도 딸의 경우 그 등급을 낮추었다.
그러나 정의상 이를 가볍게 보고, 세상의 사대부 양반집에서는 사위집에 제사를 윤행시키는 경우가 수없이 많다. 일찍이 남의 사위와 외손을 보건대 핑계를 대고 제사를 지내지 않고 거르는 자가 많았다. 또 비록 제사를 지낸다고 하더라도 제물이 정결하지 못하다. 예에도 정성과 공경함이 들어가지 않으면 오히려 제사를 지내지 않음이 차라리 낫다고 하였다.
우리 집에서는 일찍이 이를 부친에게 아뢰고 우리 형제들이 모두 직

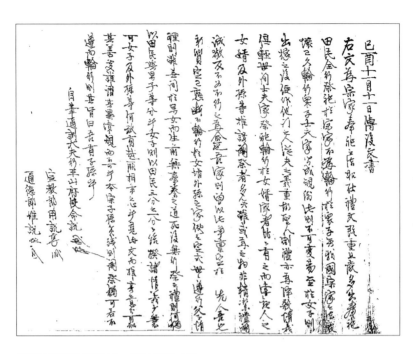

1669년 김명렬의 『전후문기』 부안 김씨가 소장.

접 합의하여 확실히 하는 바이니 사위와 외손에게 제사를 윤행시키지 않음을 정식으로 정하여 대대로 준행하라. 정리상으로 보면 비록 아들과 딸 사이에 차이가 없지만 딸은 부모가 살아 있을 때에 봉양할 길이 없고 죽은 후에는 제사를 지내지 않게 되니 어찌 재산인 토지와 노비를 아들과 똑같이 줄 수 있겠는가?

딸자식에게는 재산의 3분의 1만 주어도 정리상 조금도 불가함이 없을 것이니, 딸자식과 외손이 어찌 감히 이를 어기고 서로 다툴 마음을 낼 것인가? 이 글을 보고 그 뜻을 헤아린다면 잘한 조처임을 알 수 있을 것이니 누가 일반 관례와 달라 안된다고 하겠는가? 본종 자손들이 가난하고 쇠잔해져 제사를 못 지내게 되면 오히려 좋지만 만약 이를 따르지 않고 제사를 윤행한다면 나에게 자손이 있다고 말할 수 있겠는가?

이 인용문은 사위와 외손에게도 제사를 윤행하던 관례를 깨고 아들만이 윤행하도록 하는 가풍을 정립하는 내용을 담고 있다. 이 문서는 재주(財主)인 3형제가 연서하여 완전합의한 문서임이 밝혀져 있다. 그런데 사후 재산상속에 있어서 딸에게는 3분의 1로 차등 분배를 하고 있음이 드러나고 있다. 이해에 작성된 다른 문서에서는 아버지 김홍원이 반계 유형원의 할아버지 유성민으로부터 사들인 재산, 즉 우반동의 토지는 아들에게만 상속시켜 문중을 보존하려는 의지가 나타나고 있다.

당시 다른 양반가에서는 재산이 자녀에게 균등 분급되고 제사를 돌려가며 지내는 것이 하나의 관행이었다. 그러나 이와 달리 이 분재기에서는 재산을 아들에게 집중적으로 상속시킴으로써 문중의 유지를 도모하려는 뜻이 적나라하게 나타나고 있다. 이 내용은 가풍을 바꾸고 이를 대대로 자손들이 알고 지켜줄 것을 원하는 마음에서 작성한 일종의 가훈이라 할 수 있다.

사대부의 생활상과 인간관을 보여주는 충헌공 가훈

마지막으로 조선조 가사문학의 제1인자로 칭송되고 있으며, 효종의 사부였던 고산(孤山) 윤선도(尹善道. 1587~1671)가 큰아들 윤인미(尹仁美. 1607~74)에게 편지로 써준 충헌공 가훈을 소개하겠다. 이 가훈이 작성된 연대는 그 내용으로 보아 1640~50년대일 것으로 추정된다. 그 내용을 번역하여 옮기면 다음과 같다.

네가 금산(錦山)의 과거 시험에서 지은 세 가지 글을 보니 부(賦. 문장 시험의 한 종류)가 가장 훌륭하나, 비록 등외를 받더라도 족히 괴이할 바가 없으나 낙방함에 이른 것은 가히 탄식할 일이다. (중략) 매번 시험에서 낙방하는 것은 진실로 부지런히 힘쓰지 않은 결과이나 그 근본을 캐면 하늘이 돕지 않은 것이다. 하늘의 도움을 얻는 것은 오직 착한 일을 쌓음에 있을 뿐이니 너희들은 이를 알지 않으면 안된다. 하물며 손자가 없어 기르지 못하니 제사의 끊어짐이 염려스러워 항상 두려운 마음을 어찌 다 말할 수 있겠는가? 너희들에게는 몸을 닦고 행동을 조심하여 선행을 쌓고 어진 행위를 일삼는 것이 제1의 급무이다. 너희들도 일찍이 이런 생각을 하였는가 못하였는가?

한(漢)나라의 문제(文帝)와 경제(景帝)는 절검에 힘써 여러 차례 백성의 조세를 탕감하여주어 자손이 세 번이나 일어났으니, 오랜 역사를 세밀히 생각하면 모두 그렇지 않음이 없다. 비록 우리 집의 선조의 일을 말하더라도 고조(尹孝貞. 1476~1543. 해남에 토착한 문중의 시조)께서는 농사에 부지런히 하셨고, 종들에게서 거둬들이는 것은 가장 가볍게 하셨으므로 증조형제가 크게 일어나 한 가문이 확고히 드날렸다. 영광군수를 지낸 조부(尹毅中)께서는 비록 불의의 일은 하지 않았지만 부를 이룸에 뜻을 두는 듯하였으므로 살림이 쇠잔해졌다. 이는 행단(杏壇. 尹復), 졸재(拙齋. 尹行) 양 증조가 모두 고조의 가규(家規)를 능히 법받지 못하여서 자손이 변변치 못한 데서 연유한 것이니 하늘의 보답이 밝고 밝음을 가히 알 수 있다.

고조, 증조가 절검으로 일어났으나 후대에서 세속을 따라 화려함을 일삼으니, 아름다움이 점점 선대의 풍과 같지 못하여 쇠퇴하였다. 따라서 『주역』에서 말한 "달이 이미 참을 크게 경계하여야 한다. 가득 차면 줄어듦을 부르고, 겸손하여야 이익을 받을 수 있다"는 말이 지극한 가르침이 아님이 없다. 마음과 뼈에 새겨두어야 하지 않겠는가? 우리 집안에서 마땅히 알아야 할 것을 생각하여 아래와 같이 적으니 너희는 깊이 생각하여 소홀히 여기지 말라!

1. 의복과 말안장 등 모든 자신을 받드는 것은 이전의 습속과 폐단을 고치고 줄여라! 식사는 배고픔을 채우면 족하고, 옷은 몸을 가리면 족하며, 말은 걷지 않으면 되고, 안장은 튼튼하기만 하면 되며, 그릇은 적절

히 쓸 수 있으면 된다. 타는 말은 단지 멀리 갈 수 있도록 한두 마리로 갈 길에 대비하면 그만이니 어찌 잘 달리는 말을 필요로 할 것인가? 하물며 매양 망아지를 구하고 이를 길러 취하고자 함이 사대부의 큰 병폐여서, 내가 매양 너희에게 걱정하는 바이니, 너는 이제 그만둘 수 없겠는가?

생부님(尹唯深)이 비록 망아지를 길러 이를 취하려는 일은 없었으나 조금 등공(鄧公)의 말을 좋아한 취미가 정이천(程伊川)의 사냥을 좋아함과 같은 바가 있었는데 이는 선대에 없던 바이다. 할아버지가 이를 병통으로 여겨 시를 지어주어 깨우치기에 이르렀다. 그러나 끝내 결단을 내리지 못하여 반드시 이 병이 (죽는) 빌미가 되지 않았다고 할 수 없다. 형님(尹喬른. 생각의 형 — 필자 주)이 망아지 기름을 네가 이에 일삼는 바와 같이 하였고 또 옷을 아름답게 입기에 힘써 이는 모두 남자의 양덕이 아니었다. 그러므로 글에 부지런하였으나 과거에 합격하지 못하여 뒤에 마침내 빈털털이가 되었으니 탄식스러운 일이다.

이에 이르러 생각하여 보니 사람의 마음으로 하여금 한심하게 한다. 너는 이를 지나간 일이라고 하여 적당히 보아 넘기지 말고, 또 나의 말을 늙은이의 말이라 여겨 소홀히 여겨 경계하지 않으면 안된다! 풀을 베어 올 때에 자기 집 보통 소도 쓸 수 없는데 하물며 노비 장토나 동네 사람의 농우를 쓸 수 있겠는가? 한갓 사람들이 괴로워할 뿐만 아니라 사리에도 크게 맞지 않는다. 이와 같은 일은 앞으로 절대로 하지 말라! 다만 한두 짐을 베면 말에 싣고 옴이 좋다.

나는 나이가 오십이 된 후에 명주바지와 모시적삼을 처음으로 입어보았는데 시골에 있을 때에 일찍이 네가 명주내복을 입은 것을 보고 마음이 심히 기쁘지 않았다. 대체로 이 두 가지 물품은 대부의 옷으로 대부도 입지 않은 사람이 많은데 하물며 갓을 쓴 사람이 대부의 옷을 입을 수 있는가? 이와 같은 옷은 배척하여 입지 않아 검소한 덕을 숭상함이 옳다. 대개 이런 물품(옷)은 질박함에 가까워야지 사치에 가까워서는 안된다. 이로 비추어 한 가지를 보아 열 가지를 알 수 있다.

　제갈무후(이름은 량)의 말에 "담박하지 않으면 뜻을 밝게 할 수 없으며, 편안하고 고요하지 않으면 멀리에 이를 수 없다"고 하였으니 아름답다 그 말이여! 경계하여 잊지를 말라! 『예기』 「단서」(丹書)에 말하기를 "공경함이 게으름보다 더한 자는 길하고, 게으름이 공경함보다 더한 자는 멸한다" 하였는데 소홀히 함은 또한 게으름이다. 게으름의 해가 멸함에까지 이르니 어찌 한심하지 않겠는가?

　이석(爾錫. 손자)의 아내는 자모(慈母)의 편벽된 사랑을 받아 비록 어질기는 하나 부인의 성품이 이치를 몰라 오직 남편 집에 아름다운 것만 가져와 이를 입는 것을 장점인 것처럼 여기니, 혹 걸맞지 않는 옷은 이석을 오도하는 것이니 자세히 살펴서 상세히 타일러 남보다 지나치게 좋은 옷을 입지 않도록 하여 복이 지나친 데에서 생기는 근심이 없도록 하여라! 부인의 옷은 나이가 많으면 명주를 사용하고 나이가 젊을 때에는 명주와 무명을 잡용하여 무늬 있는 비단을 사용하지 않음이 좋다!

　1. 노비의 신공은 고조 때에는 상목(常木. 오승포) 한 필을 정식으로 하였으나 그후 혹 더해지기도 하고 혹 감해지기도 하여 일정함이 없었다. 이제는 규정을 정함이 어떠한가? 종(奴)으로부터는 35자의 보통 베로 쪽쪽하게 짠 것 2필, 여종(婢)으로부터는 1필 반을 받되, 가난한 자로 역이 많은 자는 헤아려 감해주고 부자는 더 가하지 말아 이를 정식으로 함이 좋다.

　1. 앙역노비(부리는 노비)는 불가불 두터이 보살펴야 하니 윗사람의 것을 덜어 아랫사람의 몫으로 보태주는 도를 써서 더욱 주인집의 씀을 스스로 덜어 매양 노비의 의식을 넉넉하게 하여 우리에게 목숨을 건 사람으로 하여금 어려워서 원한을 품지 않도록 함이 지극히 옳다. 또한 매일 부리는 바를 그 힘을 다하지 않게 한정하고 규식을 정하여 가르치라!

또 노비가 비록 실수가 있더라도 작은 일이면 가르치고, 큰 일이면 약간 매를 때리어 매번 자신을 어루만져준다는 느낌을 갖도록 할 것이지 자신을 학대한다는 원망을 갖지 않도록 함이 옳다. 손자 이석의 처는 아리따운 부인인데, 아랫사람을 부림이 너무 엄하여 깊이 염려된다. 윗사람의 도는 마땅히 오직 너그러움을 바탕으로 하여야 하는데 부인의 성격이 편벽되어 장을 때리는 권한을 주어서는 안되고 매도 규식을 정하여 지나침이 없도록 하여 감히 직접 함부로 때리는 일이 없도록 하고 또한 잘 타일러 엄하게 경계하라!

1. 큰 힘이 드는 일이 아닌 기타 사소한 잡역은 다만 집안의 노비에게 맡기고 호노(戶奴. 집안의 일을 도맡아 하는 노)를 부리지 말아 하여금 넉넉하고 여유 있게 살게 하여 스스로 힘써 사는 즐거움을 갖게 하고 더구나 동네 사람들이 종종 부리지 못하게 하고, 이런 일들을 유념하여 살펴서 인내하고 지내게 함이 좋다.

1. 후손을 비는 일은 『입문구사조』(入門求嗣條)와 『기사진전』(祈嗣眞詮)을 기본으로 하여 부지런히 행함이 지극히 지당하니, 성인의 말을 믿지 않고 맹인(점쟁이)의 지시를 믿을 것인가? 어긋난 도(左道)와 무당 점쟁이의 말은 귀를 막고 배척할 것이며, 부인 자식으로 하여금 이에 빠지지 말게 하라!『기사진전』 10편 중 말편 기도에 소위 기도하는 것은 (공자의 어머니가) 이구산(尼丘山)에 가서 빌어 공자를 낳았다는 뜻에 지나지 않는다.

안자가 "선을 쌓아 기도하면 또한 신의 노여움을 더하게 하지 않을 것인저!" 하였는데 이를 따르지 않고 하물며 무속의 헤아림이 없는 말을 따라 빌 것인가? 한갓 무익할 뿐만 아니라 더욱 해롭다는 것은 이런 것들을 두고 한 말이다. 생각하고 생각하라! 후사를 구하기 위하여 기도함은 중요한 일이지만 오히려 할 수 없는 것인데 하물며 기타의 신을 충헌공 가훈 해남 윤씨가 소장.

섬길 것인가? 일체 배척하여 끊어 가도(家道)를 바로잡아 다시는 격앙되어 이에 빠지지 말게 하라!

1. 전부터 멀고 가까이 살고 있는 노비가 매양 장사하는 것을 고민스럽게 생각하여왔는데 수노(首奴)나 처간(處干)이 있을 때에는 이를 나에게 힘써 부탁하였는데 내가 이를 고치지 못하여 후회해도 어쩔 수 없다. 내가 담배를 판매하도록 한 것은 전의 시가에 따라 이를 사는 사람에게 손해가 됨이 없게 한 후에야 당연한데 지금 서울을 왕래하면 더욱 주고받는 폐가 없을 것이니 이 밖에는 장사를 네가 먼저 하지 말며, 내 말에

따라 여러 자손가에 일체 하지 말게 하며 너는 형제를 위한다고 부형을 속이는 일이 없도록 하라!

1. 지금 비록 배로 운반하더라도 종들로 하여금 노를 젓게 하니 앙역 노가 아닌 사람은 모두 시가를 쳐서 노 젓는 값을 지불하라!

1. 성현의 경전 교훈은 너희들이 말을 배울 때부터 내가 귀를 잡고 가르친 것이다. 소학은 사람의 됨됨이를 만드는 것이니 학자는 마땅히 이를 기본으로 삼고 또한 일생 동안 말하고 사용하는 문자에 너희에게 근실하고 간곡한 것이니 지금 듣기 싫게 말하고자 함이 아니다. 단 때때로 고요히 앉아 뜻을 두어 한가히 소학을 보면 반드시 새로이 얻음이 있을 것이다. 또 상세한 전(傳)을 가지고 거듭 자세히 읽으면 심신을 돕지 않음이 없을 것이다. 이 모두가 일생 동안 마땅히 힘쓸 일이니 죽도록 버리지 말라!

1. 우리 집이 흥하느냐 멸하느냐는 이 종이 한 장에 있으니 일체 남에게 널리 보이지 말고 또한 손자들로 하여금 명심하여 읽어 잊지 말도록 하라!

이 가훈은 서신으로 보낸 편지의 형식을 취하고 있다. 문서작성자는 가문의 흥멸을 부의 유지에 두고 검소한 생활을 할 것과 노비를 관대하게 다룰 것을 신신당부하고 있다. 이 문서는 노비경영에 많은 노력과 신경을 쓴 특이한 가훈에 속한다. 그 밖에도 이 가훈은 도교적인 신앙을 강조하고 있다는 점, 소학을 중심으로 실천적인 유교를 강조하고 있다는 점, 선행을 쌓을 것을 강조하며 인생의 결과는 하늘에 맡긴다는 운명론을 가지고 있다는 점에서 특이하다.
이 가훈은 윤선도 가문의 가훈에 그치는 것이 아니라 당시 일반 사대부들의 실생활의 풍속과 인간관과 세계관을 잘 반영한 것으로 중시될 가치가 있는 것이다. 또한 이 가훈에서 손자며느리에 대한 통제는 아들이 하는 것으로 되어 있고 손자며느리의 덕성이 부족한 것을 대단히 염려하고 있는 점이 이채롭다. 조선 전기 양반가문이 부를 잘 유지하려면 노비를 잘 보유하여야 함을 이 문서는 극명하게 보여주고 있다.

●정구복 · 한국정신문화연구원 교수

상례와 시묘살이

부모를 위한 3년상

조선시대에 사대부들은 부모가 돌아가시면 3년상을 지냈다. 조선시대에는 부모에게서 태어난 자식이 이를 지키는 것이 부모에 대한 '효'이며, 자식으로서의 기본적인 도리였다. 그리하여 중앙의 고위관리로부터 지방의 평범한 양반에 이르기까지 이를 준수하였다. 그런데 여기서 3년상이라는 것은 부모가 돌아가신 지 3년째 되는 날까지 상을 치르는 것으로, 만으로 따지면 2년이다. 그런데 3년이 되었다고 하여서 바로 탈상하는 것은 아니고 일정 기간의 유예를 두었으니, 대상 두 달 후에 담제(禫祭), 즉 상복을 벗는 의식을 치르고 탈상하도록 되어 있다. 따라서 부모가 돌아가신 후 공식적인 추모기간은 만 26개월이 되는 셈이다. 이같은 규정은 상례를 비롯한 사례(四禮)의 절차를 명시한 『가례』(家禮)나 조선조의 법전인 『경국대전』(經國大典)에 명시되어 있다. 그런데 실제로는 대상을 치르고 바로 탈상하는 사례가 많았다.

이처럼 부모가 돌아가신 뒤 3년 동안 부모를 추모하는 데 시간을 보내야 자식 된 도리를 다하는 것으로 간주하는 발상은 인간이 태어나서 3년이 되어야만 부모 품을 떠날 수 있다는 의식에 기초를 두고 있다.

한말에 이르면 이 관행이 간소화되어 1년 만에 탈상하는 일이 많게 되었다.

3년상을 치르는 과정에서 사대부들은 부모의 묘 옆에 여막을 짓고 시묘살이를 하였다. 조선조 사대부들 중 대체로 상층인들은 이러한 풍습을 잘 지켰으며, 상대적으로 형편이 허락하지 않는 계층에서는 집에 돌아와서 3년상을 치렀다.

상례 절차

자식은 부모를 여읜 지 3년이 될 때까지 상복을 입고 지내야 한다. 장례는 3개월 만에 치르고, 1년이 지나면 소상(小祥)을 지내며, 2년이 지나면 대상(大祥)을 치르고, 이어서 탈상한다. 이러한 일련의 관례는 『가례』의 규정을 따른 것이다. 그런데 조선조 사대부들이 『가례』를 전부 따른 것은 아니었으며, 부분적으로 당시의 실정에 맞게 차이를 두기도 하였다.

3년상의 절차 중 처음 상을 당한 후 장사를 지내기까지의 기간은 다른 때에 비하여 그 절차가 매우 다양하고 복잡하다. 먼저 부모의 상을 당하면 대략 석 달 만에 장사를 지냈으니, 이 시기는 초상 때로부터 만두 달 뒤가 된다. 요즈음은 초상을 당하면 대개 3일장이라고 하여 이틀이 지나면 장사를 지내는데, 조선조의 한 달이 지금에 와서는 하루로 줄어든 셈이다. 장사를 치르는 날짜, 즉 장례일은 점을 쳐서 정하였다. 따라서 돌아가신 후 장사를 치를 때까지의 기간은 일정하지 않았다. 경우에 따라서 장례일이 석 달을 넘어서는 경우도 있었다. 시신을 집안에 모시는 석 달의 기간 중에서도 처음 돌아가신 이후부터 나흘까지의 기간이 특히 중요하다. 이 기간은 부모의 시신을 잘 처리하여 입관하고 성복하게 되는 시기이다. 조선시대 사람들은 대체로 이 기간 동안『가례』의 규정을 참고로 하여 일을 처리하였다.

절명 · 목욕 · 습 · 영좌의 설치

이것들은 부모가 돌아가신(絶命) 바로 그날 치르는 의식이다. 부모가 돌아가실 만큼 병이 중하면 먼저 정침(正寢), 즉 집안의 중앙에 위치한 방으로 부모를 모신다. 돌아가시면 바로 곡을 한다. 이어서 상주를 세우고, 호상(護喪), 주부(主婦), 사서(司書), 사화(司貨)를 정한다. 상주는 돌아가신 이의 장자로 정하는데, 장자가 없으면 장손으로 한다. 주부는 돌아가신 이의 처가 맡는데, 처가 없으면 상주의 처가 대신한다. 호상은 상주를 도와 상례를 주관하는 사람이며, 사서와 사화는 서기와 회계 등을 담당하는 사람이다.

이처럼 장례를 치를 인물들을 정한 후에는 역복(易服)을 한다. 역복은 처자와 부인 등이 관(冠)과 윗도리를 벗고 머리를 풀고, 남자는 옷의 옷섶을 허리에 끼우고 맨발을 하는 등의 행위를 말한다. 그리고 이때 이후로 자식들은 3일 동안 음식을 먹지 않도록 되어 있다.

시신을 목욕시키고 습(襲)을 한다. 목욕은 따뜻한 물로 시신을 씻기고, 아울러 머리를 감기고 빗질하며, 손톱과 발톱을 깎는 행위를 말한다. '습'이란 옷을 입히는 행위이다. 기존에 부모가 입었던 옷을 벗기고 새 옷으로 갈아입히는 것이 습이다. 습은 시신을 청결하게 모시는 하나의 의식이라고 할 수 있다. 습을 마치면 자식들은 좌단(左袒)을 한다. 좌단은 왼쪽 옷소매를 오른쪽 허리에 끼우는 것이다. 이어서 영좌(靈座)를 만들고 그 위에 혼백(魂帛)을 설치한다. 영좌는 죽은 자를 추모하기 위하여 전(奠)을 하고 혼백을 만들어놓을 수 있는 자리를 가리킨다. 혼백은 '마포 등으로 만든 임시 신주'로 나무신주를 만들기 이전에 사용한다. 혼백은 장사를 치른 뒤에 땅속에 묻는다.

소 렴

소렴(小斂)은 부모가 돌아가신 다음날 치르는 의식인데, 돌아가신 당일에 치르기도 하였다. 소렴은 시신에 옷을 입히는 행위인데, 보다 정확히 말하면 시신을 정해진 옷감으로 싸는 일이다. 시신을 싼 후에는 시신을 이불로 덮어준다. 이때에 시신을 묶지 않고 얼굴을 덮지도 않는다. 왜 얼굴을 덮지 않을까? 행여 시신이 살아나기를 기다리는 마음에서라고 한다.

『가례』에는 첫째 날 습하고 둘째 날 소렴하는 것으로 되어 있다. 나중에 소렴이 간소화되어 습과 함께 돌아가신 날 바로 소렴을 치르기도 하였다. 영암에 살던 신응순(辛應純. 1572~1639)은 그의 아내가 죽었을 때, 아내가 죽은 바로 그날 소렴을 하였는데, 이는 날씨가 매우 더웠기 때문이었다고 한다. 습과 소렴을 단번에 치를 때는 두 가지 의식을 합쳐서 습렴 또는 염습이라고 하였다.

대렴과 성빈

돌아가시고 셋째 날 치르는 의식인데, 경우에 따라서는 둘째 날 하기도 하였다. 대렴(大斂)은 시신을 묶고 얼굴을 가린 이후에 입관하는 절차를 말한다. 돌아가신 지 3일 만에 대렴하는 것은 부모님이 다시 살아나기를 기다리는 마음 때문이라고 한다. 3일 만에 살아나지 않는다면 가망이 없는 것으로 간주하고 입관한다.

시신을 입관한 후에는 바로 빈(殯)을 설치한다. 빈은 시신을 장기 보관하기 위하여 집안의 일정한 장소에 모셔두는 것이다. 이러한 절차를 성빈(成殯)이라고도 하며, 이를 설치한 곳을 빈소라고 한다.

빈소를 마련할 때에는 적어도 시신을 세 달 정도 보관할 것을 감안하여야 한다. 따라서 관 속에 안치된 시신은 관 밖과 철저하게 차단될 필요가 있다. 『가례』나 그 외의 예서에 따르면 예전에는 흙벽돌을 겹으로 하여 발라두기도 하였고, 또는 구덩이를 파서 관을 넣어두기도 하였다고 한다. 조선조의 사대부들은 주로 관에 송진을 바르거나 옻칠을 하여 보전하는 방법을 이용하였다. 신응순은 아내의 관을 보전하기 위해서 겉에는 두회(杜灰. 팥배나무 재)에다 술을 섞어 바르고 장작을 살라 말렸

복차(服次) 안병로 처의 상(喪)에 복제를 규정한 문서.

다고 하며, 속에는 송진을 녹여서 관의 이음새를 막았다고 한다. 또한 이 기간 동안 관을 안전하게 모셔두는 장소가 필요하였다. 조선조에는 시신을 대청에 두기도 하였으나, 대체로 집의 본채와는 분리된 별실에 시신을 모시기도 하였고, 때로는 집 밖에 별도의 장소를 마련하여 빈소를 설치하기도 하였다.

성 복

돌아가신 지 넷째 날 치르는 의식을 성복(成服)이라 한다. 조선시대 사람들은 소렴이나 대렴을 치르는 시기를 반드시 『가례』에 규정된 날짜에 하지는 않았으나, 성복을 하는 기간만은 철저히 넷째 날을 지켰다고 한다. 성복은 보통 입관한 다음 하루 정도 지난 후에 하여야 한다. 그 이유는 입관 후에도 부모님이 돌아가셨다고 여길 수 없기 때문이라고 한다.

성복에는 첫째 참최(斬衰) 3년, 둘째 재최(齊衰) 3년·장기(杖朞)·부장기(不杖朞), 셋째 대공(大功) 9개월, 넷째 소공(小功) 5개월, 다섯째 시마(緦麻) 3개월 등의 5종류가 있었으니, 이를 오복제도(五服制度)라고 한다. 아버지가 돌아가시면 참최 3년, 어머니가 돌아가시면 재최 3년을 입었는데, 복을 입는 방법과 시기는 돌아가신 이와의 친소관계에 따라 차등을 두었다. 조선조에는 '유복지친'(有服之親)이라고 하여 성복을 입는 범위는 대체로 고조를 공동조상으로 하는 동성팔촌(八寸)까지였다. 동성팔촌 이외에 외조부모, 외숙, 내외 종형제 등에게도 상복이 있다. 가까운 친척이 아니더라도 대갓집 종손이 돌아가신 경우에는 일가친척들이 얼마 동안 복을 입어 종손에 대한 예를 표하기도 하였다.

치장·반곡·우제·졸곡제·부제

3개월이 되면 장사를 지내는데, 이것들은 이때에 행하는 의식들이다. 먼저 치장(治葬)을 한다. 치장은 장사를 지내기 위하여 장지와 장일을 결정하고, 관을 안치할 자리를 마련하는 등 발인하기까지 일련의 절차를 말한다. 『가례』에 따르면 3개월이 되면 장사를 지내도록 하고 있다. 즉 만 두 달을 넘어야만 한다. 사정에 따라서 장지와 날짜를 정하기가 쉽지 않았기 때문에 장사날은 석 달을 넘는 경우도 많았다. 영암에 살던 신응순은 그의 아내가 1615년 5월 28일 죽었는데, 장지를 정하지 못하다가 11월이 되어서야 장지와 날짜를 정하고, 12월 10일이 되어서야 하관하였다. 무려 7개월이 걸린 것이다.

장지와 장일이 정해지면 참파토(斬破土. 풀을 베고 땅을 팜), 사후토(祀后土. 후토신께 제사), 개금정(開金井. 금정틀을 놓고 광을 팜), 파빈(破殯. 빈소를 해체함), 발인(發靷), 안장(安葬. 시신을 하관하여 안치)의 절차를 거쳐서 시신을 영구히 안치하게 된다. 이처럼 묘자리를 파고 시신을 안장하는 데에도 여러 날이 소요되었다. 각 가문에 전해오는 『택일기』(擇日記) 등을 보면 짧게는 6~7일 정도, 길게는 20여 일 정도 걸렸음을 알 수 있다.

치장 후에는 발인을 하고, 장지에 도착하여 하관한 후, 성분(成墳)을 한다. 성분을 하면 반곡(反哭)을 하게 되어 있다. 반곡은 혼백과 신주를 모시고 곡을 하면서 집으로 돌아오는 행위이다. 그런데 상주가 집으로 돌아오지 않고, 묘 옆에 남아서 시묘살이를 하게 되면 반곡을 할 수 없게 된다.

성분 후에는 우제(虞祭)를 지낸다. 우제는 돌아가신 이에 대해 정식으로 지내는 제사이다. 이전까지는 상식(上食)만 하였는데, 이때에 이르러서는 심정적으로 부모님이 돌아가신 것을 인정하고 정식으로 제사를 지낸다. 우(虞)는 편안하게 한다는 뜻이니, 우제는 곧 혼령을 편안하게 보내는 의식이다. 우제는 초우(初虞), 재우(再虞), 삼우(三虞)로 세 번을 지내게 되어 있다. 초우는 장사 지낸 날 한낮에 하게 된다. 재우는 초우 후 유일(柔日. 乙, 丁, 己, 辛, 癸)에 하게 되어 있는데, 대개는 초우 다음날 지낸다. 삼우는 재우 후 강일(剛日. 甲, 丙, 戊, 庚, 壬)이 되면 하는데, 재우 다음날이 된다. 세 번 지내게 되어 있는 삼우제를 최근에는 돌아가신 지 3일째 되는 날 한 번 지내는 것으로 간략화시켰다.

우제 다음날에는 졸곡제(卒哭祭)를 지낸다. 곡을 그치면서 지내는 제사이다. 그런데 졸곡제를 지내면 평상시 주야를 구분하지 않고 종일 하던 곡을 이때부터는 아침저녁에만 하게 된다. 졸곡제를 지낸 다음날에는 부제(祔祭)를 지낸다. 부제는 선조의 사당에 돌아가신 분의 위패를 함께 모시는 행사이다. 부제 역시 반곡과 마찬가지로 자식이 시묘살이를 하게 되면 지내기 어렵다. 신주가 집으로 돌아오지 않았는데, 이를 사당에 모실 수는 없기 때문이다. 반곡과 부제에 대해서는 시묘살이를 설명할 때에 자세하게 설명하겠다.

소상 · 대상 · 담제

부모가 돌아가신 후 만 1년이 지나는 13개월째가 되면 소상(小祥)을 치르고, 2년이 지나는 25개월째가 되면 대상(大祥)을 치르며, 27개월째가 되면 담제(禫祭)를 지낸다. 부모가 돌아가신 후 13개월째가 되면 소상을 치른다. 예를 들어 부모님이 1월 1일 돌아가셨으면 소상일은 그 이듬해 1월 1일이 된다. 이때에는 중간에 혹 윤달이 끼더라도 이를 무시한다. 소상을 지내면 상주는 조석곡을 그치고 비로소 채소와 과일을 먹는다. 25개월째, 즉 만 24개월이 지나면 대상을 지내고, 27개월이 되면 담제를 지낸다. 대상을 치르면 실질적으로 상이 끝나게 되어 있었으니, 이때가

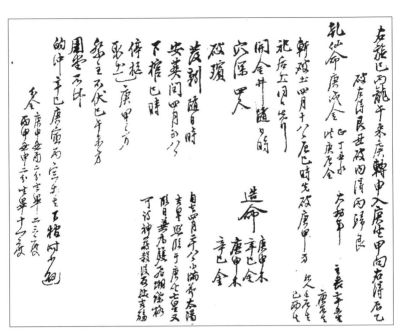

『택일기』 장례의 날짜와 일정을 정하여 기록한 문서.

되면 술과 고기를 먹어도 무방하며 아내와 잠자리를 같이할 수 있다. 담제를 지내면 탈상한다. 『가례』나 조선조 법전인 『경국대전』에는 담제를 지내고 탈상을 하는 것으로 규정하였지만 실제로는 대상제를 지내고 바로 그날 탈상하는 사례도 많았다.

『가례』 등 예서에 없는 시묘살이

조선조 사대부들은 관(冠)·혼(婚)·상(喪)·제(祭) 등 제반 생활 의식을 『가례』(家禮)에 따라 행하였으며, 특히 상례에 있어서는 더욱 철저하였다고 한다. 사대부들은 『가례』의 규정에 따라 상례를 치르는 것을 매우 당연하고 자랑스럽게 여겼다. 그런데 사실상 사대부들은 『가례』의 규정을 모두 지키지는 않았다. 『가례』가 중국인들의 입장에 맞게 쓰여진 것이기 때문에, 어쩌면 당연한 일이기도 할 것이다. 반면 『가례』에도 언급되지 않은 내용을 매우 중요하게 여기기도 하였으니, 그중 대표적인 예가 바로 시묘살이이다.

예서에서 인정하지 않은 시묘살이

사대부들에게 일반화된 시묘살이는 『가례』에도 없는 관습이었을 뿐 아니라, 조선조 성리학자들이 만든 예서(禮書)들에서도 기록되지 않았다. 조선조 예서의 대표격인 김장생(金長生)의 『상례비요』(喪禮備要), 이재(李縡)의 『사례편람』(四禮便覽), 그리고 19세기 초에 간행된 유장원(柳長源)의 『상변통고』(常變通攷) 등에서는 시묘살이를 규정하지 않았다. 이들 예서에서는 시묘살이를 아예 언급하지 않거나 언급하더라도 이를 정통적인 예제로 보지 않았다.

김장생의 『상례비요』에는 『가례』와 마찬가지로 시묘살이에 대한 언급이 없으며, 이재의 『사례편람』에서는 다만 반곡조(反哭條)의 세주(細註)에 이황의 말을 인용하면서 당시 시묘살이가 상당히 유행하였음을 소개하는 정도였다. 19세기 전반기에 한국의 예서를 집대성한 유장원은 시묘살이에 대하여 언급하였다. 그러나 그 역시 별도로 '여묘지비'(廬墓之非)라는 항목을 두어, 시묘살이를 지킬 필요가 없다고 하였다. 시묘살이가 실제로 많이 행하여졌으면서도 예서에서 공식적으로 인정되지 못했던 것은 아이러니가 아닐 수 없다. 시묘살이가 실제로 널리 행하여졌지만 이를 주자가 인정하지 않았기 때문에, 조선조 학자들도 이에 따를 수밖에 없었던 것이다.

시묘살이가 예서에서 인정받지 못하였지만 조선조에서는 널리 유행하였고 이를 국가에서 권장하기까지 하였다. 조정에서는 부모상에 시묘살이를 매우 극진히 하거나, 3년상을 치른 후 시묘살이를 더 연장한다든지, 그 외에 보통 사람들보다 더 극진하게 상례를 치른 경우에는 정려를 내려주어 국가적으로 포상을 하였다. 또한 조선조의 제왕들은 부왕이 돌아가시면 실제로 시묘살이는 하지 못하였지만 궁중 내에 여막을 짓고 시묘살이하는 형식을 취하였다. 따라서 시묘살이는 왕과 사대부들에게 매우 중요한 예로서 정착하였다.

시묘살이에 대한 이황, 이이 등 유학자들의 입장

조선조 성리학자들이 시묘살이를 예제로 인정하기 어려웠던 이유는 『가례』에 시묘에 대한 규정이 없어서이기도 했지만, 그보다 더 어려운 점은 시묘살이를 하게 되면 『가례』에 명시된 일부 규정을 어길 수 있기 때문이다. 바로 반혼(反魂)과 부제(祔祭)를 행하는 시기이다.

『가례』에는 부모의 장사 후 곧바로 반혼과 부제를 하게 되어 있는데, 시묘살이를 하게 된다면, 이러한 절차가 3년상을 마친 뒤로 연기되어야 한다. 『가례』에는 장사를 지내면 반혼, 즉 혼백을 집으로 모셔오면서 우제를 지내고, 다음날 졸곡제를 지내고, 그 다음날 부제를 지내도록 되어 있다. 그런데 시묘살이를 하면 혼백을 집으로 모셔오지 않고 묘소 옆에 지은 여막에 그대로 두어야 하며, 아울러 부제도 연기될 수밖에 없다.

이러한 문제에 대하여 이황과 이이는 『가례』의 정통을 인정하면서도 동시에 시묘살이를 부정하지는 않는 절충적 입장을 취하고 있다. 먼저 이황은 부모의 장례를 치른 후에는 혼백을 집으로 모셔오는 일은 제대로 된 예라고 하였다. 즉 부모를 위하여 시묘살이까지 할 필요는 없다는 말이다. 그런데 집으로 부모의 혼백을 모셔온 자들이 예법을 지키지 않고 삼가지 못하는 일이 많아지게 되면서, 반혼이 여묘를 행하여 혼잡을 피하는 것보다 못하게 되었다고 하였다. 즉 이황의 말은 반혼을 하는 것이 바른 도인데, 세상이 어지러워져서 사람들이 반혼 후에 부모에 대한 추모를 정성껏 하지 않게 되면서, 여묘를 행하여 반혼하면서 지게 되는 부담을 없앴다는 것이다.

이이는 이에 대하여 『격몽요결』(擊蒙要訣)에서 이황보다 더 자세하게 설명하고 있다.

지금 예를 아는 집에서는 장례 후에 반혼하는 일이 많다. 이는 정말 바른 예이다. 다만 세속 사람들이 잘못 본떠 여묘살이하는 풍속을 폐하고, 반혼 후에는 각기 제집으로 돌아와 처자와 한데 거처하면서 예법을 크게 무너뜨리니 심히 한심하다. 무릇 어버이 상을 당한 이는 스스로 헤아려보아 일일이 예를 따라 조금이라도 부족함이 없어야 할 것이니, 마땅히 예를 따라 반혼하고, 혹시라도 그렇지 못하면 옛 풍속에 따라 여묘살이를 하는 것이 옳다.

이처럼 부모상 중에 반혼하는 일은 맞는데, 반혼을 한 이후에 부족함이 생길 수 있다는 부담이 있다면 시묘살이를 하라고 하였다. 결국 이이의 의견도 이황과 비슷한 입장을 취하고 있다. 즉 조선조 최고의 유학자인 이황과 이이는 원칙적으로 반혼을 바른 예라고 규정하고, 만일 반혼으로 인해 효를 다하는 데 부담이 된다면 시묘살이를 하라는 입장이다. 이 두 학자는 시묘살이를 비판하면서도 사실상 이를 인정한 것이다.

다음으로 문제가 되는 것이 부제(祔祭)이다. 부제는 돌아가신 이의 신주를 조상의 사당에 함께 모시는 제사이다. 『가례』에 따르면 부제는 졸곡제 다음날 하도록 되어 있다. 시묘살이를 하지 않는다면 이미 반혼을 하기 때문에 졸곡제 뒤의 부제는 문제가 없다. 다만 이때에는 일단 사당에 부제를 지내고 신주를 다시 정침으로 되돌렸다가 3년상이 끝난 후 사당에 옮기면 된다. 신주를 다시 옮겨놓는 것은 돌아가신 부모를 살아 있는 분으로 여기면서 모시고자 하는 뜻이다. 아울러 조석으로 상식(上食)을 위해서는 정침에 신주가 있어야 하는 현실적인 이유도 있다.

그런데 만약 시묘살이를 한다면 졸곡제 다음날 부제를 할 수 없고, 3년상을 마치고 해야만 한다. 시묘살이를 하게 되면 반혼을 하지 않아 부제를 지낼 수 없기 때문이다. 또한 시묘살이 자체가 부모를 살아 계신 것으로 간주하는 마음에서 비롯된 행위이기 때문에, 자식 된 도리로서 부제를 실행하기는 더욱 어려운 일이었다. 부제는 돌아가신 부모를 신으로 대접하는 제사가 되기 때문이다.

부제의 시기에 대해서는 일찍이 공자나 정자(程子) 등도 장례 후 곧바로 치르자는 입장은 아니었다. 공자는 소상 후에 부제를 지내라고 하였고, 정자는 3년상을 치른 후에 부제를 해야 한다고 하였다. 조선의 학자들도 시묘살이를 할 경우에는 3년상 후에 부제를 치르는 것을 인정하게 된다. 성리학자 이황이 반혼을 사실상 인정하였던 것처럼, 3년상 후 부제를 지내는 것을 부정하지 않았고, 그후 이현일(李玄逸), 정구(鄭逑) 등도 이러한 입장을 따르게 된다. 이현일은 부제가 『가례』와 어긋나는 데 따른 문제의 소지를 없애기 위하여 3년상 후 부제하는 것은 바로 왕실의 예법을 따른 것이라고 하였다.

3년상 이후에 부제를 행한 기록은 조선조 유학자들의 일기 속에서 잘 나타난다. 이정회(李庭檜)가 쓴 『송간일기』(松澗日記)에 의하면 그는 어머니가 1578년 5월 1일에 돌아가셨는데, 3년째인 1580년 5월 1일 대상을 치르고 바로 집으로 혼백을 모셔온 후, 다음날 사당에 함께 모셨다. 또한 이문건(李文楗)도 모친상에 대상을 치른 후 집으로 신주를 모셔와 '합제'(合祭)하였으며, 18세기의 실학자 황윤석(黃胤錫)도 부친상에 대상제를 마친 후에 부제를 치렀다.

결국 조선조의 유학자들은 부제를 지내는 시기에 대해서는 반혼의 예에서와 마찬가지로 현실적인 측면을 인정하게 되었다. 따라서 시묘살이 자체가 예서에서는 인정되지 못하였지만 조선조의 학자들에게 그 현실성을 인정받게 된 것이다. 이를 받아들이게 된 가장 커다란 원인은 바로 시묘살이가 효를 지상으로 여기는 조선조의 국가 이념과 맞아떨어졌기 때문이었다.

한편 적극적으로 시묘살이의 당위성을 주장한 이도 있었으니, 그는 선조대의 명상 노수신(盧守愼)이었다. 노수신은 선조 12년(1579년) 3월 25일 조정의 회의에서 "민간에서 반혼의 예를 많이들 행하고 있어 이 때문에 여묘(시묘살이) 사는 풍속이 없어져 상례의 기강이 갈수록 야박해진다"고 하면서 시묘살이를 강화하도록 왕(선조)에게 청하기도 하였다.

위의 예에서 나타나는 바처럼 조선조에 있어서 시묘살이는 부모에 대하여 극진하게 효를 다한다는 의미의 긍정적인 측면과 고례, 즉『가례』에도 없는 예를 무리하게 해야 하는가의 명분론 사이에 착종되는 측면이 있었다. 그러나『가례』의 이행과 지극한 효의 실행이라는 양 측면 속에서도 조선조의 사대부들, 특히 상층지식인들은 시묘살이를 필수적인 것으로 여기고 이를 시행하였다.

이처럼 조선조 사대부들이『가례』의 규정을 절대시하면서도『가례』에 언급되지 않은 시묘살이를 중요시 여긴 것은 매우 아이러니한 일이다. 이는 예의 실천상에 나타난 한국적인 특색이라고 할 수 있다. 명분적으로는『가례』를 철저히 이행하면서도 실제적으로는『가례』이상으로 부모에 대한 예를 지켜야만 하는 사대부로서의 어려운 한 단면을 지니고 있다.

시묘살이의 실제

시묘살이는 묘 옆에 산다는 의미이고, 묘 옆에 짓는 집을 여묘(盧墓), 여막(盧幕), 여차(盧次), 여소(盧所)라고도 하였다. 조선조에 시묘살이는 부모에 대한 절대적인 효 사상에서 비롯된 관습으로서, 이 기간 동안 자식이 된 자는 철저하게 돌아가신 부모를 위해 추모하는 기간을 가져야만 하였다. 이 기간 중에는 물론 관직생활을 할 수 없었고, 그 외 행동에도 일정한 제약이 따랐다. 그렇지만 당시 사대부들은 시묘살이를 매우 당연한 것으로 받아들였다.

시묘살이의 유래

『가례』에 언급되어 있지 않던 시묘살이가 조선조 사대부들에게 널리 퍼진 것은 그 나름대로 연유가 있었다. 이는 중국에서 공자가 돌아가셨을 때 그의 제자들이 3년 간 심상(心喪)을 지내고 돌아갔는데, 그중에서 자공(子貢)이 6년 동안이나 공자의 묘 곁에서 여막을 짓고 그를 추모하였던 데 그 연유가 있다. 우리나라에서는 고려 말 정몽주가 그의 어버이 상을 당하여 3년 간 여막살이를 하였다고 하는데, 이러한 전례가 조선조 사대부들에게 커다란 영향을 미쳤다. 자공과 정몽주가 시묘살이를 하였던 것이 모범이 되어 우리나라 사대부들이 이를 이행하게 된 것이다.

또한 조선왕조의 초기에 『국조오례의』(國朝五禮儀)로 시묘살이가 명문화되면서, 이것이 왕실의 법도가 되었고, 이 역시 시묘살이가 사대부들에게 일반화하는 데 커다란 영향을 미쳤다.

여막에서의 일상생활

여막(廬幕)은 말 그대로 묘 옆에 임시로 마련되는 거처이다. 따라서 호화롭게 지을 수는 없었으며, 초막의 형태로 집을 만들었다. 그렇지만 장기적인 생활을 해야 하기 때문에 이곳에는 최소한 체력적으로 견딜 수 있을 만큼의 시설, 즉 취식을 할 수 있는 여건은 마련하였다. 그리하여 시종이 늘 있으면서 밥을 해올리고, 겨울을 대비하여 난방이 될 정도의 온돌시설도 만들었다.

시묘살이 동안 관리들은 현직을 그만두고 오직 부모의 묘를 지켜야만 하였다. 또 상중에는 일체의 술이나 고기 등을 금하고 경계하는 생활을 해야만 하였다. 그런데 사실상 부모상을 당하는 시기는 그 자식들로서는 사회나 집안에서 중요한 일을 담당해야 할 나이인 만큼 이들은 사회 내의 일이나, 문중, 집안일에서 완전히 자유로울 수는 없었다. 따라서 이들은 상중이라도 사대부의 기본행위인 봉제사(奉祭祀), 접빈객(接

賓客)은 물론 필요할 때에는 인근의 사람들을 방문하는 등 기본적인 사회생활을 영위하였다. 이들은 시묘살이 중 먼길을 떠나는 등의 돌출적인 행위는 할 수 없었지만 기본적으로 필요한 부분에 대해서는 문중이나 가내 일을 돌보았던 것이다.

조선조 유명 사대부들의 상중 생활은 최근에 알려진 일기류 등을 통하여 살펴볼 수 있다. 대표적인 사례로 이정회(李庭檜. 1542~1612)를 들수 있다. 조선 중기 안동의 대표적인 사대부였던 이정회는 1578년 5월 1일에 모친상을 당하였다. 그는 보통 사대부들이 하는 것처럼 3일째 성빈하고 4일째 성복을 하였다. 이후 9월 7일이 되어서야 장례일을 정하고 11월 8일에 분묘를 완성하였다. 그리고 나흘 후인 11일에는 졸곡제를 지냈다. 장례를 치르는 데 무려 다섯 달이란 세월이 걸린 것이다. 이렇게 오랜 시일이 걸렸던 것은 일기에서는 자세히 소개되지 않았지만, 묘를 쓰는 장소나 시일을 정하는 데 어려움이 있었기 때문이었던 것으로 보인다.

그런데 이 기간 동안 이정회는 하루 종일 빈소를 지키면서 곡(哭)만한 것은 아니었다. 그는 성복 후 10여 일 동안은 조문하러 온 손님을 맞는 데 보냈다. 그러나 그 이후에는 일상적으로 농사일을 돌보는 데 열중하였다. 그는 빈소에 있으면서도 노비들이 전답에 김매는 일이라든지, 보리 타작한 일들을 일일이 기록하였다. 또한 6월에 접어들어서는 논에 김매는 일이라든지, 보리밭에 씨 뿌리는 일 등을 꼼꼼히 기록하였다. 그가 상중에 특히 장례를 치르지 않은 시점에서 이러한 일에 관여하였다는 사실은 어찌 보면 매우 특이한 사실로도 생각되어질 수 있다. 그러나 이 시기가 농사를 짓는 데에는 기본적으로 매우 중요한 시기라는 점을 감안한다면, 한 가정을 책임지고 있는 가장으로서는 매우 당연한 일인지도 모른다.

그는 장사 후에는 여막에 거주하면서도 농사일을 돌보고, 그곳에서 손님을 맞이하기도 하였다. 그 외에도 인척들에게 대소사가 있으면 방문하는 등 어찌 보면 평상시와 다름없는 생활을 하였다. 그렇지만 상중의 이정회가 자식 된 도리를 게을리하는 것은 아니었다. 그는 초하루와 보름에는 항상 삭망제(朔望祭)를 지냈으며, 특히 추수가 끝난 겨울에는 묘역에 설치하는 표석(標石)이나 상석(床石)을 조성하는 일에 많은 노력을 기울이고 있다. 결국 그는 상중에는 돌아가신 어머님에 대한 자식 된 도리를 다하고, 동시에 집안의 가장으로서 가내 경제를 돌보는 등 두 가지 일을 하였던 것이다.

한편 상중의 음주는 철저히 금기시되었다고 알고 있으나 사실은 어느 정도 허용되었다. 『가례』에서도 상중에 어른이 억지로 술을 권할 때, 만약 사양하지 못하면 그 뜻을 따르는 것도 해로움이 없다고 하였으며, 유장원이 작성한 『상변통고』에서는 체력이 약할 때 음주와 식육을 허용하였다. 조선조 사대부들은 술을 자주 즐기곤 하였는데, 3년이란 오랜 세월 동안 이를 전혀 먹지 않는다는 것은 사실상 어려운 일이었을 터이고, 또 이문건에게서 나타난 것처럼 체력적 혹은 정신적인 보약으로서의 술은 사회적으로 허용된 것으로 보인다. 또한 식육도 어느 정도 허용되었다.

면학 및 저술생활

상중에 처한 사대부들은 관직을 지낼 수 없었고, 또 행동상에 있어서도 상당한 제약을 받았기 때문에 실제 생활에 있어서 사실상 곤란한 점이 많았을 것이다. 그러나 이러한 행동의 제약을 전기로 하여서 이 기간 동안 학문에 몰두하거나 저술을 통하여 지식을 쌓고, 학문적인 발전을 도모하는 이들도 많았다. 이때에 사대부들은 평소에 읽지 못한 책을 탐독하기도 하였다. 또한 부친의 행적을 정리하여 행장을 만들거나 또는 부친의 평상시 찬술한 기록들을 모아서 문집 초고본을 만들기도 하였다. 그 외에 부모의 장례를 위하여 수집한 자료들을 모아서, 상례에 관계된 책을 저술하기도 하였다.

선조대의 명신이면서 나란히 이황의 문인이었던 김성일(金誠一)과 유성룡(柳成龍) 등에게서 이러한 사례가 발견된다. 김성일은 43세 때 부친이 돌아가셨는데, 시묘살이를 하면서 부친의 행장, 묘지문을 작성하였으며, 1년이 지난 뒤에는 『상례고증』(喪禮考證)을 편찬하기도 하였다. 유성룡은 60세란 나이에 모친상을 당하여 3년상을 지냈는데, 이때에 그는 『신종록』(愼終錄), 『영모록』(永慕錄), 『상례고증』을 찬술하는 등 예에 관련된 몇 편의 저술을 남겼다.

또한 다소 후기이긴 하지만 초대 임시정부 총령을 지냈던 이상룡(李相龍)은 만주로 떠나기 전이었던 1873년 15세 때 부친상을 당하였고, 1894년 38세 때에는 조부의 상을 당하였다. 그는 부친상을 당하였을 때 집에 전래하던 장서 수천 권을 탐독하였다고 하였으니, 이때에 천문(天文), 지지(地誌), 역기(曆紀), 산수(算數) 등에 관해 널리 연구하였다고 한다. 아마도 이 당시의 공부가 이후 그의 활동에도 많은 영향을 미쳤을 것으로 보인다. 그는 또한 조상들의 저작을 모아서 『철이세록』(鐵李世錄) 9책을 필사하였고, 조부의 저작들을 모아서는 『조고유고』(祖考遺稿) 4책을 완성하기도 하였다.

● 김문택 · 경기대 사학과 강사

기제사와 묘제

제사란 무엇인가

제사는 산 사람과 죽은 사람이 서로 통하고, 죽은 자의 영혼을 위로하는 마당이다. 이 만남의 자리에는 여러 가지 복잡한 절차와 형식이 요구된다. 그것이 바로 제례(祭禮)이다. 제례는 시대적 이념과 상황에 따라 그 의미와 형식이 다양하게 변해왔다.

오늘날 한국인의 제례는 유교적 성격을 강하게 띠고 있다. 유교식 제례에서 제사의 의미는 부모가 살아 계실 때에 행하던 효행의 연속이다. 즉 부모님을 생전에 봉양한 것처럼, 돌아가신 후에도 지극한 정성의 제사를 올림으로써 효도를 다한다는 의미가 담겨 있다. 이와 함께 제사 절차와 제물 마련 등의 형식적인 측면, 나아가 제사라는 의식을 통하여 가족·친족 간의 유대를 강화하고 친목을 도모하는 측면도 매우 중요시되었다.

제사에는 조상이 돌아가신 날 거행하는 기제사(忌祭祀), 명절날 거행하는 차례(茶禮), 먼 선조들을 대상으로 1년에 한 차례씩 거행하는 시향(時享), 한식이나 추석 때의 성묘(省墓) 등 다양한 형태들이 있다. 이들 제사는 "효를 다한다"는 유교적 이념에 근거하고 있으며, 오늘날에도 한국사회에서는 유교적인 형식에 따라 엄격하게 거행되고 있다.

유교식 제사에서 의식을 거행하는 주체는 큰아들이다. 다른 형제나 자손들은 제사에 참석할 뿐 주재자는 되지 못한다. 결국 제사 의식은 전적으로 장자(손)의 주관하에 치르는 행사이고, 자연스럽게 맏며느리는 제물과 제수 준비를 전담하는 의무를 지게 된다. 며느리의 입장에서 볼 때 1년에 십여 차례 행해야 하는 제사는 그 자체가 부담스러울 수밖에 없다.

아직도 대부분의 사람들은 큰아들과 맏며느리에게 과중한 책임을 지우는 이러한 제사방식을 계승해가야 할 '아름다운 전통'이라고 굳게 믿고 있다. 그렇다면 우리는 여기에서 의문을 가지지 않을 수 없게 된다. 이른바 '아름다운 전통'이라는 유교식 제사방식은 과연 우리나라의 반만 년 역사와 궤를 함께하는 것일까? 그게 아니라면 언제 어떠한 사회 분위기 속에서 어떠한 과정을 거치며 형성되어갔을까, 그 이전의 모습은 어떠하였을까 하는 점들이다. 그리고 나아가 진정 아름다운 전통의 의미를 우리는 어디에서 찾아야 하며, 어떻게 계승해야 하는 것일까?

고려의 불교와 제사

고려의 지배적인 종교는 불교였다. 왕실을 비롯하여 대부분의 백성들이 불교에 의지하였고, 정치, 사회, 문화에서 일상생활에 이르기까지 불교의 영향이 스미지 않은 곳이 없었다. 고려시대에는 팔관회, 연등회 같은 다양한 불교 행사들이 거행되었고, 개인적인 상제례(喪祭禮) 또한 사찰에서 불교식으로 거행되는 경우가 많았다. 고려시대에 사람이 사망하면 시신을 화장한 뒤, 뼈를 수습하여 작은 관에 넣어 매장하거나, 작은 단지에 담아 절에 보관하였다. 오늘날 고려시대의 분묘가 거의 남아 있지 않은 것은 물론 시대가 오래 된 이유도 있겠지만, 화장이라는 불교식 장법이 널리 행해졌기 때문이기도 하리라.

제사 또한 사찰에서 올리는 재(齋)의 형태로 행해졌고, 조상의 초상화를 그려 절에 영당(影堂)을 마련하여 보관하고 주기적으로 재를 올리기도 하였다. 고려 말 충렬왕 16년에 절에 올라가는 것을 금지하는 조처를 내리면서도, 부모의 기일재(忌日齋)에 대해서만은 예외적으로 허용하였다. 뿐만 아니라 자손들이 보시를 잘하면 조상의 영혼을 구원할 수 있다고 믿어, 자손들은 조상을 위하여 사찰, 불탑, 불상, 불종 등을 건립하고 재산을 사찰에 기부하기도 하였다. 그 가운데는 원찰(願刹)이라는 형태로 개별 집안들과 밀접한 관련을 맺고 있는 사찰들도 종종 있었다.

형제자매들이 절에 모여서 재를 올릴 때, 실제로 제사를 진행하는 사람은 승려였다. 따라서 장자의 역할은 크게 부각되지 않았다. 큰아들이건 작은아들이건 아니면 딸이건 상관없이 모두들 동등한 후손의 자격으로 재에 참여하여 조상의 극락왕생을 정성껏 기원하면 충분하였다. 이는 또한 당시의 친족 구조에서 연유하는 측면이 강했다.

불교적 전통이 강한 고려사회에서는 유교적 산물인 부계 중심의 친족관념보다는 혈족관념, 혈통의식이 우세하였다. 자신에게 피를 주었는가, 자신의 피를 이어받았는가의 여부가 더 중요한 문제였다. 이러한 관념은 조─부─자─손자로 이어지는 계통이 아니라, 조부모와 외조부모─부모─자녀─손자녀로 이어지는 쌍계(雙系) 또는 양측적(兩側的) 혈통의식이다. 외가에서도 자신에게 절반의 피를 나누어주었기 때문에 친가나 마찬가지로 친밀하였고, 외손도 자신의 피를 이어받았기 때문에 친손만큼이나 사랑스럽게 생각했다.

뿐만 아니라 당시에는 처가살이가 매우 일반적인 풍습이었다는 점도 빠뜨릴 수 없다. 아들 며느리보다는 딸 사위와 함께 사는 것이 보다 일반적인 상황에서 다른 곳에서 처가살이하는 아들 부부보다는 함께 사는 딸 사위가 인정상 친근한 것은 당연하였다. 이 의식이 재산상속에 그대로 반영되어, 아들이나 딸이나 차별 없이 동등하게 재산이 분배되었다. 이리하여 고려시대에는 장자가 주도적으로 제사의식을 거행할 사회적

이념, 분위기가 형성되지 않았던 것이다.

『주자가례』의 보급과 변형

고려 말 주자성리학의 도입과 유교이념을 표방한 조선의 건국은 고려의 불교 문화를 역사의 뒤편으로 밀어내었다. 신진유학자들이 억불숭유라는 대원칙하에 불교를 비판하면서, 불교식 의례, 의식도 함께 비난의 대상으로 삼았다. 그들은 국가적 차원에서 『주자가례』(朱子家禮)를 보급 권장함으로써, 모든 의식들을 유교식으로 대체하고자 하였다. 불교식 상제례 풍습 또한 예외는 아니었다.

『주자가례』의 첫머리에 등장하는 것은 가묘와 사당으로, 매우 가시적인 성격을 지녔다. 때문에 가묘와 사당의 건설은 당시 불교 및 민간신앙에 젖어 있던 사대부들과 일반민의 관습을 바꾸기 위한 좋은 수단이 되었다. 이에 따라 조선 건국 이후 가장 먼저 강력하게 시행되었던 것이 가묘제(家廟制)였다. 가묘 설립운동은 절에서 재를 올리는 불교적 제사방식을 유교적인 가묘로 대체하려는 노력이었다.

조선 개국 직후인 태조 1년 9월에 도평의사사 배극렴(裵克廉)과 조준(趙浚) 등은 "위로는 재상에서 아래로는 말단 관리에 이르기까지 모두 가묘를 세워 선대를 제사하고, 서인(庶人)은 침(寢)에서 제사를 지내도록 하자"고 건의하였다. 태종대에는 "가묘제를 따르지 않는 관직자를 파직시키자"는 주장도 있었다. 이처럼 조정에서는 가묘를 보급하기 위하여 많은 노력과 시도를 하였다. 그러나 실제적으로는 이 운동이 위정자들이 기대한 만큼 원만하게 진행되지 못한 듯하다. 불교식 생활문화가 깊숙이 배어 있어 단기간에 바꾸기는 힘들었던 것이다. 성종대에 이르면 가묘를 마련하지 않은 관직자들을 규찰하기도 하였다.

이처럼 가묘를 중심으로 하고, 『주자가례』에 근거한 유교식 제례는 조선 건국 이후 장기간에 걸쳐 점진적으로 보급되어갔다. 이와 함께

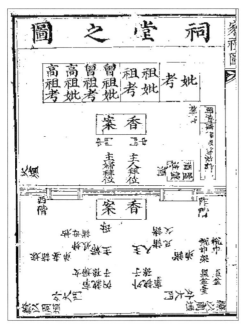

사당 지도
『주자가례』에 수록된 사당 지도.

『주자가례』에서 규정한 제사의 설행 방식이 유교적인 소양을 지닌 사족
들을 중심으로 보급되어갔다. 다음은 『주자가례』에서 지향하는 제사종
류와 내용이다.

사시제(四時祭)   사계절의 중간 달에 가묘에서 고조(高祖) 이하의
                 조상에게 올리는 합동제사.
시조제(始祖祭)   동짓날 시조께 올리는 제사.
선조제(先祖祭)   입춘일에 시조에서 고조부까지의 먼 조상께 올리
                 는 제사.
녜제(禰祭)   부모에 대한 제사. 매년 9월 장자(長子)가 거행.
기일제(忌日祭)   조상이 돌아가신 날 올리는 제사.
묘제(墓祭)   3월 상순에 조상의 묘소에서 거행하는 제사.

그러나 이상의 『주자가례』 제사는 실제적인 보급과정에서 완전하게 적용되지는 못하였다. 이전부터 행해지고 있던 시속에 의하여 부분적으로 굴절되는 과정을 겪은 것이다. 그 결과 유교식 제례를 바탕으로 전통적인 방식이 적절하게 조화를 이루는 조선 전기의 독특한 제사형태가 생성되었다. 그중에서 몇 가지 특징적인 점을 지적한다면 기일제의 중시와 3대봉사, 윤회봉사, 외손봉사 등을 들 수 있다.

기일제와 3대봉사의 중시

『주자가례』에서 가장 중요시하는 제사는 사계절의 중간달(음력 2, 5, 8, 11월)에 4대조까지의 조상에게 합동으로 제사를 지내는 사시제이다. 반면 기일제사는 조상이 돌아가신 슬픈 날이기 때문에 시제 같은 길례(吉禮)를 거행하기에 적당한 날이 아니었다. 따라서 공자 때에는 기일제사란 것이 없었다. 이후 약 2천여 년이 지난 송나라에 이르러 성리학자들에 의하여 처음으로 기일 제사를 행하는 관행이 시작되었지만, 중심적인 제사는 역시 사시제였다.

그러나 조선에서는 『주자가례』와는 다른 모습을 보여주고 있다. 먼저 사시제보다 기제사가 더 중시되고 제물도 풍성하게 마련하였다. 뿐만 아니라 사시제는 1년에 네 차례 거행하는 것이 원칙인데, 한국인들은 시제를 설, 한식, 단오, 추석 등의 절일제와 겸행하거나 궐행(闕行)하는 경우가 많았다. 한국인들은 마을에 돌림병이 들어오거나 집안 사람이 사망하는 등의 우환이 있을 때는, 기제사처럼 중요한 제사는 장소를 바꾸어 다른 곳에서 지내기도 하였지만, 그 외에는 대체로 생략하고 지내지 않는 경우가 많았다. 그리고 한국인들은 제사의 대상도 부모에 한정하고, 때로는 형제자매를 배향하는 등 가까운 지친을 중심으로 제사하였다. 한국인들의 제사관념은 선조에 대한 합동제사라기보다는 부모, 형제자매, 자녀 등을 추모하는 성격이 더 강하다고 하겠다. 이 현상은

『주자가례』가 도입 확산되는 과정에서 『주자가례』의 지침과 이전부터 한국에서 전승되어왔던 전통적 제례의식이 융화, 충돌되면서 나타나는 현상이다.

기일 제사에 있어서 중요한 문제는 '봉사의 범위'이다. 『주자가례』는 4대봉사를 규정하고 있다. 한국인들은 오늘날까지 4대봉사를 전통으로 생각하고 당연한 것으로 받아들이고 있다. 그렇다면 조선 전기에도 『주자가례』에 근거한 4대봉사가 실제로 행해지고 있었을까? 성종대에 간행된 『경국대전』은 조선 전기 문물제도 정비의 완성판이라 할 수 있는데, 여기에 규정된 원칙은 차등봉사이다. 즉 「예전」(禮典) 봉사조를 보면 "문무관 6품 이상은 3대를 제사지내고, 7품 이하는 2대를 제사하고, 서인은 부모만을 제사지낸다"고 규정하였다.

이 규정에 의하면 관직의 높이에 따라 제사지낼 수 있는 대수(代數)가 달랐고, 아무리 지위가 높아도 증조부모를 제사지내는 데서 그칠 수밖에 없다. 조선의 국법은 관직이 없는 일반 백성들은 부모의 기일제만을 허용하고, 조부모 이상의 기일제는 법으로 금지하였다. 현대 한국인에게 익숙한 4대봉사의식은 어디에서도 찾아볼 수 없다. 그렇다면 경국대전에 차등봉사의 원칙이 실리게 된 근거는 어디에서 찾을 수 있을 것인가?

중국 유교 경전의 하나인 『예기』(禮記)에 신분에 따라 봉사의 대수를 제한하는 차등봉사가 실려 있다. 고려 말 공양왕 대에 『예기』에 근거하여 관직 6품 이상은 3대, 7품 이하는 2대, 서인은 부모에게만 제사를 지내도록 규정한 바 있다. 조선 건국 이후로도 거의 변동 없이, '6품 이상은 3대, 6품 이하 9품까지는 2대, 서인은 부모'까지만 제사를 지낼 수 있었다.

그런데 이 경우 운영상에 많은 문제점이 노출되었는데, 세종 19년에 조정에서 논란된 하나의 예를 들면 다음과 같다. 이함녕(李咸寧)이란 사람은 관직이 종5품 교리였기 때문에 부모 이사후(李師厚) 부처, 조부모

이직(李稷) 부처, 증조부모 이인민(李仁敏) 부처까지 3대를 봉사하였다. 그가 세상을 떠난 뒤, 그의 아들 이장생(李長生)이 제사를 승계하였는데, 그는 벼슬이 없는 관계로 부모 이함녕 부처는 봉사할 수 있지만, 조부모 이상은 봉사할 수 없게 되었다. 이에 따라 이 집안에서 이사후 부처 이상은 누가 봉사해야 하며, 신주에는 누구의 이름을 써야 하느냐는 문제를 예조에 문의하였다. 조정에서 수차에 걸쳐 논의를 거친 결과 최종적으로 "이장생은 서인이지만, 숙부 이정녕(李正寧. 이함녕의 동생)의 관품에 의거하여 3대까지를 가묘에서 봉사하라"고 결정하였다.

3대봉사는 이와 같은 운영상의 문제를 항상 내포하고 있었기 때문에, 세종대에는 『주자가례』를 바탕으로 4대봉사에 대한 논의가 일어났다. 그렇지만 끝내 관철되지 못하고, 결국 『경국대전』에는 차등봉사가 실리게 되었다. 그 결과 조선 중기까지는 유교식 제례를 거행하면서도 봉사대수는 『주자가례』에 따른 4대봉사보다는 『경국대전』의 규정에 따라 3대까지만 봉사하였다. 그렇다면 4대봉사는 언제부터 행해지게 되었을까?

대체적으로 16세기 중반 이황의 문인들에 의하여 본격적으로 시도되기 시작하였다. 김부필(金富弼), 유운룡(柳雲龍), 김성일(金誠一) 등을 중심으로 관직의 고하와 관계없이 4대봉사가 인정되었고, 특히 김성일은 "국법에는 3대봉사를 규정하나 고조에게도 상복이 있고 송나라 유학자들도 허용하였으니, 고조를 봉사하는 것은 타당하며, 국법을 핑계대고 예문을 따르지 않아 고조를 봉사하지 않는 것은 잘못"이라고 하였다. 조선 후기 4대봉사가 보편적이 된 것도 이들의 실천적인 노력을 통해 보급된 결과일 것이다.

조선 전기에는 돌아가신 부모님의 생신일에 제사를 지내는 관행도 있었다. 이를 생휘일제라고 한다. 생휘일제는 『주자가례』에는 나와 있지 않아, 고려 이래로 내려오는 한국인 고유의 제사형태로 생각된다. 이는 조선 전기까지만 보이고 후기로 가면서 대부분 자취를 감추었다. 한국인들은 제사의 대상을 부모로 한정하고, 조부모, 증조부모, 외조부모, 처부모 등의 생휘일제는 지내지 않고 기일제만 지냈다.

윤회봉사

조선 전기의 제사 거행 방식 중 특이한 것 중의 하나가 윤회봉사이다. 오늘날처럼 큰아들이 제사를 전담하지 않고, 큰아들·작은아들 또는 아들딸 구별 없이 모든 자녀들이 돌아가면서 한 차례씩 제사를 맡아 지내는 방식이다. 윤회봉사는 그 시대의 친족 관념, 친족 구조의 산물이다. 조선 전기 처가살이가 광범하게 행해지고 있던 상황에서는, 서로 피를 주고받았다는 혈족관념이 지배적이었다. 이는 재산상속에도 그대로 반영되어, 아들딸 구분 없이 균등하게 재산을 나누어주는 균분상속이 행해졌고, 이에 따라 제사에 있어서도 아들딸 구분 없이 동등하게 의무를 지녔다.

16세기 중반 성주지역에서 유배생활을 하였던 이문건(李文楗) 집안의 경우를 예로 들어 윤회봉사의 실제적인 모습을 살펴보자. 이 집안에서도 당시의 국법에 따라 3대봉사를 하였기 때문에, 한 해에 거행해야 했던 기제사로는 부모, 조부모, 증조부모 제사가 있다. 그리고 조부가 그의 숙부집에 양자로 들어갔기 때문에, 양증조부모의 제사까지 합하면 친가 쪽으로 8번의 기제사가 있다. 그리고 16세기 사회의 일반적인 관행에 따라 외조부모와 처부모의 기제사도 담당하였다. 이를 모두 합하면 이문건은 12번의 기제사를 거행해야 했다.

이문건 집안에서는 친가, 외가, 처가 등 모두 12번의 기제사를 자손들이 분배하여 차례로 돌아가며 담당하였다. 그의 형제관계는 3남 2녀로, 누나 2명, 형 2명이 있었다. 그 가운데 형들과 수원 사는 둘째누나는 먼저 세상을 떠나고, 서울 청파동에 사는 큰누나만 생존해 있었다. 그러나 제사는 5남매가 공평하게 나누어 담당하였고, 사망한 남매의 차례는 그들의 자녀나 배우자가 이어받아 담당하였다. 제사 담당 차례는 발기(件記. '건기'로 읽지 않고 '발기'로 읽는다)를 작성하여 명확하게 규정하였다.

발기에 의하여 12번의 기제사를 분할한 결과, 이문건은 할아버지 제사는 행하지 않고 할머니 제사를 4년에 한 번씩 지냈다. 그리고 증조할아버지 제사는 3년에 한 번씩 지내고, 증조할머니 제사는 한 번도 지내지 않았다. 양증조할아버지는 수원에 사는 둘째누나 등 세 집에서 담당하였고, 양증조할머니 제사는 이문건이 3년에 한 번씩 설행하였다. 외가 제사 중에서는 외할아버지 제사는 한 번도 지내지 않고, 외할머니 제사만 담당하였다. 한편 부모와 처부모 제사는 서울에서 관직 생활을 할 때는 윤회봉사가 원칙이었다가, 성주에서 유배 생활하는 동안에는 그가 매년 거행하였다. 그 결과 이문건은 한 해에 모두 12번의 제사 중에서 평균 5~6회만 직접 거행하고, 나머지 경우에는 다른 댁에서 제사를 지냈기 때문에 그는 근신하고 소식(素食)하면서 지냈다.

해남 윤씨가에 남아 있는 『기제차례』(忌祭次例) 또한 제사의 윤행 모습을 보여주는 좋은 사례이다. 이 문서는 해남 윤씨가에 소장되어 있지만 실제로는 윤인미(尹仁美. 1607~74)의 처가인 전주 유씨가의 제사에 관한 규정이다. 문서에 근거하여 제사 윤행의 구체적인 차례를 도표로 표시하면 다음과 같다.

이 표를 통하여 우리는 윤인미 처가 남매들이 1680년에서 1683년까지 3년 동안 제사를 분할하여 윤행한 구체적인 방식을 파악할 수 있다. 형제관계는 모두 4남 6녀 10남매로, 1녀 임율(林嵂) 처(林生員宅), 2녀 윤인미(尹仁美) 처(尹正字宅), 1자 유정린(柳廷隣. 宗家), 3녀 정운한(鄭雲漢) 처(鄭察訪宅), 4녀 이도전(李道全) 처(李生員宅), 2자 유정□²⁾(柳廷□. 呂州宅), 3자 유정인(柳廷寅. 海美宅), 5녀 남익(南翊) 처(南參奉宅), 6녀 권흥태(權興泰)

_____
2) 문자(文字) 미상.

● 윤인미 처가의 기제사 차례

제사종류	기일	경신년(1680)	신유년(1681)	임술년(1682)	계해년(1683)
고조부	9. 1	임 생원댁	이 생원댁	정 찰방댁	임 생원댁
고조모	4.26	여주댁	권 진사댁	이 생원댁	정 찰방댁
증조부	7.25		임 생원댁		
증조모	3.15			해미댁	
조 부	12.11	종 가	윤정자댁	여주댁	종 가
조 모	3.25	정 찰방댁	종 가	권 진사댁	이 생원댁
부	11.28	해미댁	남 참봉댁	남 참봉댁	윤정자댁
모	10.22	윤정자댁	아산댁	아산댁	해미댁

처(權進士宅), 4자 유정주(柳廷舟. 牙山宅) 등이다. 4년 동안의 제사 차례를 보면 각 집에서 2~3차례의 기제사를 담당하였다. 이 당시 둘째사위 윤인미는 이미 세상을 떠난 뒤였기 때문에, 그의 자녀가 부모 차례의 제사를 이어받아 대신 거행하였을 것이다.

이와 같이 기제사를 각 집에서 윤행하는 경우 구체적인 윤행 방식이 문제가 된다. 즉 제사를 지낼 때에 가묘에 안치된 신주를 제사지내는 집으로 옮겨갔을까? 아니면 제사를 지내는 집에서 따로 지방을 만들어 지냈을까? 제사를 준비한 사람이 실제 제사의식까지 주관하였을까? 아니면 주관자는 변함없이 항상 장자손이고, 제사 담당자는 제수만을 준비하였을까? 이는 각 지역마다, 각 집안마다 차이가 많기 때문에 한마디로 규정하기는 힘들지만, 이문건의 일기에 보이는 윤회 방식은 우리들에게 많은 시사점을 준다.

1545년(인종 1) 정월 초4일 : 어머니 기일 때문에 (휴가를 받아) 집에서 재계(齋戒)하였다.

1545년(인종 1) 정월 초5일 : 어머니 기일이다. 제사의 차례는 큰누님 댁이다. 일찍이 휘(輝. 큰형의 아들)와 함께 청파동에 갔더니 염(爓. 작은 전주 유씨가의 『기제차례』 해남 윤씨가 소장.

형의 아들)도 막 도착해 있었다. 바로 지방을 써서 제사를 거행하였다. 제사가 다 끝났을 때는 이미 해가 높이 솟았다. 지방을 사르고 제상을 거두고, 누님을 모시고 식사를 하면서, 술도 한잔하였다. 휘는 홍문관에 모임이 있어서 먼저 가고, 나도 하직하고 나와서 (오는 길에) 수찬 안구숙(安久淑)의 빈소에 들러 문상하였다…….

즉 1545년의 모친 기제사는 마침 청파동에 사는 큰누나 차례였다. 따라서 큰누나가 제수를 마련하고 제상을 차리는 등의 모든 준비를 하였고, 이문건은 새벽에 일찍이 청파로 가서 조카들과 제사를 거행하였다. 신주는 큰형 집 사방(祠房)에 안치되어 있는데, 이를 청파로 옮겨가지 않고, 대신 지방(紙榜)을 사용하였다. 이는 제사 장소가 가묘로 고정되어 있는 상태에서 제수만을 돌아가면서 마련하는 방식이 아니라, 제사 장

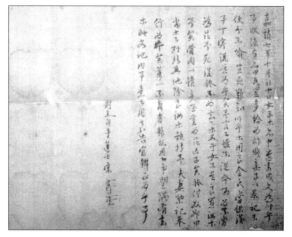

송 진사 유서 규장각 소장.

소와 제수 담당자가 매번 바뀌는 모습을 보인다.

외손봉사

외손봉사(外孫奉祀) 또한 유교적 관념과는 차이가 나는, 전통적으로 내려오는 특성이라 할 수 있다. 제사를 윤행하였기 때문에 딸도 부모의 제사에 참여하고 직접 담당하였으며, 딸과 사위가 세상을 떠났을 경우에는 그들의 자식, 즉 외손이 외조부모의 제사를 담당하는 것은 자연스러운 현상이었다. 그리고 아들이 없을 경우에도, 양자를 세우는 것보다는 딸·외손이 재산을 상속받아 제사를 담당하는 외손봉사가 널리 행해졌다.

16세기 중엽에 살았던 신사임당과 그의 아들 율곡 이이는 우리가 익히 잘 알고 있는 인물이지만, 율곡이 외가인 신씨의 제사를 받들었다는 사실은 잘 알려져 있지 않다. 사임당의 친정집에는 아들이 없었는데, 조선 후기라면 당연히 양자를 들여서 제사를 받들었을 것이지만, 이 시기에는 외손봉사가 자연스러웠고, 관습에 따라 율곡은 외손봉사를 하였다.

중종 23년(1528) 송 진사가 딸들에게 주는 유서(遺書)에도 이러한 사회 분위기가 잘 드러나고 있다. 문서의 원문을 풀이하면 다음과 같다.

가정 7년(1528) 10월 초10일 딸들에게 유서를 작성해주는 일은, 억달 (億達)에게 노비와 전답도 많이 주었으며, 친첩 자식으로 봉사(奉祀)하는 것도 편치 않을 뿐만 아니라 생사도 알기 힘들다. 그래서 김씨에게 양자를 들여 가계를 계승하자고 간곡하게 말하였다. 그러나 내 말을 소홀히 여겨 따르지 않으니 매우 부당하다. 내가 사망한 후에도 끝내 (양자를 세우지) 않거든, 너희들은 비록 딸이라도 나의 골육으로 정리가 매우 중하기 때문에, 죽은 아들의 몫으로 준 노비와 전답을 혈손 외에 다른 사람에게 주지 말고 너희들이 가지고서, 우리 부부의 제사를 거행하라. 만일 불초한 자가 마음을 나쁘게 써서 분쟁하는 기미가 있거든 이 문서의 내용에 따라 관아에 고하여 바르게 잡을 것.

재주(財主) 진사 송 아무개　(手決)

송 진사는 첩에게서 얻은 자식이 있었으나, 천첩 소생으로 가계를 계승시키기에는 불안하였다. 양자를 세우는 일도 처와 의견이 달라서, 자기가 세상을 떠난 후에 제사가 단절되지 않을까 염려하였다. 그 결과 그는 딸들에게 재산을 나누어주면서 자기 부부의 제사를 성심성의껏 지내줄 것을 당부하고 있다. 여기에서 송 진사와 그의 처 김씨는 양자를 숙명처럼 받아들이지 않고, 여러 가지 대안 중의 하나로 고려하였으나, 부부의 의견이 달라 합의점을 찾지 못하고 있다. 양자를 들여서라도 제사를 받들고 가계를 이어야 한다는 종법적 질서에 전혀 구애되지 않는 모습이다. 이는 여자가 아들을 낳지 못할 경우 칠거지악에 포함되어 죄인 취급을 받았던 18세기 이후 조선사회의 분위기와는 상당한 차이를 보인다.

조선 건국 이후 국가적 차원에서 유교이념을 보급하기 위하여 많은 노력들이 추진되었지만, 17세기 중반까지는 피를 이어받고 나눠주었다는 혈연의식, 혈족의식이 아직 강하게 작용하고 있었다. 부계 중심으로 가계를 계승한다는 유교적인 종법의식이 전체 사회에 완전히 정착하기까지는 아직 더 많은 시간을 기다려야 했다.

조선 후기 제사방식의 변화

17세기 후반에서 18세기에 접어들면 상황은 달라진다. 이제는 성리학적 질서가 정착하면서, 성리학이 사회 구석구석까지 영향을 미치지 않는 곳이 없게 되었다. 가족 친족 구조의 측면에서는 부계 중심의 종법질서가 확고해짐에 따라, 혼인풍습에서도 시집살이가 보편화되고, 가정 내 모든 질서가 남성 중심으로 편제되었다. 가족 내에서 딸들의 입지는 갈수록 줄어들어, 한 번 시집가면 그 집 귀신이라는 생각이 일반화되고, 출가외인(出嫁外人), 삼종지도(三從之道), 여필종부(女必從夫) 등의 말들이 강력한 힘을 발휘하였다. 뿐만 아니라 남편이 세상을 떠난 뒤에도 재혼을 금지하여 청상과부를 양산하였고, 심지어는 정혼만 하고 혼례를 치르지 않은 상태에서 신랑이 갑자기 사망하여도 평생을 과부로 살아야 하는 마당과부까지 등장하였다.

이제는 가계 계승을 위해 양자를 입양하는 일이 일반화되고, 친족 집단도 부계 친족 중심으로 족계(族稧)가 결성되고, 분묘 또한 친손 중심으로 입장(入葬)하는 이른바 종산(宗山)이 형성되었다. 상제례에 있어서도 철저하게 유교식 제사방식이 지켜졌고, 전통적이거나 불교적인 분위기는 점차 배제되어갔다. 오늘날 우리가 상식적으로 알고 있는 전통적인 제례의 원형이 모습을 갖추게 되었다.

그중 가장 두드러지는 점이 『주자가례』에 규정된 4대봉사의 확립이다. 조선 전기 『경국대전』에 규정된 차등봉사가 널리 시행되고 있을 때,

퇴계 이황의 문인들 사이에서 4대봉사가 시도되었다. 이황은 4대봉사를 긍정적으로 평가하면서도 국법에 따라 3대봉사를 거행하였지만, 그 제자들은 한 단계 더 진전하여 4대봉사를 몸소 실천하였다. 이들의 노력으로 4대봉사는 점차 보급되고, 일반화되어갔다. 그리고 부모의 생신일에 지내는 생휘일제가 언제인지는 명확하지 않지만 조선 후기로 접어들면서 소멸되어갔다. 생휘일제는 유교식 예법에는 벗어나지만, 정리(情理)에 따라 거행하고 있던 전통적인 제사였는데, 유교식 예법이 철저하게 적용됨에 따라 사라져갔던 것이다.

제사 거행 방식에서는 윤회봉사가 약화되고, 장자가 제사를 주관하게 되었다. 유교적 이념에 보다 충실해지고, 부계 중심의 종법적 질서가 확고해진 결과로 분석된다. 장자에게 제사가 집중되는 과정에서 일차적으로 탈락한 부류가 딸 사위와 외손이었다. 1669년(현종 10) 부안 김씨가의 분재 문서 서문을 보면 당부의 말이 나온다.

딸은 출가한 후에는 다른 집안 사람이 되어서 남편을 따르는 의리가 중하기 때문에, 성인(聖人)들이 예법을 만들 때 차등을 두었다. 그런데 요즘 사대부집에서는 사위에게 제사를 윤행시키는 자들이 많지만, 사위와 외손은 제사를 빠뜨리는 경우가 많고, 제사를 지내더라도 제물이 정갈하지 못하고 정성이 부족하여 제사를 지내지 않은 것만 못하다. 사위나 외손에게 제사를 윤행시키지 말라.

이와 동시에 딸들에게는 재산상속에 있어서도 차별을 두어, "정리상으로는 아들딸의 차이가 없으나, 생전에 부모를 봉양하는 도리도 못하고, 사후에는 제사를 지내지도 않는데, 어찌 재산만은 동등하게 줄 수 있겠는가? 딸에게는 재산을 3분의 1 정도만 주면 정리상으로나 의리상으로 합당할 것"이라고 하였다. 딸 사위는 제사에서 배제되면서 동시에 재산상속에서도 차별적인 대우를 받게 되었던 것이다.

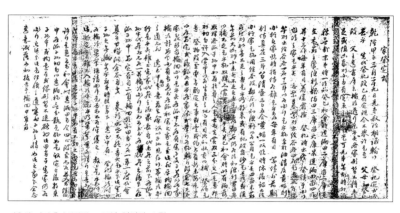

이후영 가의 『가제정식』 고성 이씨가 소장.

한편에서는 18세기 이후로도 여전히 제사를 윤행하는 집안이 있는가 하면, 장자 단독봉사로 옮겨갔다가 다시 윤회봉사로 되돌리는 집안도 있는 등, 지역과 집안에 따른 차이가 매우 심했다. 그 가운데 안동에 거주한 고성 이씨 이후영(李後榮) 자손들의 제사방식은 매우 특이하여 주목된다.

이 가문은 18세기 이후의 여느 다른 가문들과 마찬가지로 이미 종손에게 제사가 집중되어 있었다. 그런데 증조모 고령 신씨의 유언에 따라 제사의 윤행이 다시 시도되었다. 이때는 이후영의 막내동생 이후식(李後植)의 반대로 일이 성사되지 못하다가, 이후영이 자손에게 유서를 남김으로써 1744년(영조 20) 마침내 제사 윤행이 다시 복구되었다. 이때 자손들이 합의하여 마련한 『가제정식』(家祭定式)의 내용을 제시하면 다음과 같다.

이 문서에서 우리는 이후영이 당시 보편적으로 행해지던 장자 단독봉사를 포기하고 굳이 제사의 윤행을 복구시킨 의도를 파악할 수 있다. 그는 제사가 어느 한쪽에만 편중되는 것을 지양하고, 고르게 돌려가며 거행함으로써 자손으로서의 권리와 의무를 공평하게 하고, 나아가 친족

가제정식(家祭定式)

건륭 갑자년(1744, 영조 20) 3월 29일 형제 숙질이 상의하여 제사를 윤행할 것을 정식으로 하거니와 선대의 제사는 이미 정해진 규례가 있으므로 지금 거론하지 않고, 부모님의 제사는 아버님의 유서에 따라 돌려가며 차례로 거행한다……

지난 계사년(1713, 숙종 39)에 재산을 나눌 때 밭 두 곳, 논 두 곳을 남겼다. 막내동생 시일이 그 수확물을 관리하여 밭 세 곳, 논 여섯 곳을 더 마련하여 모두 열세 곳이 되었다. 매년 유사가 착실하게 검사하여 제사 때가 되면 제사지낼 차례가 된 집에 제사 비용을 내어주어라……. 제물도 일찍이 정해진 규례가 없어 때로는 풍성하고 때로는 소략하여 크게 미안한 바가 있다. 각각 따로 따로 규정을 정하여 뒤에 기록하니, 각 집에서는 이에 의거하여 거행하도록 할 것이다.

(제사의) 윤행도 7형제 집에서만 돌아가면서 행하는 것이 마땅하지만, 각 파 중에도 또한 종자(宗子)와 지자(支子)가 있어, 각 파의 종가에 전담시킬 우려가 있다. 이는 고르게 돌려 지내는 방법이 아니며, 또한 (아버님께서) 유서에 밝히신 윤회의 본뜻이 아니다. 이에 현재 남아 있는 아들 손자들을 통틀어서 항렬 순서로 돌아가면서 제사를 지내도록 할 것이다……. 이와 같이 정한 후 자손 중에 혹 먼 곳에 산다고, 혹 형편이 어렵다고 하면서 전답을 종가에 반납하여 (종가에서) 제사를 거행하게 하려는 의도가 있다면, 이는 편리함을 좇는 것이며 실로 자손 된 도리가 아니다. 이러한 집은 선조의 뜻을 망각하고 정성이 부족하니, 윤회의 차례에서 빼버리는 것이 마땅하다.

간의 화목을 돈독히 하고자 하였던 것이다. 자손들도 그의 뜻을 잘 계승하여, 항렬 순서에 따라 돌아가며 제사를 공평하게 담당하고, 제사가 각 파의 종가에 집중되는 것을 미리 방지하였다.

묘 제

　묘제(墓祭)는 묘에 직접 가서 지내는 제사이다. 『주자가례』에서는 비중이 크지 않지만, 전통적으로 중시된 제사이다. "사당(가묘)에서의 제사는 예법, 형식, 경건함이 주이고 묘제는 애통함을 위주로 한다"고 한다. 망자를 추모한다는 점에서 볼 때, 신주를 봉안하는 의식보다는 직접 묘에 찾아가 올리는 제사가 보다 근본 의도에 가깝다 할 수 있다. 우리나라는 본래 사명절(四名節)에 묘소에서 제사를 거행하는 풍습이 있었는데, 고려 말 『주자가례』가 도입되어 가묘제사 중심으로 바뀌어가는 과정에서, 전통적으로 지내온 묘제와 절충되어갔다.

　『주자가례』에서는 기제사를 지내는 조상과 기제사를 지내지 않는 먼 조상을 구분하지 않고, 삼월 상순에 택일하여 1년에 한 차례 묘제를 거행하였다. 우리나라의 경우에는 기제사를 지내는 조상에 대해서는 설, 한식, 단오, 추석 등 한 해에 네 차례 거행하는 것이 일반적인 관행이었다. 이에 대하여 율곡 이이는 『주자가례』와 시속이 다름을 지적하면서, "시속의 후함을 따르는 것이 무방하다"고 하였다. 다만 가묘에서 사시제를 거행하는 것을 고려하여, 한식과 추석에는 성대하게 거행하고, 설과 단오에는 간단하게 치를 것을 권장하였다.

　한편 대수가 다하여 기제사를 지내지 않는(親盡) 먼 조상에 대해서는 1년에 한 차례씩 묘에서 세일제(歲一祭)를 지냈다. 친진은 종손을 기준으로 하였다. 따라서 종손이 바뀌게 되면, 새로운 종손을 기준으로 기제사 대상에서 제외되는 조상의 신주는 사당에서 나와 묘 옆에 묻었다. 이때 종손보다 항렬이 높은 지손(支孫)이 있을 경우에는 위패를 묻지 않고 자기 집으로 모셔가서 제사를 행하였고, 지손이 여러 명일 경우에는 항렬이 가장 높은 사람(最長房)이 모셔가는 것이 상례였다. 이를 체천(遞遷) 또는 조천(祧遷)이라고 하였다. 이 경우에는 위패를 모셔가는 지손에게 제사를 잘 지낼 수 있도록 종가에서 약간의 토지를 마련해주었다.

묘제를 거행하는 세부적인 방법, 절차 등은 당색에 따라, 지역에 따라, 가문에 따라 각양각색이어서, 한마디로 단언하기는 어렵다. 몇 가지 구체적인 사례를 통하여 묘제를 거행하는 구체적인 모습을 살펴보기로 한다.

묘제의 구체적인 사례

16세기 후반 경상도 안동부 하회마을에 거주한 풍산 유씨 집안은 유중영 대부터 위선사업(爲先事業)이 본격적으로 시작되었다. 그동안 실전(失傳)하였던 조상의 분묘를 찾아 비석을 세우고, 조상의 계보를 정리하여 가계도를 작성하는 등의 사업을 추진하였다. 그의 장자 유운룡(유성룡의 형)은 부친의 사업을 계승하여 제사에 관한 규정을 새로 마련하였다. 그는 부친상을 당하여 여묘살이를 하던 1575년(선조 8)에 『주자가례』에 근거하여 각종 제사 절차와 제사상 차리는 양식 등을 정리한 『추원잡의』(追遠雜儀)를 저술하였다. 그중 분묘에 직접 가서 드리는 묘제는 대상이 부모에 한정하였고, 설, 한식, 단오, 추석 등 1년에 네 차례 거행하도록 정했다. 이와 함께 그는 1585년(선조 18) 봄에 친척들과 합의하여, 세일제를 거행하는 구체적인 방식을 규정하고, 다음의 입의를 마련하였다.

족중입의(族中立議)
우리 집안 사람들은 가까운 데 살아도 평소에는 왕래가 드물고 길흉을 당하여도 잘 알지 못하여, 길거리에서 스치는 사람처럼 소원하다. 게다가 선조의 분묘가 각처에 흩어져 있고, 세월이 오래 되어 제사가 끊어지기도 하여, 분묘의 위치조차 모르는 자손들이 있으니, 정리상 매우 애통하다. 지금부터는 매년 8월 20일에 유사가 각 분묘 부근의 자손들을 제원(祭員)으로 정하여 통문을 돌려 알려서, 제물을 마련하여 정해진 분묘에 모여 제사를 올린다. 제사가 끝난 후에는 모두 하회에 모여 가묘에 배알하고 모임을 갖는다. (중략) 이를 위반하여 거행하지 않는 자는 입의에 의하여 벌을 가한다.

1. 날짜를 변경할 경우에는 유사가 미리 통지하되, 9월 보름을 넘기지는 말 것.

1. 묘소에 수재, 화재, 투장 등의 변고가 있으면, 유사가 즉시 통지하여 가서 살필 것.

1. 제원이 묘제에 참석하지 않으면 벌로 쌀 1말, 두 번 빠지면 2말, 세 번 빠지면 태노(笞奴), 네 번 빠지면 손도(損徒), 다섯 번 빠지면 삭적(削籍)할 것.

1. 외손 중에 묘소에 배알하고자 하는 자가 있으면 허락할 것.

이에 의하면 풍산 유씨가에서는 분묘 부근에 거주하는 후손들을 중심으로 세일제를 분할하여 거행하고, 제사를 마친 뒤에는 모두 하회마을의 종갓집에 모여 화수지회(花樹之會)를 개최하고 있다. 우리는 여기에서, 선조에 대한 제사를 매개로 친척들이 집단을 형성하고, 종친회를 가짐으로써 단결을 공고히 하는 모습을 볼 수 있다. 이를 유지하기 위하여 풍산 유씨가는 모임에 빠지는 자에게 가벼운 벌금에서 극단적으로는 친족 조직에서 제명시켜버리는 엄벌까지 가하였다. 그리고 그 조직은 부계 친족을 중심으로 구성되어 있다. 외손은 정식 회원이 아니지만 본인이 원할 경우에는 참석을 허락하였다.

묘제의 윤행

한편 17세기 충청도 회덕지역에 거주한 초려(草廬) 이유태(李惟泰. 1607~84)는 묘제를 윤행방식으로 거행할 것을 가법으로 삼았다. 그는 자신의 후손들을 위하여 평소에 생각했던 생활 규범들을 정훈(庭訓)으로

풍산 유씨가의 묘제 진설도
장묘제의 상차림과 의식 절차를 상세히 기록한 자료.

정리하여 유훈하였다. 그 가운데 묘제에 관한 부분은 다음과 같다.

묘제지내는 의절(儀節)

묘 제

○ 1년에 네 차례 제수를 마련하는데, 벼 4섬을 쓴다.

○ 여러 자손들이 번갈아가며 묘전(墓田)을 맡아, 각기 정성을 다하여 제사음식을 준비하도록 하고, 종자(宗子)가 제사를 주재한다(『가례』에서도 묘제는 친진이 된 뒤에 자손들이 번갈아가며 맡아서 행사하는 것을 허락하고 있다. 요즈음은 시제와 기제사는 종자가 주관하여 제전(祭田)에서 나온 곡식으로 사당에서 제사를 지내고, 묘제는 묘전에서 나온 곡식으로 묘소에서 제사를 지내되 여러 자손들이 돌아가면서 맡는다).

친진(親盡)

○ 친진이 되면 세일제를 지낸다.

○ 10월 1일에 거행한다(사정이 있으면 다른 날을 정하여 행한다).

○ 사당제전(祠堂祭田)을 묘전으로 합하여 세일제를 지낸다. 제사음식을 여유 있게 준비하면, 온 집안이 모두 모여 음복할 수 있다(외손과 방계 자손도 참여할 수 있다).

이유태는 자손들이 윤행방식으로 묘제를 담당하되, 제사는 종자가 주재하도록 정하였다. 그리고 세일제를 지낼 때는 외손이나 방계 후손들의 참여 또한 허용하고, 일가친척들이 모두 음복할 수 있도록 음식을 충분히 준비할 것을 권장하였다.

17세기 후반 해남 윤씨 윤인미 처가인 전주 유씨가에서는 선대 4대조와 외조부모의 묘제를 설, 한식, 단오, 추석 등 1년에 네 차례 거행하였다. 이 집안에서는 앞에서 언급하였듯이 기제사를 10남매가 윤회봉사하였는데, 묘제 또한 윤행방식을 택하였다. 묘제의 대상은 송산(松山. 고조부모), 줄동(苗洞. 증조부모), 조부모, 부모, 외조부모 등 다섯 곳으로, 4년 간 총 57차례의 묘제가 거행되었는데, 10남매가 각각 5~6차례씩 나누어 거행하였다.

하층민들의 제사

양반층에 속하지 못하는 하층민들은 어떠한 방식으로 제사를 지냈을까? 문자생활의 담당자는 주로 양반층이었고, 이에 따라 현재 남아 있는 기록들은 대부분 양반생활이 중심을 이룬다. 반면 하층민들에 관한 기록은 절대적으로 부족하기 때문에 이들의 제사관행을 구체적으로 파악하기는 무척 힘들다. 다만 법제적으로는 『경국대전』에서 부모까지 제사를 지낼 수 있도록 허용하였음을 우리는 알고 있다. 그러나 사대부 집안에서 4대봉사가 보편화되면서부터는, 하층민들도 최소한 함께 생활하였거나 기억에 남아 있을 조부모에 대한 제사까지는 염두에 두었을 것으로 생각된다. 다음은 하층민들의 제사에 대한 의식을 보여주는 좋은 예이다.

안동부에 두금(頭今)이라고 하는 노파가 살고 있었는데 노비와 토지를 많이 소유하였으나 자녀가 없었다. 그는 죽음에 임박하여 관에 고하기를, "나의 토지와 노비를 향교에 바치고 싶습니다. 대신 매년 석전제를 지낼 때, 종들을 시켜 남은 밥으로 저의 제사를 지내주기를 바랍니다" 하니 부사가 허락하였다. 그래서 지금까지(17세기 중엽) 그의 말대로 제사를 지내고 있으며, 그가 바친 노비가 점차 증가하여 제사가 끊어지지 않으니, 향교가 존속할 때까지는 지속될 것이다. 이 노파는 이른바 사리에 통달하고 깊은 생각을 가진 자라고 할 수 있다.

• 고상안(高尙顔, 1553~1623), 『태촌집』(泰村集), 「효빈잡기」(效顰雜記) 하

여기에서 두금은 성이 없고, 이름만 전하는 점으로 보아 하층민일 것이고, 아마도 노비가 아니었나 싶다. 그는 자기가 죽은 후에 자신의 혼령을 위해 제사상 받기를 원했기 때문에, 제사를 지내주는 조건으로 전 재산을 향교에 기부하였던 것이다.

명종대 경상도 성주에 살았던 노비 돌금(乭今)도 죽은 남편을 위하여 제사를 정성껏 모셨다. 그의 상전 이문건의 일기에 의하면, 1552년 8월 17일 밤에 노비 야찰(也札)이 사망하였다. 야찰의 처 돌금은 남편을 임시로 가매장하였다가 후에 고향 보은으로 이장하기를 청하였다. 그러나 이문건은 형세상 어렵다고 설득하여, 결국 상전의 명에 따라 다음날 성주에 야찰을 매장하였다. 이때 이문건은 판관에게 청하여 자리쟁이(席匠), 창고지기 등 10명의 역꾼을 동원하였다. 3일 후에 돌금은 남편의 묘에 가서 삼우제를 지냈고, 7일째와 35일째 되는 날에는 무당을 불러 굿을 하였고, 1년 뒤 첫 기일에도 극진하게 제사를 지냈다. 한편 1551년 가을 노비 춘비(春非)가 종기 때문에 사망하였을 때도 상전은 관청에 역꾼 10여 명을 요청하고 집안의 노비까지 동원하여 매장하였다. 그후 49일째 되는 날에는 남편 방실(方實)이 무당을 불러 49재를 지냈다. 그날은 마침 상전이 양증조부 기일 때문에 근신하고 있었지만, 아내를 추모하는 방실의 정성을 막지는 않았다.

이들은 신분상 굴레가 있는 노비 신분임에도 불구하고 배우자의 장례나 제사를 정성껏 거행하고 있다. 그리고 추석 같은 명절에는 노비들

도 상전댁과는 별도로 각자 자기 부모에게 차례를 지낸 사실이 단편적이지만 기록으로 확인되고 있다. 아무리 신분이 미천한 자일지라도 배우자나 조상을 추모하고 제사지내기를 원하는 것은 인지상정이라 할 것이다. 따라서 이들이 예법이나 격식은 갖추지 못하였더라도 조상을 추모하고 제사를 지냈으리라는 점은 쉽게 상상할 수 있다. 다만 기록으로 전하지 않을 뿐이다.

● 김경숙 · 서울대 국사학과 강사

양인의 혼인과 부부생활

혼인은 '성(性)과 성의 결합을 통한 사회 구성원의 재생산'이라는 거창한 의미를 부여하지 않더라도 인류가 생긴 이래로 지금까지 지속되고 있는 가장 인간적인 행위 중의 하나이다. 그러나 전통시대 혼인에 대해서는 혼례 의식이나 절차 등에 대해서만 연구가 되어 있을 뿐 혼인생활 그 자체에 대한 연구는 거의 없다.

특히 양인(良人) 신분에 대해서는 그나마 이들에게 혼례라는 의식이 있었는지, 아니면 어떤 방식으로든 혼인을 공인받는 절차가 있었는지에 대해서도 밝혀진 것이 없다. 이것은 사회의 대다수를 차지하는 양인 신분에 대한 연구가 미흡했다는 데에서 그 원인을 찾을 수 있고, 또 하나는 이들의 생활 양태를 추적할 수 있는 자료가 별로 남아 있지 않다는 데 그 원인이 있다.

같은 양인 신분이라 하더라도 그들의 생활수준과 경제력은 각양각색이었다. 양반가의 노비들도 개인적으로 재산을 소유하고 가정을 거느리고 있는 이들이 있었는 데 반해, 양인 신분이면서도 남의 집 소작인으로 겨우 생계나 유지하는 이들이 부지기수였다. 또 체면치레도 못하는 몰락한 양반보다 경제적으로는 월등한 지위에 있었던 양인도 많았으리라 생각된다. 이렇듯 양인 신분은 한마디로 그들의 사회경제적 지위를 정의하기 어려운 존재였던 것이다.

그러나 혼인이라는 문제를 놓고 볼 때 조선조 신분의 벽은 매우 두텁고 단단했다. 양반은 몰락해서 입에 풀칠하기가 어려우면 가문의 격이 낮으면서 경제력이 있는 집안을 택해서 혼인하기도 하고, 정치적 출세를 위해서는 당색(黨色)이 다른 집안에 딸을 출가시키기도 하는 등 교혼(交婚)의 범위를 자유자재로 택할 수 있었다.

양인의 경우는 재산이 있다고 격이 높은 가문과 혼인할 수 있었던 것은 아니다. 양반이 자신의 사회적 지위를 이용하여 양인 여성을 첩으로 맞이하는 경우는 있었지만 이것은 양반에 의해 선택된 것일 뿐 양인 신분의 의지로 이루어진 것은 아니다.

양인이 자신보다 격이 낮은 노비 혹은 천인 신분과 혼인하는 경우는 어렵지 않게 찾아볼 수 있다. 호적이나 분재기(分財記)를 통해 종종 확인되는 양천교혼(良賤交婚)의 사례가 바로 그것이다. 이 역시 당사자간의 의지로 결합되는 경우도 있지만 노비를 소유한 양반 계층에 의해 조장되는 사례가 허다했다.

여기서는 양인 신분이면서 노비와 200여 마지기의 토지를 소유했던 박의훤(朴義萱)의 사례를 통해 양인 신분의 혼인생활의 한 단면을 들여다보기로 하자. 또 양반에 의해 첩으로 선택된 양인 여성의 생활과 가정에서의 첩의 재산권을 살펴보기로 한다.

박의훤과 그의 다섯 명의 처

박의훤은 양인으로 추정되며 자식들에게 재산을 상속시키는 분재기에 자신의 혼인생활을 적나라하게 묘사하여 이를 남기고 있다. 그러나 가계의 지속성과 계승의식이 약했던 양인 신분으로 문서를 대대로 보관한다는 것은 매우 어려운 일이다. 박의훤 분재기의 작성 주체는 양인이었지만 그동안 원본을 보관해온 곳은 양반가였다. 분재기 내의 일부 재

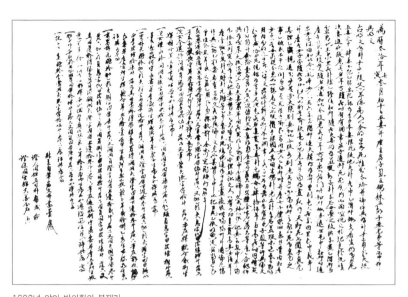

1602년 양인 박의훤의 분재기
다섯 처의 내력과 그 소생에 대해 상세히 기록한 문서. 해남 윤씨가 소장.

산이 전라도 해남의 해남 윤씨에게 팔려 나가면서, 윤씨들이 이 문서를
400년 가까이 보존하고 있다. 이 문서를 통해 그의 혼인생활을 재구성
해본다.

임진왜란 직후인 1602년(선조 35) 3월 초10일, 박의훤은 자식들에게
재산을 상속하는 문서를 남겼다. 박의훤의 분재기는 양반가의 상속문서
와 내용상 많은 차이를 보여주고 있다. 이 분재기에는 재산상속 내역도
담겨 있지만 자신이 지금까지 살아왔던 삶의 역정을 진솔하게 담고 있
어 매우 중요하다.

박의훤은 자신을 병부(病父)라고만 밝히고 있다. 양반이나 중인이라면
직역을 명기했을 텐데, 그는 어떤 직역도 쓰지 않았다. 또한 그는 처와
자식을 거느리고 살았다. 그는 처의 이름을 은화, 진대, 몽지, 가질금,
여배 등으로 기록하고 있다. 그가 양반이고 그 처 또한 양반이나 중인

신분이었다면 처의 이름을 이렇게 밝히지 않고 성씨만을 명기하였을 것이다. 그러므로 박의훤의 신분이 양반이나 중인이 아니었음을 알 수 있다. 한편 그와 그의 아들들은 모두 박씨 성을 가지고 있다. 그가 박씨 성을 자식에게 계승시키고 있으며 또 노비 7구, 논 172마지기(斗落只), 밭 51마지기라는 적지 않은 재산을 자식들에게 상속시키고 있다는 점에서 양인 신분으로 추측할 수 있다.

박의훤은 다섯 번이나 혼인을 하였고, 현재는 다섯번째 처인 여배(女陪)와 함께 살고 있다. 본처는 이름이 은화(銀花)인데 박의훤의 곁을 떠나 다른 남자와 결합하여 살다가 죽었다. 혼인할 때는 어떠했는지 알 수 없지만 그가 본처와 헤어질 때는 이혼과 같은 정식 절차는 없었다. "본처가 다른 여자의 남편인 박언건이라는 자와 잠간(潛奸)하여 남편으로 삼고 살다가 그냥 죽었다"는 기록을 통해 짐작할 수 있다.

'잠간'이란 말 그대로 남몰래 간통한다는 뜻이다. 원래는 남자가 자신의 신분이나 권력을 이용하여 간통하는 행위를 의미하였으나 여자가 상대를 유인하여 간통하는 행위 역시 잠간으로 불리었다(『추관지』 5, 장예부(掌隸部), 읍비잠간(邑婢潛奸) 참조). 잠간에는 "어느 일방이 다른 상대방을 힘이나 외모 등 어떤 수단으로 유인하여 성적 행위를 한다"는 의미가 내포되어 있다.

두번째 처의 이름은 진대(進代)이다. 박의훤의 젊은 시절에 그녀가 박의훤을 따라와 함께 살게 되면서 그녀와의 혼인생활은 자연스럽게 시작되었다. 그러니까 혼인절차도 없이 진대가 일방적으로 박의훤을 따라와 살게 되면서 부부관계가 시작된 것이다. 그러나 진대가 박의훤이 소유하고 있던 노(奴)와 통간(通奸)하여 실행(失行)한 사실이 마을에 파다하게 퍼지자 그녀는 마을을 떠날 수밖에 없었다. '통간'이란 남녀가 불법적으로 음행(淫行)을 저지르는 것을 의미한다.

조선시대는 『수교집록』에 "여자가 바깥 남자와 통간하면 그 즉시 참형에 처한다"는 조문이 수록될 정도로 불법적 음행에 대해 엄격한 형률을 적용하던 시대였다. 또한 조선 후기로 오면 관에서 이런 율을 적용하지 않더라도 여자의 실행은 마을 회의에서 축출을 논의할 정도의 중대한 사안이었다. 마을을 떠난 진대는 도망길에 다시 다른 남자를 만나 그와 상간(相奸)하여 함께 살다가 죽었다고 한다. '상간'은 혼인관계로 맺어지지 않은 남녀가 서로 좋아하여 성적 관계를 맺는 것이다. 아무튼 박의훤은 이들 두 처와의 사이에 딸 둘을 두었다.

박의훤의 세번째 처는 몽지(夢之)였다. 박의훤과 몽지 사이에는 세 아들이 있었으나 어떤 이유에서인지 이들은 모두 죽고 말았다. 그후 그녀 역시 홍천귀라는 양인 남자를 만나 그와 잠간(潛奸)하여 박의훤의 곁을 떠났다. 몽지는 홍천귀와는 금실이 좋아 그와의 사이에 많은 자식을 낳고 살다가 죽었다고 한다. 결국 박의훤의 세 부인은 모두 사망하였다. 그러나 이들은 죽기 전에 다른 남자와 통간, 상간, 잠간하여 박의훤의 곁을 떠났다. 그런데 박의훤은 첫번째 처를 본처라 지칭하고, 나머지는 모두 차처(次妻)로 기록하고 있다. 즉 양반들이 조강지처를 제외하고는 첩을 두었던 것과 달리 박의훤에게 이들은 모두 동등한 입장의 처였던 것이다.

그러나 그는 여러 명의 처를 동시에 거느리고 있지는 않았다. 본처가 떠나면 다음 처를 맞아들이고, 그녀마저 떠나면 다음 처를 맞아들이는 식이었다. 이렇게 반복되는 만남과 헤어짐에도 불구하고 그는 처를 맞아들이거나 헤어질 때 한 번도 특별한 의식이나 절차를 거치지 않았다. 서로 만나서 동거해 살면 혼인이었고, 싫어서 한쪽이 떠나면 이혼이었다. 이렇게 성립되는 혼인생활과 이혼은 양반 신분을 가진 자들 사이에서는 좀처럼 상상하기 어려운 일이었다.

박의훤은 네번째 부인 가질금(加叱今)이었다. 그는 가질금과 사이에 앞의 세 명의 부인과는 좀 다른 혼인관계를 유지하였다. 박의훤이 가질금을 처음 만난 것은 그가 한창 나이로 관문을 출입하던 시절이었다. 그는 가질금과 화간(和奸)하여 그녀를 처로 삼았다. '화간' 역시 '상간',

'통간'과 그 의미가 비슷하다. 즉 한편의 강제에 의해서가 아니라 박의 훤과 가질금 쌍방이 동의하여 성관계를 가졌음을 의미한다. 그러나 그는 처음부터 그녀와 한 집에서 동거하지 않고, 그녀를 멀리 읍내에 살게 하였다. 그래서인지 두 사람은 사이가 좋지 않았다.

박의훤이 주장하는 바에 따르면 가질금은 자신의 딸을 낳자마자 바로 상대를 교체해가며 대여섯 명의 남자와 잠간(潛奸)을 하였다고 한다. 그는 그녀가 근본이 난잡한 여인이었다며 끊임없이 원망하였다. 반면 가질금은 "다른 사람과 간통하는 그런 죄를 지은 적이 없다"며 박의훤이 자신 주변에 접근도 못하게 하며 대치하였다. 누구의 주장이 옳은지는 분간할 길이 없으나 두 사람은 그런 이유 때문에 별거 상태에 있었다.

이렇듯 박의훤은 여러 명의 여자와 결합과 이별을 반복하였지만 그들과 함께 거주한 기간은 길지 않았다. 더군다나 동시에 여러 명의 처를 거느리고 살았던 것은 아니었던 것으로 추측된다. 현재 박의훤과 함께 살고 있는 다섯번째 부인인 여배만이 40여 년째 그와 동거하고 있다. 박의훤은 처음부터 읍내에 살게 하고 관문에 드나들 때만 찾곤 했던 네번째 부인 가질금과 헤어진 후 여배를 만나 그녀와의 사이에 박원붕·대붕 두 아들을 낳으면서 계속 혼인관계를 유지해왔다. 박의훤은 여배와 오랜 세월 함께 살면서 자식도 낳았고, 재산도 불리는 등 정상적인 혼인생활을 영위하였으므로 그녀와 그 자식들에게 재산을 상속하고자 이런 분재기를 작성하게 된 것이다.

박의훤과 같이 다섯 번 혼인하는 행위, 박의훤의 처와 같이 다른 남자와 간통하여 남편을 버리고 그 남자와 결합하는 행위가 과연 조선조 사회에서 용납될 수 있었을까? 특히 둘째 처 진대의 경우처럼 양인이 자기 집에 속해 있던 노(奴)와 통간하는 행위는 강상죄로 처리될 만한 중대사안이 아니었을까? 5~6명의 남자와 몰래 음행을 저지르고 돌아다닌 네번째 아내 가질금의 경우도 상식적으로 생각하면 간통죄로서 참형이 적용될 만한 죄범이었을 것으로 추측된다.

그런데 실록에서 찾아지는 간통, 음행에 관한 처벌기사들은 놀랍게도 거의 대부분 사족(士族)과 관련된 것들뿐이다. 조선시대에 화간, 잠간, 상간, 통간 등은 모두 불법적이고 비합법적이었지만, 그런 행위를 범했을 때의 처벌은 현실적으로 사족에게 국한되어 있었던 것이다. 즉 그런 용어들은 양반 신분층의 유교적 잣대에서 만들어진 것이며, 유교적 행위가 요구되는 대상은 양반 신분층이었다. 따라서 양인 신분의 혼인은 유교적 혼례를 거치는 것이 아닌 남녀의 만남, 특히 육체적 결합이 일차적 요소였음을 알 수 있다.

물론 이 같은 난혼(亂婚)에 가까운 남녀관계가 보편적이었느냐 하는 데에는 의문이 있지만, 유교이념이 전 신분, 전 지역에 확산되지 않았던 조선 전기의 경우에는 하층민의 풍습과 오히려 더 부합되는 측면이 있었던 것으로 보인다. 박의훤이 묘사한 주변 상황은 상도(常道)를 벗어난 현상이었다기보다는 유교적 교양에 매몰되지 않았던 당시 양인의 일반적 삶의 양상이라고 보아도 무방할 것이다.

양반의 첩이 된 양인 여성의 생활양태

위의 사례와 같은 자유로운 성적 결합은 물론 일부 사례에 불과하지만 유교적 윤리와 상대적으로 동떨어져 있던 하층 신분만이 누릴 수 있었던 일종의 자유 행위였다. 같은 양인 신분이라 하더라도 양반의 첩이 된 양인 여성들에게 그러한 자유로운 성 윤리는 존재하지 않았을 것이다. 뿐만 아니라 본처와 본처 소생에 대한 신분적 열세 때문에 첩과 그 소생의 가문 내에서의 지위는 매우 불안정했다. 양반의 첩이 가지는 재산권 문제만을 놓고 이들의 혼인생활의 단면을 살펴보자.

첩에게 가장 큰 역할은 한 집안의 가장이며 자신의 배우자인 남편을 봉양하는 일이었다. 양반들에게 혼인은 가문과 가문의 결합으로 이루어졌으며, 혼인 이후에 지속되는 가정생활에서도 상당 부분 유교 윤리의 제약을 받았다. 따라서 양반들은 뒤늦게 첩을 맞아들임으로써 가문의 결합이 아닌 '사랑으로 선택한 남녀간의 결합'을 경험하게 된다.

이렇게 양반에게 선택된 첩으로 살아가는 여성은 같은 양인 신분이지만 '박의훤과 그 처'와는 차원이 다른 혼인생활을 영위했을 것임은 짐작하고도 남는다. 양인이었지만 양반가의 구성원으로서 그들에게 주어진 생활이 있었던 것이다. 인동 장씨가의 장안량(張安良)은 자신의 양첩 소생 딸에게 재산을 상속하면서 다음과 같이 표현하고 있다.

아내가 죽고 홀아비로 지내오다가 첩을 얻고 게다가 딸인 너까지 얻어 효도를 받았으니 특별히 너에게 노비를 주지 않을 수 없다.

양반이라 하더라도 첩을 맞아들일 때에는 정식 혼례절차를 거치지 않았다. 혼례의식도 없이 양반가에 첩으로 들어간 여성들은 양반의 자식을 낳고 자식과 더불어 남편을 봉양하면서 남편에게 말년의 즐거움이 되고 있었다. 남편을 봉양한 대가로 첩에게는 경제적 반대급부가 주어지는 경우가 많았다.

서모가 선고(先考)를 10여 년 간이나 봉양하는 도리를 다하였고 오늘날까지 종신토록 계셨으므로 마음으로 생각하기에 기쁘기 그지없으나 다만 유훈(遺訓)이 매우 간곡하였으므로 노비 9구, 논 12마지기, 밭 17마지기를 상의하여 허급하니 생전에 경식하고 사환하다가 죽은 후에는 적손 봉년(鳳年)에게 모두 전해주고 유언을 어기지 말 것.
• 1718년 이수담(李壽耼) 남매 화회문기

이 화회문기는 아버지를 10여 년 넘게 봉양해준 대가로 적처 소생 자녀들이 화회 분재시에 서모에게 금전적 배려를 하고 있음을 보여주고 있다. 적처가 일찍 죽으면 첩도 적자녀 양육이나 혼사에 관여하는 등 양반가의 생활에 적극적으로 개입할 수 있었다.

적자녀를 양육하여 혼인시킬 때 서모의 자애로움과 어짊에 많이 의지하였으니, 그의 여러 해 동안의 노력하고 힘쓴 공로를 생각하면 어찌 그 끝이 있겠는가. 남은 밭이 규모가 영세하니 다만 이 4마지기만을 준다.
　•1700년 오상규 남매 화회문기, 전라도 무장의 함양 오씨와 그들의 문서, 35~41쪽

이 문기에는 양첩이 적처가 없는 빈자리를 대신하여 적자녀를 양육하고 혼인시킨 공로로 자식들이 서모에게 금전적 배려하는 모습이 잘 나타나고 있다. 그러나 이런 경우 서모에 대한 재산의 분급은 한시적인 조처에 불과했다. 서모에게 재산을 지급하는 것은 재산의 세전(世傳)을 고려하지 않은 생계수단에 불과했던 것이다. 재산을 분급하면서 거의 대부분 "생전에 사용하고 사후에는 본손에게 돌려줄 것"이라는 내용의 단서조항이 첨부되는 것이 단적인 예가 될 것이다.

양반이 첩을 들일 때 정식 혼례절차가 없었던 것처럼 첩으로서 양반가에서 일생을 마감하더라도 이들에게 정식 장례나 제사절차가 적용되었던 것은 아니다. 다만 양첩의 경우 남편이나 다른 가족과의 관계에 따라 양반가에서 제사를 지내주고 제사를 지낼 수 있도록 봉사조 재산을 별도로 책정하는 경우가 있었다.

봉화의 서모는 장녀에게 의탁하였으므로 제사조로 비 옥대 1소생비 이덕(35세), 동비 4소생비 순대(20세), 밭 20마지기를 허급하며, 풍산의 서모는 자식이 없으므로 제사조로 노비 9구와 논 2섬지기를 죽은 아들 종훈(宗訓)의 첩자 연이에게 허급하니 너희들이 영원히 사환하고 갈아먹을 일.
　•1621년 권래 처 이씨 분재기

위의 자료는 서모 여러 사람에 대해서 각기 제사를 담당할 사람을 정하고 봉사조를 지정하는 모습을 기록하고 있다. 첩의 제사이므로 적자녀들이 윤회하거나 종손이 하는 경우는 드물었으며, 딸이 제사를 모시거나 다른 첩손이 제사를 봉행하도록 조처하고 있다. 결국 첩의 제사는 세전이 힘들었을 뿐 아니라 해당 가문의 정식 구성원들이 누리는 사후 봉양의 대상은 아니었음을 알 수 있다.

양인의 극히 일부분이 양반가의 첩으로 들어가 그들과 혼인생활을 영위하게 된다. 양반과의 결합에서부터 사후봉양에 이르기까지 양첩의 생활양태는 자신이 소속한 양반가와의 결합의 정도에 따라 각기 다르게 나타난다. 이들은 뒤늦게 양반의 첩이 되어 남편에게는 말년의 위안이 되면서 사랑받는 존재가 되는 반면 적자녀들로부터는 소외된 삶을 누리는 경우도 있다.

이들은 적처가 죽었거나, 다른 이유로 인하여 적자녀들을 양육하고 혼인 등에 관여할 기회가 주어지면 그 공로를 인정받아 재산상속을 받고 적자녀에 의해 사후봉양을 받는 등의 권한을 갖게 된다. 그러나 어떠한 경우라 하더라도 양인 신분의 첩이 양반가의 구성원으로서의 지위를 세전하지는 못했을 것으로 생각된다. 즉 재산권이나 사후봉양을 받는 특혜를 누린다 하더라도 이것은 첩 혹은 서모에 대한 일시적 배려일 뿐이었다.

양인 신분에게는 같은 양인끼리의 자유로운 결합, 노비와 혼인하는 양천교혼, 양반 또는 상층신분과의 결합 등 다양한 형태의 남녀 결합방식이 존재한다. 양천교혼에는 노비 소유주인 양반의 노비 증식책의 일환으로 행해지기 때문에 결합 당사자의 요구나 선택보다는 양반의 의지가 많이 작용했다.

양인 신분과 상층 신분과의 결합은 양반 신분 등의 남성이 신분이 낮은 여성을 선택하여 첩으로 취하는 형태가 대부분이었으므로 이 역시 양인 신분의 의지와는 관계없이 이루어지게 마련이다. 박의훤과 그의 다

섯 처가 만나고 헤어지는 혼인의 행태는 비록 그것이 하나의 사례에 불
과하지만 양인 신분이 주체적으로 선택한 혼인과 혼인생활의 한 단면을
생생하게 보여주고 있다.

●문숙자 · 한국정신문화연구원 연구원

노비의 혼인과 부부생활

'갓김치종'

조선시대에 노비는 그 주인의 재산이었다. 『경국대전』(1467)은 15~50세 노비의 가격을 저화 4천 장으로 정하고 있는데, 이는 쌀 20석 또는 면포 40필 정도에 해당한다. 당시 말 한 마리의 가격이 면포 30~40필 정도였으니, 노비는 말보다 조금 비쌌던 셈이다. 노비는 이처럼 주인의 재산으로서 독립적인 인격의 주체가 못되었다. 노비의 혼인과 부부생활도 노비의 이러한 처지에 제약되어 양반이나 양인 신분과 자못 달랐다고 짐작된다.

조선 건국 후 100년쯤이니까 15세기 말경의 이야기이다. 맹(孟)씨 성을 가진 재상이 밤마다 부인이 잠들고 나면 여비의 방으로 찾아들었다. 하루는 부인이 몰래 뒤따라가 방안의 수작을 엿들었다. 비가 상전을 꾸짖어 말하기를 절편떡같이 고운 부인을 두고 왜 이 누추한 종을 자꾸 능욕하는가라고 하였다. 그랬더니 맹 재상이 답하기를 나는 너를 갓김치로 여긴다고 하였다. 즉 절편떡을 먹을 때 갓김치를 곁들여 먹어야 맛이 난다는 뜻이다. 재상이 방으로 돌아오자 부인이 어디 갔다왔느냐고 물었다. 재상이 배가 아파 변소에 다녀왔다고 하자 부인이 농하기를 대감이 갓김치를 너무 먹어 배탈이 났구려라고 하였다.

이륙(李陸)이 지은 『청파극담』에 실린 골계담이다. 비슷한 이야기는 서거정의 『태평한화골계전』에도 실려 있는데, 거기서는 여비를 위와 같은 뜻으로 '갓김치종'으로 불렀다는 당시의 속언까지 전하고 있다. 요컨대 노비주가 부인의 묵인하에 여비의 성을 꺼릴 것 없이 농락하고 있는 15세기 말 풍속도의 한 단면이다. "종년 간통은 누운 소타기"라는 조선시대의 속담도 이 같은 주인의 비의 성에 대한 자의적 지배를 배경으로 한 것이다.

이 이야기는 집안에 사는 입역노비에 관한 것이지만, 노비의 성에 대한 주인의 지배는 멀리 외방에 사는 납공노비에까지 미칠 수 있었다. 연대가 불확실하지만, 『견첩록』에는 다음과 같은 이야기가 전한다. 서울에 사는 박 생원이 노비를 추쇄하러 영남에 갔다. 비를 보았는데 매우 미색이어서 첩을 삼고자 하였다. 그 남편과 부모가 높은 가격으로 속량하고자 백단으로 간구했지만 박 생원이 끝내 허락하지 않고 서울로 데려왔다는 이야기이다. 이 비의 남편이 어떠한 신분이었는지는 알 수 없다. 노가 아닌 양인 신분이었을 가능성도 있다. 어쨌든 그 남편은 자기 아내의 성을 보호할 능력이 없었다. 비에 대한 주인의 지배력이 우세하였기 때문이다.

이처럼 첩을 삼기 위함이 아니더라도, 가령 집으로 데려와 부릴 목적으로 주인은 혼인한 비를 남편과 분리시킬 수 있었다. 1528년 경상도 안동부 주촌(周村) 호적에서의 예이다. 신백정(新白丁)이란 천민 신분의 복룡에게 비 신분의 덕금이란 아내가 있었다. 호적에는 그녀가 주인집에서 앙역(仰役)하고 있다고 적고 있다. 앙역이란 '앙포역사'(仰哺役使)의 줄인 말로서 주인이 먹이면서 부린다는 뜻이다. 곧 그녀는 주인의 강제적 사역체제에서 남편과 비자발적 별거 상태에 있었다.

혼인이란 배우자와의 동침·동거의 의무와 권리를 수반하는 계약이다. 달리 말해 배우자의 성은 배우자에게만 열려 있는, 서로가 정조를 지킬 의무를 수반하는 관계가 곧 혼인이다. 이 점은 단혼 이전의 복혼 내지 대우혼의 단계에서도 마찬가지이다. 혼인인 이상 거기에는 동거율과 정조율이 따랐다. 그렇지만 위에서 보듯이 조선의 노비주들은 비가 혼인을 했건 안했건 간에 비의 성을 향유하거나 남편과의 잠자리를 강제로 분리할 수 있다. 물론 이러한 일이 어느 정도 일상적이었는지는 의문이며, 지나친 과장은 삼갈 필요가 있다. 한 사회가 도덕적 타락으로부터 스스로를 보호하기 위한 최소한의 규범은 있게 마련이다. 그렇지만 비가 주인의 사유물로서 재산인 이상 경우에 따라 위와 같은 일은 불가능하지만은 않았다. 비는 주인으로부터 자기의 성을 지킬 능력이 없었으며, 그 남편도 아내의 정조를 보호할 힘이 없었다. 주인의 지배력은 노비 부부의 동거율과 정조율을 부정할 수 있었다. 그만큼 그들의 혼인은 불완전하고 또 불안정한 것이었다.

양천교혼

15~17세기는 노비제의 전성기였다. 전 인구 가운데 적게는 3할, 많게는 4할까지가 노비 신분이었다. 노비가 고려시대부터 그렇게 많았던 것은 아니다. 이미 고려 말기 14세기부터 노비인구는 증가하고 있었다. 그렇지만 본격적으로 증가하기 시작하여 저렇게나 많은 비중을 차지하게 된 것은 15세기 이후 조선시대에 들어와서이다. 왜 이런 중대한 변화가 생겼는지에 대해서는 아직 연구가 충분하지 않다.

노비 인구가 증가하고 있음을 나타내는 한 가지 현상으로서 노비가 양인 신분과 혼인하는 양천교혼을 들 수 있다. 고려시대까지만 해도 양천교혼은 국가정책에 의해 엄격히 통제되었다. 이에 비해 조선왕조는 양천교혼을 사실상 허용하는 방임정책을 취하였다. 노비가 양인과 혼인하여 낳은 자식들은 모두 노비신분에 속하였다. 어머니든 아버지든 어느 한쪽이 노비면 그 자식들은 모두 노비신세를 면할 수 없었다. 이런 신분세습의 방식에 의해 노비가 양인과 혼인하게 되면 노비끼리의 혼인보다 노비인구는 기하급수적으로 늘게 된다.

양천교혼이 얼마나 성행하였는지에 대해서는 양반가의 상속문서를 보면 잘 알 수 있다. 가령 1474년 경상도 풍산의 권씨가 분재기에서 노비 150구 가운데 45구가 양처의 소생이었다. 1550년 경상도 예안의 김씨가의 경우엔 191구 가운데 63구가 양처의 소생이다. 이러한 예는 15~16세기 양반가의 모든 분재기에 거의 일반적으로 나타나고 있다. 이처럼 대략 4분의 1에서 3분의 1이 양처 소생이었다. 그런데 이와 동수의 양부(良夫) 소생이 있었음에 주의할 필요가 있다. 아버지가 양인이더라도 어머니가 비이면 그 소생이 노비 신분으로 되는 것은 너무 자명한 일이라서 노비주들이 분재기에다 양부 소생이라 적지 않았을 뿐이다. 이 점을 감안하면 양천교혼의 실제 비중은 위의 두 배인 2분의 1에서 3분의 2가 된다. 적어도 노비 인구의 절반 이상이 양인 신분의 배우자를 맞았던 것이다.

17세기가 되면 여러 지방의 호적이 지금까지 전하기 시작하는데, 거기서도 마찬가지 현상을 확인할 수 있다. 가령 1609년 경상도 울산의 호적은 노의 74퍼센트가 양인 신분의 여자와 혼인하였음을 보여주고 있다. 이러한 양천교혼은 18세기 영조연간부터 법적으로 규제되기 시작한다. 아버지가 노이더라도 어머니가 양인일 경우 그 소생이 양인이 되는 종모종량법이 확립된 것이다. 이후 노비인구가 크게 줄기 시작하였음은 두말할 필요가 없다.

양반 노비주의 입장에서 노비가 양인과 혼인하게 되면 노비재산이 크게 불어나는 이점이 있다. 양천교혼이 성행하게 된 데에는 이 같은 노비주들의 이해관계가 작용하였다. 노비주들은 재산관리의 차원에서 노비의 혼인에 대해 일정한 통제력을 행사하였다. 집안의 노비끼리 혼인하는 것은 수지맞는 일이 아니어서 환영받지 못하였다. 주인의 허락 없는 집안 노비들간의 성관계는 금물이었다. 가령 1536년 경상도 성주에서 귀양을 살고 있던 승지 이문건은 집안의 노 수손(守孫)이 비 교란(攪亂)을 '간'(奸)했다는 이유로 그의 볼기를 쳤다. 여기서 '간'이라 함은 강간이란 뜻이 아니다. 수손과 교란은 서로 사랑하는 사이였는지 모른다. 그렇지만 주인의 입장에서 노비들간의 허락 없는 사랑과 성교는 '간'에 불과한 것이었다.

주인의 입장에서 가장 고약한 노비들의 혼인은 노가 다른 집의 비와 혼인하는 것이다. 이 경우 그 자식들이 모두 그 집의 노비로 소속되어 노비재산을 잃게 되는 손실이 발생하기 때문이다. 1637년 전라도 해남의 노 계룡은 그의 주인인 윤씨가에 논 14두락, 밭 9.6두락, 솥 3좌, 암소 한 마리의 상당한 재산을 헌납하는 문서를 작성하였다. 그 이유를 보면 타가의 비와 혼인하여 자녀를 다산하였으니 그 죄가 만 번 죽어도 마땅하다는 것이었다. 곧 여러 자녀가 모두 다른 양반가의 소유로 되어 주인 윤씨가에 재산상의 손실을 크게 끼친 것이다.

비슷한 예는 경상도에서도 발견된다. 1540년 안동의 노 복만에게는 두 딸이 있었다. 그런데 복만이 다른 집의 비와 혼인한 연고로 두 딸은 모두 그쪽에 속할 수밖에 없었다. 이에 복만은 자기 주인인 이씨가에게 자식 한 명조로 논 16복(卜. 결부제상 토지의 면적을 표시하는 단위), 밭 3복, 화로 1기, 구리그릇 1기, 큰 소 두 마리의 상당한 재산을 헌납할 수밖에 없었다.

이 두 사례에서 계룡과 복만 두 노는 주인에게 연간 일정량의 신공을 납부하는 납공노비의 처지에 있었다고 보인다. 이들이 배우자를 선택할 당초에 주인의 허락을 받았다고는 보이지 않는다. 멀리 사는, 멀게는 타군이나 타도에 사는, 납공노비의 혼인에 주인이 일일이 간섭할 수는 없었다. 하고 싶어도 오고가는 통신이 불편한 당시의 상황에서 불가능하였다. 많은 경우 노비주들은 원처에 사는 자기 노비의 배우자를 몰랐다.

가령 필자가 현재 분석 중인 강원도 원주의 권씨가의 호구단자에 의하면 1740~80년 간 동가의 노비로서 타군·타도에 사는 118명의 노비가 있었다. 이 가운데 85명에 대해 권씨가는 그 배우자의 이름을 알지 못하여 그저 '부지(不知)'로만 적고 있다. 좀 늦은 후대의 사례이긴 하지만 이로부터 납공노비들의 혼인이 비교적 자유로웠음을 알 수 있다. 그들은 주변의 노비나 양인 신분의 하층 농민들로부터 그들의 배우자를 선택하였다.

납공노비의 사회경제적 처지는 여러모로 양인농민과 유사하였다. 그렇지만 다른 집의 비와 혼인하여 주인에게 손실을 끼친 경우 그에 대해서까지 주인이 모른 척할 리는 없었다. 신공을 수취할 때마다 까다롭게 괴롭힐 뿐 아니라 나이 60이 넘어도 공(貢)을 면제해주지 않았다. 위의 계룡과 복만의 두 사례는 이러한 주인의 침탈에 견디다못해 재산의 일부를 상납한 경우이다. 그렇다면 멀리 떨어져 살고 있는 납공노비라도 배우자의 선택에서 완전히 자유롭지는 않았다고 말할 수 있다. 노비로 지배되고 있는 한, 그들의 혼인은 원리적으로 주인의 통제에 있었다. 그들의 혼인이 자유로웠다면 어디까지나 주인에게 득이 되는 양천교혼의 테두리에서였다.

빈약한 혼례

남녀의 혼인은 어떤 형태로든 혼인식이라는 의례를 통과하지 않으면 안된다. 요사이는 식을 올리지 않고 혼인신고만으로도 합법적 부부관계가 되지만, 조선시대에 그러한 법제는 없었다. 전통사회일수록 법을 대신하여 관습적인 의례가 중요한 역할을 담당하였다. 혼인을 위해선 미리 정해진 의례의 과정 하나하나를 충실히 밟아야 했다. 혼담이 오고가고, 혼약이 맺어지고, 혼수를 주고받고, 혼례를 치르는 매 과정마다 엄격한 형식의 의례가 있었다. 혼인은 당사자만이 아니라 가문이나 친족 상호간의 연망(network)이 맺어지는 사회적 계약이었다. 그러하였기에 혼인은 보통 친족집단과 마을의 축제였다. 이러한 사회적 의례를 통과

하지 않은 혼인이라면 그것은 한갓 야합이나 동서에 불과하였다.

노비들의 혼인에는 어떠한 혼례가 있었을까? 자세히 쓸 여유가 없지만 멀리 떨어져 있는 납공노비에게는 일반 양인과 별다르지 않게 친족집단이 있었다. 조선시대의 여러 야사나 소설에는 원처 노비의 강세한 친족집단이 신공을 받으러 온 양반 주인을 해치는 이야기가 많다. 의례의 주체로서 친족집단이 있었던 만큼 이들 납공노비의 혼인식은 마을의 축제로서 꽤나 떠들썩하게 치러졌음이 분명하다. 혼인 이후의 부부생활과 그를 지탱한 가정윤리의 성숙에 있어서 이들 납공노비들은 일반 양인과 다르지 않았다. 이하 주로 입역노비에 대해 쓰고 납공노비에 대해선 더 이상 언급하지 않겠지만, 이 점에서 착오 없기를 바란다.

반면 주인집 안팎에서 사역당하는 입역노비들에겐 그러한 의례의 주체로서 친족집단이 상대적으로 결여되었다. 그들의 혼례가 빈약하기 짝이 없었음은 짐작하기 어렵지 않다. 가령 양반 노비주들의 일기 가운데서 가끔 그에 관한 간략한 언급을 볼 수 있는데, 고작 어느 노가 어느비를 '아내로 맞이했다' 혹은 어느 비가 누구에게 '시집을 갔다' 등에 불과하다. 양반 신분의 혼례를 가리키는 연례니 초례니 하는 말이 노비의 혼인에 적용된 예를 찾기는 힘들다. 그저 위와 같이 배우자를 맞는 행위 동작을 기록하고 있을 뿐이다. 양반 신분의 입장에서 예라고 불리기에 족한 그러한 수준과 형식의 노비 혼인식은 없었던가 싶다.

한참 시대를 내려와 19세기 말 개화기가 되면 여러 신소설 가운데서 가끔 노비들의 혼인에 관한 이야기를 읽을 수 있다. 『춘몽』이란 소설에서 단심은 어려서 고아가 되어 서 판서댁에 수양되어 비로 자란다. 이후 몰락 양인의 은돌이 하인으로 들어오는데 처음엔 단심의 괄대를 받다가 이윽고 서로 좋아하는 사이가 된다. 이를 눈치챈 누가 권하자 주인이 "매우 가합히 여겨 즉시 허락하고 곧 성례까지 시켜 배우를 삼았더라"는 이야기이다. 집안의 비가 그럴듯한 혼례를 치른 한 가지 사례이다.

『빈상설』이란 소설에서도 서 판서란 주인이 집안에서 아들과 친구처럼 자란 거북이란 노를 위하여 금분이란 비를 사서 혼인을 시키고 있다. 이 경우에도 제법 그럴듯한 혼례가 있었다고 짐작된다. 그런데 이런 예들은 이미 노비 신분제가 법적으로 해체된 개화기의 일이고, 또 어려서부터 자식처럼 수양되어 두텁게 정이 붙은 특별한 관계의 예이다. 물론 노비 신분제가 강고했던 이전 시대에도 이런 일은 있을 수 있었다. 그렇지만 어디까지나 특별한 예외적 경우로 한정할 필요가 있으며, 일반화하기는 무리라고 생각한다.

1841년 2월 14일자 경상도 예천 박씨가의 일기에는 집안의 노 원옥이 아내를 맞았다('娶')는 간단한 기록이 있다. 일기 말미에는 그해에 지출된 화폐에 관한 기록이 붙어 있는데, 그 가운데 원옥이 혼인에 쓸 목적으로 백목면 25자를 사기 위한 2냥과 솥 하나를 사기 위한 2전을 가져갔다고 적혀 있다. 원옥은 혼인한 사흘 뒤 2월 17일에 또 1냥을 가져가고 있었는데, 아마도 신혼살림을 장만하기 위해서였다고 보인다. 백목면 25자라면 한 벌의 옷을 겨우 지어 입을 만한 분량이다. 노비의 혼인에는 고작 그 정도의, 곧 옷 한 벌과 솥 하나, 그리고 추가로 1냥 정도의 비용이 들었을 뿐이다. 짐작하건대 장가든다고 옷 한 벌 지어 입고 솥 하나 장만한 다음, 같은 처지의 동료나 이웃이 마련한 조촐한 상을 마주하고 신부와 맞절하는 정도로 싱겁게 끝나는 것이 노비의 혼례가 아니었을까? 그나마 주인집에서 이 초라한 혼인의 비용을 댄 것도 아니었다. '가져갔다'는 표현으로 보아 어디까지나 원옥 몫의 새경에서 미리 지출된 것이었다.

이렇듯이 주인집 안팎에서 노예처럼 사역당하는 입역노비의 경우 그 혼례는 빈약하기 짝이 없었다. 그들의 혼인은 주인도 일원으로 참가하는 마을의 축제가 아니었다. 주인의 입장에선 그에 의해 허락된 남녀의 동서에 불과한 것이 입역노비의 혼인이었다. 앞서 지적하였듯이 주인에 의해 경우에 따라 그 동거율과 정조율이 부정될 수 있었음도 그 혼인의 실제적 의미가 많은 경우 빈약한 의례로 맺어진 동서에 불과하였기 때문이다.

비의 정조

오늘날 우리는 조선시대 양반신분의 가정윤리에 대해서는 어느 정도 소상히 알고 있다. 조선시대가 되어 일부일처제가 제도적으로 확립되었다. 여자의 성은 그의 남편에게 전유되었다. 여성의 정조는 남편 사후에도 강요되어 재혼의 자유가 없었다. 반면 남자의 성은 반드시 그의 아내에게 전유되지는 않았다. 지위가 높은 남자들은 양인 또는 노비 신분의 첩을 둘 수 있었다. 가정 내에서 처와 첩의 지위를 명확히 구분하기 시작한 것도 조선시대부터이다. 그러니까 조선시대 양반신분의 가정윤리는 여성에 대한 남성의 가부장적 지배를 특징으로 하였다. 이 같은 양반사회의 가부장적 윤리와 여성의 정조율은 노비 부부에게도 타당한 것일까?

임진왜란 도중인 1595년, 당시 충청도 임천에서 피난살이를 하고 있던 오희문의 집에서 다음과 같은 일이 있었다. 그해 봄부터 집안의 노 송이는 비 분개와 은밀한 사이가 되었다. 비 분개는 같은 집안의 노 막정의 처였으니, 둘의 관계는 화간이었던 셈이다. 이윽고 송이와 분개는 막정이 출타 중인 어느 날 도망을 결행한다. 이를 눈치챈 주인이 분개를 잡아 방안에 가둔다. 미리 도망친 송이는 분개가 갇히자 밤중에 그 방에 접근하여 방구들을 파고 그녀를 구출코자 하나 실패한다. 이에 주인은 보다 안전하게 분개를 관아에 넘겨 가둔다. 막정이 집에 돌아와 그 사실을 알고 식음을 폐한다. 주인이 그 마음을 위로하기 위하여 관아로부터 분개를 다시 데려온다. 아내를 다시 맞은 막정은 아내의 부정에도 아랑곳 않고 크게 기뻐하여 마지않는다. 그렇지만 결국 분개는 자신을 데리러 온 송이와 영영 도망치고 만다. 크게 상심한 나머지 막정은 얼마 있지 않아 병들어 죽는다. 오희문의 일기는 비 하나가 꼬리를 치니 노 하나가 도망치고 다른 노 하나가 죽었다고 개탄하고 있다.

이처럼 비의 간통과 도망으로 파탄을 맞는 노비 부부의 비극은 다른 데서도 적지 않게 보인다. 앞서 소개한 이문건의 일기에서는 유덕이란 비가 위의 분개와 유사한 역할을 하고 있다. 1552년 3월 그녀는 잠시 도망을 치는데, 거공이 싫어서가 그 이유였다. 거공은 아마 그녀의 남편 이었을 것이다. 이 유덕이 이듬해 5월에 다시 사고를 치는데 귀손이 싫어서 후필과 간통한 것이다. 주인이 매를 30대 치자 비 억금이 그렇게 좋아했다고 한다. 억금은 후필의 처였던 모양이다. 그러니까 유덕은 1552년 3월에 남편 거공과 이혼하고 귀손과 재혼하였는데, 그 재혼마저 1년 만에 다른 유부남과의 간통으로 위기를 맞고 있는 셈이다.

개화기의 신소설에도 혼인한 비의 간통에 관한 이야기가 자주 나온다. "이년이 또 어디를 갔을까. 어느 놈하고 배가 맞아 행창질을 치고 있나 보다."『금국화』에서 아내 금년을 의심하고 있는 남편 막쇠의 넋두리이다. 다음은『치악산』에서 비부 고두쇠가 아내 옥단을 의심하는 장면이다. "저년이 만일 최가와 정이 들어서 나를 떼버릴 생각이 있어 마님께 무슨 알소를 하여 나를 내쫓도록 말을 할 지경이면 나는 저년에게 분풀이도 못하고 내쫓길 터이라." 다른 남자와 정을 통하고 있는 아내의 모함으로 비부 자리를 떼일까 전전긍긍하는 남편의 모습이다.

신소설에 묘사된 비와 비부의 부부생활에서는 아내 비가 주도권을 행사하는 경우가 많다. 식료 등 주요 생활자료를 주인집에서 드난살이 하는 비가 공급하는 처지이기 때문이다. 경제력이 없는 남자로서는 비의 환심을 사서 비부 자리라도 들면 다행이었다. 거꾸로 비가 변심하면 주인집으로부터 언제 쫓겨날지 모르는 불안한 처지가 비부 자리였다. 실제로『목단화』에서의 비 섬월은 먼저 남편 이학순을 떼버리고 작은돌 팽서방과 살고 있다.

이 무렵 서울을 방문한 외국인들은 오늘날 우리에게 다소 생소한 몇

외국인의 눈에 비친 개화기 천인 여성
네덜란드 기자 아손 그렙스트가 찍은 사진으로 유방을 드러낸 모습에서 천인임을 짐작케 한다. 아손 그렙스트의 『코레아 코레아』에 수록.

장의 사진을 남겼다. 곧 유방을 훤하게 드러내고 있는 세 여인의 모습이다. 아손 그렙스트라는 네덜란드 기자가 지은 『코레아 코레아』라는 책에 두 장, 카를로 로제티라는 이탈리아 총영사가 지은 『꼬레아 꼬레아니』라는 책에 한 장이다. 이들은 모두 신분이 천한 계층의 여인들로서 우리가 지금 다루고 있는 여비들이었다고 짐작된다. 반면 외국인들은 지체가 높은 양반 신분이나 중인계층의 여인에 관해서도 많은 사진을 남겼다. 집안에서의 정숙한 모습, 집 밖에서는 얼굴마저 가리고 조심스레 행보하는 모습 등이 오늘날 우리에게 매우 익숙하다. 그런데 비와 마찬가지로 천한 신분이지만 기생의 경우는 결코 젖가슴을 드러내지 않았다고 한다. 곧 그들의 성이 양반관료들의 소유물로서 지배되고 있었기 때문이다. 이 점은 우리의 여비들이 왜 젖가슴을 드러내고 있었는지에 대해 여러모로 시사적이다. 지나친 추론일지 모르겠으나, 여비의 성을 가부장적으로 전유하는 남정네의 상대적 결여가 그 원인이 아니었을까?

유교적인 일부일처제 윤리에서 배우자의 성을 가부장적으로 지배하고 있던 양반들의 눈에 이 같은 비의 행태나 옷차림이 음란하게 비치는 것은 당연한 일이다. 여비가 음란하다는 선입견은, 많은 경우 여비의 성을 꺼릴 것 없이 농락하였던 양반들의 기만과 위선에 불과하였지만, 어쨌든 조선시대에 걸쳐 줄곧 이어져왔다. 예컨대 18세기의 양반 안명하는 다음과 같이 이야기하고 있다.

> 우리나라에 비록 정부를 두는 일이 없다고 하나 음풍이 크게 떨쳐 각 고을의 관창은 말할 것도 없고 집마다의 사비와 마을의 천한 여자가 값을 치거나 말거나 인물이 귀하거나 천하거나 가릴 것 없이 주야로 음탕한 짓을 일삼음이 술 취하고 미친 것과 같아서 음부(淫婦)가 아닌 여자가 드물다. 이로 보면 우리나라의 음풍이 중국보다 심하다.
>
> •『송설잡설』하, 『패림』 6

오늘날 우리는 흔히 유교를 지배이념으로 하였던 조선시대의 성윤리가 여성들에게 매우 엄격히 그 정조를 강요했던 것으로 알고 있지만, 엄밀히 말해 양반 신분의 여인들에게만 타당한 이야기이다. 그 아래의 노비와 평민의 세계에서 성윤리는 의외로 자유분방하였으며, 그만큼 일부일처제 윤리와 그에 상응하는 가족형태는 유동적이었다.

혼인의 안정성

이상 소개한 여러 경우에서 노비의 부부생활이 그리 안정적이었다고 말하기는 어렵다. 싫어지면 어느 한쪽의 도망이나 간통으로 쉽게 이혼이 가능하였음이 노비 부부였다. 부부의 동거율과 정조율을 보장하고 또 감시할 공동체로서 친족집단의 결여가 그 기본 원인이었다. 노비의 적어도 절반은 자기 공동체로부터 분리된 노예로서 주인의 강제적 사역체제에 있었다. 주인의 입장에서 집안 노비의 혼인은 법제와 의례의 구속력이 약한 동서에 불과하였다. 주인의 지배력은 노비의 부부생활 깊숙한 곳까지 미쳤다. 한 예로 1545년 앞서 소개한 승지 이문건은 집안의 노 야차가 그의 처 돌금을 마구 때리자 야차에게 태형을 가하였다. 이렇게 주인에 맞는 남편이라면 그 남편이 아내에게 가부장일 수는 없다. 또한 남노에게는 가부장이 되기 위한 한 조건으로서 경제권이 없었다. 앞서 지적한 대로 경제권은 오히려 여비 쪽에 있는 경우가 많았다.

노비 부부의 느슨한 결합이 도망과 간통 이외에 일방의 선언으로 해체되는 사례도 있다. 17세기 전반 충청도 부여의 황씨 양반가에 김말산이란 충직한 노가 있었다. 나이가 팔십에 가까워 더 이상 주인집에 입역봉사가 불가능해지자 먼 곳에 사는 아들집으로 몸을 의탁하러 떠난다. 그러면서 아들집에 부담이 된다는 이유로 후처로 얻은 아내에게 생이별을 고한다. 그 여인이 슬피 울며 간청했으나 끝내 뿌리치고 혼자 떠났다는 이야기이다. 늙고 가난한 처지에 아들의 생모가 아닌 여인을 동반할 수 없었던 그 전후 사정을 납득할 만도 하다. 그렇지만 일방의 선언으로 이혼이 가능했을 만큼 노비 부부에 있어서 평생해로의 동거율은 그다지 강력하지 않았다. 그 점을 전제해야 완전히 이해될 수 있는 한편의 비극이라고 생각한다.

그런데 노비의 모든 혼인이 그렇게나 불안정했다는 결론은 피하고 싶다. 노비가 주인의 인간재산으로 지배되는 한 그 혼인과 부부생활이 자유인의 그것과 같을 수 없음은 당연한 일이다. 그렇지만 노비의 모든 혼인이 주인에 의해 강요된 동서에 불과하거나 애정이 결여된 야합이지는 않았다. 오히려 주인의 지배에 저항하면서 사랑하는 이를 배우자로 맞아 단란한 부부생활을 꾸리고 그에 상응하는 가정윤리를 성숙시키고

자 눈물겹게 투쟁하였음이 노비 혼인의 또 다른 모습이었다. 이 점을 놓쳐서는 곤란하다고 생각한다.

조금 전에 소개한, 아내를 때렸다 해서 주인에게 매를 맞은, 야차 부부를 다시 소개한다. 그 일이 있는 지 7년 뒤 1552년 야차는 임신 6개월의 아내를 남기고 병으로 죽는다. 아내 돌금은 남편을 초장하는데 장차 고향인 충청도 보은으로 이장할 요량에서였다. 장례 3일 후 그녀는 남편의 묘에서 곡제를 행하였으며 7일 후에는 무당을 불러 제사를 지냈다. 35일째에도 무당을 불렀으니 곧 오칠제였다.

1년이 된 바로 그날 주인 이문건의 일기는 다음과 같이 적고 있다. "죽은 노 야차의 첫 기일이다. 비 돌금이 곡진히 제사를 드렸다." 죽은 남편을 그리워하며 예를 다하고 있는 한 여비의 모습이다. 이 같은 일은 이문건의 일기에서 몇 가지 더 있다. 1553년 12월 14일자의 일기를 하나 더 소개한다. "금금이(수金佛)가 죽은 날이라 한다. 그 처가 제사를 드렸다." 노 금금이 죽은 지는 적어도 3년 이전으로 추정된다. 곧 망부의 기제사는 몇 년이고 봉행되었던 것이다.

이 같은 망부를 위한 제례에서 우리는 의외로 강고했던 노비의 부부결합과 그에 상응하는 가정윤리의 성숙을 본다. 잠시 노비들의 제례에 대해 언급한다. 앞서 입역노비들에겐 의례의 주체로서 친족집단이 결여되었음을 지적하였다. 크게 보아 틀린 말이 아니지만, 이 점도 상대적 관점에서 적절히 조정될 필요가 있다. 가령 위의 노 금금이는 살아서 어미의 기일을 맞아 제사를 모셨음이 주인의 일기에서 확인된다.

1562년 일기에는 추석날을 맞이하여 "하인들이 모두 그 부모를 제사하였다. 옥산이 억금의 제사상을 빌려 그 아비를 곡하였다 하니 불쌍하다"고 적혀 있다. 요컨대 제례로서 상징되는 친족의식과 그 세습은 노비들의 경우에도 예외가 아니었다. 그 친족집단의 규모가 어떠했는지, 부계인지 아니면 모계인지, 아직 모르는 바가 많다. 어쨌든 가혹한 주인의 지배체제하에서도 노비들은 친족의식을 보유하였고 그에 상응하는 의례를 봉행하고 있었다. 노비들의 혼인과 그에 따르는 동거율·정조율도 그러한 친족의식과 의례에 규정되어 나름의 규범성과 안정성을 취하고 있었다고 판단하지 않으면 안된다. 노비가 음행을 일삼고 너무 쉽사리 만났다 헤어진다 함은 많은 경우 양반의 지배체제가 빚어낸 선입견에 불과하리라.

마지막으로 보다 넓은 범위의 관찰을 가능케 하는 사례 하나를 소개한다. 강원도 원주의 권씨 양반가에 1678~1885년 간의 호구단자 46종이 전해져와 현재 규장각에 소장 중이다. 200년 이상에 걸쳐 동 양반가는 대략 40~50명의 입역노비를 보유하였다. 이들 입역노비의 부모와 그 신분이 충실히 적혀 있음이 이 자료의 장점이다. 이 부모 기록으로부터 184쌍의 부부가 검출되는데, 이들은 다음과 같은 네 가지 유형으로 나뉜다. 첫째는 아내 1명과 남편 1명이 1 대 1 대응하는 일부일처형인데, 107쌍(58퍼센트)이 여기에 속한다. 둘째는 아내 1명에 남편이 2명 이상인 경우로서 15쌍(8퍼센트)이 여기에 속한다. 셋째는 아내의 이름은 밝혀져 있는데 남편의 이름은 '부지(不知)'인 경우로서 37쌍(20퍼센트)이다. 넷째는 거꾸로 남편의 이름은 밝혀져 있는데 아내의 이름을 모르는 경우로서 25쌍(14퍼센트)이다.

이들 184쌍의 부부는 대부분 주인집 안팎의 가까운 곳에서 입역한 노비들이다. 그럼에도 셋째와 넷째 경우처럼 주인이 노비 부부 어느 한쪽의 이름을 몰랐다면, 그 부부가 정상적인 혼인생활을 누렸다고 보기는 어렵다. 부부의 어느 한쪽이 혼인 후 곧 죽거나 도망친 경우가 거기에 포함됐을 수 있다. 그렇지만 그런 경우는 노비 부부의 이름을 모두 아는 첫째와 둘째에도 일정 부분 포함된 것으로 확인되며, 이에 그것만으로 셋째와 넷째 경우를 다 설명할 수 없다. 셋째와 넷째 경우의 상당부분은 정상적인 혼인와 부부생활을 경과하지 않은 채 출산한 경우로 설명될 수 있을 터이다. 특히 남편의 이름을 모르는 셋째 경우는 비가 주인이나 다른 남자와의 강제적 내지 자발적 성관계로 출산한 경우임이 거의 분명하다.

한 아내에 남편이 둘 이상인 둘째 경우는 남편이 죽은 후 재혼하여 출산한 경우를 포함하고 있다. 이 경우 서로 다른 아버지의 아이들의 출생연도가 가지런하여 혼동되지 않을 것이다. 이렇게 재혼이 확실한 경우가 15쌍 가운데 5쌍이다. 나머지 10쌍은 아버지가 다른 아이들의 출생연도가 가지런하지 않거나 같은 아이의 아버지 이름이 2명 이상으로 혼동되는 경우이다. 이를 재혼의 형태라고 단정하기는 어려운 바가 있다. 오히려 어느 비가 남편이 특정되어 있지 않거나 복수의 남자와 관계하여 출산한 경우일 가능성도 있다. 이 10쌍을 앞의 셋째 37쌍과 넷째 25쌍에 합하면 모두 72쌍으로서 전 184쌍 가운데 39퍼센트이다. 요컨대 다소 감하여 적어도 3분의 1의 노비가 정상적인 혼인과 부부생활을 통하지 않고 자식을 낳았다고 말할 수 있다. 노비 신분에 있어서 이 정도의 비정상적 혼인과 출산은 어느 정도 예상된, 납득할 만한 분석 결과가 아닌가 싶다.

다른 한편 다수의 3분의 2의 노비는, 자료의 성격상 무리한 추론일지 모르겠으나, 정상적인 혼인과 안정된 부부생활을 영위하였다고 보인다. 시대가 내려올수록 그러한 경향은 강화되고 있는 듯하다. 노비들도 성을 갖기 시작하고 또 형제간의 이름에 돌림자가 붙는 모습도 보인다. 입역노비들에게도 세습되는 가(家)가 성립하고 그 종횡의 망으로서 친족 집단이 강화되고 있었다. 18~19세기 조선 후기는 집약적 소농 농법의 성숙과 상업경제의 발달에 힘입어 하층 신분에까지 자립적인 가경제(家經濟)가 성립하는 시기였다. 아울러 유교적 가정윤리가 하층민의 가정에까지 확산되고 있었다. 서서히 한국 근세문화를 특징짓는 가부장제가 하층 노비신분에까지 수용되고 있었다. 조선시대 노비신분의 혼인과 부부생활은 이 같은 장기적이고 동태적인 관점에서 파악될 필요가 있다.

●이영훈·성균관대 경제학부 교수

열녀와 사회규범

● 열녀정문법과 재가녀 자손 금고법

장무환 씨 부부 이야기

"죽은 줄 알았던 사람이 한국 땅에 오다니 이 기쁨을 뭐라고 해야 할까요."

6·25 전쟁 때 국군포로로 북한에 끌려갔다가 30일 극적으로 귀환한 장무환(72) 씨의 부인 박순남(68) 씨. 45년을 수절해온 박씨는 30일 남편의 귀환 소식에 "남편이 아들과 며느리, 그리고 굵직한 손자 세 놈을 보면 부자가 된 느낌일 것"이라며 기쁨을 감추지 못했다. 박씨는 자세한 사정을 밝히기를 꺼려 했지만 우여곡절 끝에 한 달 전 아들과 중국으로 가서 북한을 탈출한 남편을 만났다고 했다.

꿈에서도 잊혀져가던 남편이었다. 그러나 그때의 감정은 말로 표현하기 어려운 기쁨과 충격이었다. 박씨는 "전쟁터로 떠나며 헤어질 때 그랬듯 아무 말도 나오지 않았다"고 했다. 남편은 부인 박씨에게 "나도 당신 생각만 했다"며 "당신이 열녀다. 당신 때문에 살았다"고 박씨의 손을 꼭 잡았다. 남편 장씨는 혼인 4년째인 1952년 11월 군에 입대하기 위해 헤어질 때 아무 말도 없었다. 박씨는 "아무 말 없이 발길을 옮기던 남편이 동네 어른들에게 '집 짓는 것 좀 봐주이소'라고 말할 때 참았던 눈물이

터져나왔다"고 회상했다.

　아들 영욱(45) 씨는 당시 생후 10개월 핏덩이였다. 45년 간 박씨는 "재혼은 꿈도 꾸지 않았다"고 했다. 굶기를 밥먹듯이 해 하나밖에 없는 아들 영욱 씨는 위장병으로 오랫동안 고생해야 했다. 가장 괴로울 때는 아들이 "왜 우리는 아버지가 없느냐?"고 할 때였다. 그때마다 박씨는 "너는 마당 앞 나무 밑에서 주워왔다"고 아들의 궁금증을 묵살했다. 그러나 나이가 차면서 아들도 밖에서 "아버지가 전쟁에서 죽었다"고 알게 됐고, 성장하면서 아버지의 제사를 지내기 시작했다. "아들이 아버지 얼굴 보는 게 소원이었는데, 남편이 손자 얼굴까지 보게 돼 정말로 감사합니다." 그래서 박씨는 이제 여한이 없다고 말했다.

▪『조선일보』, 1998년 10월 1일자, 23면

　위의 인용문은 1998년 어느 일간지에 실린 '당신 그리며 45년을 참고 살았소, 국군포로 장무환 씨, 수절부인과 꿈같은 상봉, 혼인 4년째 생이별, 핏덩이 아들은 벌써 중년'이라는 제목의 기사내용이다. 한국인들도 타국인들과 마찬가지로 어김없이 21세기를 바라보고 있지만 위의 기사 내용은 한국인들 사이에 그렇게 어색하게 들리지 않는다. "재혼은 꿈도 꾸지 않으며 45년 간 수절하고 아버지의 얼굴도 모르는 자식에게 45년 간 빠짐없이 아버지 제사를 지내게 하는 열녀"는 한국사회에 많이 존재하고 있으며 앞으로도 그러할 것이다. 한국 역사상 '열녀형 여성'은 조선 초기부터 대량으로 출현하기 시작한다. 『청주지』(淸州誌)에 실려 있는 열녀 이야기를 몇 개 인용해보자.

　황효건의 처 이씨(黃孝健 妻 李氏) : 사인(士人) 황효건의 아내로 증(贈) 승지(承旨) 이도지(李濤之)의 딸인데, 남편이 죽고 20년 간 추우나 더우나 옷을 철에 맞추어 입지 않고 겨울에도 따뜻한 자리에 거처하지 않으며 죽을 먹고 슬퍼함이 하루 같았다. 선조조에 열녀로 정려되었다.

이만길 처 권씨(李萬吉 妻 權氏) : 양인 이만길의 처로 20세에 지아비 상을 당하여 너무 슬퍼한 나머지 심히 야위었다. 부모가 그의 마음을 돌리어 개가시키려 하였으나 듣지 않았다. 그후 종신토록 채식만 하였는데 그 절행이 조정에 알려져 특히 사미(賜米)되었다.

정용갑 처 신씨(鄭龍甲 妻 申氏) : 사인(士人) 정용갑의 처, 통덕랑(通德郎) 신홍제(申弘濟)의 딸로 그의 남편이 죽자 주야로 호곡하며 음식을 전폐하고 슬퍼하더니 17일 만에 자진(自盡)하여 남편의 뒤를 따랐다. 장계가 올라가 특명으로 정려되었다.

어떤 읍지(邑誌)를 찾아보아도 위와 비슷한 이야기는 얼마든지 찾아볼 수 있다. 한국사회에서 아무런 교육도 행해지지 않고, 열녀형 인간상을 장려하거나 혹은 '열녀답지 않은 여성상'을 비난하는 법제도나 사회분위기가 조성되어 있지 않았다면 위와 같은 '열녀형 여성'이 한국사회에 대량으로 출현하지는 않았을 것이다. 조선시대에 어떤 이데올로기를 교육시키고 어떤 정책이 수행되었기에 한국의 여성들이 위와 같은 이데올로기를 소유한 특이한 모습으로 바뀌게 되었을까? 수백 년 동안 두 가지 정책이 지속적으로 수행되었기 때문이다. 하나는 열녀정려법의 수행이고 또 하나는 재가녀 자손에 대한 금고법의 수행이다.

열녀정려법의 수행

『경국대전』「예전」장권(獎勸)조에는 다음과 같은 조항이 있다.

효도·우애·절의 등의 선행을 한 자(孝子, 順孫, 節婦. 나라를 위하여 목숨을 바친 자, 자손들을 화목하게 한 자, 환난을 구한 자 등)를 해마다 연말에 예조에서 정기적으로 선정하여 국왕에게 보고하여 장권(상으로 관직·물건을 준다. 특히 뛰어난 자에 대하여는 정문을 세우거나 복호한다. 수신한 처에게도 또한 복호한다)한다.

정문(旌門)이란 '효자·충신·열녀를 배출한 가문 앞에 붉은색 문을 세워 그 행적을 표창하는 것'이다. 붉은 문의 편액에는 충·효·열·직명·성명 등을 기록한다. 복호(復戶)란 '요역을 면제하는 것'(복은 면제, 호는 호역)이다. 이 열녀정려법이 수행된 예를 들어보자.

예조에서 전라도 관찰사 예승석(芮承錫)의 계본(啓本)에 의거하여 아뢰었다. "여산에 사는 사노 무작지(無作只)가 들에서 밭을 갈다가 갑자기 사나운 호랑이에게 끌려가는데, 그 아내인 사비 준향(准香)이 농구와 돌을 가지고 부르짖으며 앞에서 치자, 호랑이가 해치지 못하여 무작지가 이에 힘입어서 죽음을 면하였습니다. 준향이 자신을 잊고 지아비를 구원한 것은 지극한 정에서 나왔으니, 족히 경박한 풍속을 장려할 만합니다. 청컨대 『대전』에 의하여 문려(門閭)에 정표하게 하소서" 하니, 그대로 따랐다.

•『성종실록』 6년 2월, 신묘

예조에서 경기 관찰사의 계본에 의거하여 아뢰었다. "사성(司成) 홍의달(洪義達)의 처 김씨는 남편이 죽은 뒤에도 살아 있을 때와 같이 섬기고, 3년 동안 분묘를 지키면서 아침저녁으로 친히 제사지냈으며, 복(服)을 벗은 뒤에는 따로 깨끗한 방을 만들어 신주를 모시고 친히 삭제(朔祭)와 조석전(朝夕奠) 드리기를 처음부터 끝까지 한결같이 하여, 절행이 탁이하오니, 포장(褒獎)을 더하여 풍속을 권려함이 마땅합니다. 청컨대 『대전』에 의거하여 소재관에 명하여 정문을 세우고 복호하게 하소서" 하니, 그대로 따랐다.

•『성종실록』 7년 9월, 갑인

예조에서 평안도 관찰사의 계본에 의거하여 아뢰었다. "성천(成川) 사람 정두언(鄭豆彦)이 호랑이에게 잡히게 되자, 그의 처 난공(卵公)이 죽음을 두려워하지 않고 힘껏 구하여 화를 면할 수 있었으니, 그 절의가 가상합니다. 청컨대 『대전』에 의하여 정문하고 복호하여 후세 사람을 권장하소서" 하니, 그대로 따랐다.

•『성종실록』10년 1월, 병술

조선 초기와 중기에 걸쳐 이 정책을 300여 년 간 수행하다 보니 조선 후기에 가면 지방에서 열녀로 보고되는 숫자가 급증하게 된다. 그래서 『대전통편』 시대(정조시대)에 이르면 각 군현에서 열녀로 추천·보고된 여성들이 과연 표창할 만한 열녀인지 아닌지를 신중하게 심사할 필요가 생길 정도로 열녀가 급증하게 된다. 조선시대에 열녀를 급증하게 만든 또 하나의 법제도가 있었으니 그것은 재가녀 자손 금고법의 시행이다.

재가녀 자손 금고법의 시행

『경국대전』「예전」제과(諸科)조에는 다음과 같은 조항이 있다.

관리로 영구히 임용할 수 없는 죄를 범한 자, 장리(贓吏. 국가의 재산을 횡령하거나 뇌물을 받은 관리)의 아들, 재가한 자, 실행(失行. 간음 등 음란한 행위)한 부녀의 아들과 손자·서얼자손은 문과·생원·진사시에 응시할 수 없다.

재가녀 자손 금고법은 재가한 여성 본인에게 직접적 제재를 가하는 것은 아니다. 그러나 그 자손 또는 그들이 속한 가문에 커다란 불이익을 줌으로써 양반 신분의 미망인이 재가하는 것을 사실상 불가능하게 만들었다. 이 법의 발상을 현대 한국의 상황에 빗대어 비유해서 말하자면 어머니가 재가한 자의 자손은 국가공무원 시험에 응시할 자격을 박탈한다는 뜻이다. 한국의 어떤 어머니가 자손의 공직사회 진출을 막는 재혼을 감행하겠는가 생각해보라. 또한 가문에서 과거합격자가 꾸준히 배출되어야 양반집의 가격(家格)을 유지할 수 양반관료사회에서 과부 된 며느리가 재혼하는 것을 그 가문에서 팔장을 낀 채 바라만 보고 있지는 않았을 것이다. 따라서 '재가녀 자손 금고법'의 시행은 열녀정문 성책보다 훨씬 그 효과가 큰 열녀배출 정책이었다고 생각한다. 『조선왕조실록』에 실려 있는 1476년의 기사에 다음과 같은 것이 있다.

사헌부에서 아뢰었다. "수원 사람인 박자수(朴自秀)의 딸이 나이 11세에 사성(司成) 김구(金鉤)의 아들 김종안(金終安)에게 시집갔는데, 김종안이 죽은 뒤에는 첨지 황기곤(黃起昆)에게 시집갔으며, 황기곤이 사망한 뒤에는 전 현감 진승각(陳承恪)에게 시집갔습니다. 삼가 『대전』의 금제(禁制)하는 조문을 살펴보건대, '사족(士族)의 부녀로서 실행(失行)한 자는 녹안(錄案)하고 이조 · 병조와 사간원에 이문(移文)한다' 하였고, 주(註)에는 이르기를, '세 지아비에게 고쳐 시집간 자도 같다' 하였으니, 청컨대 『대전』에 의하여 시행하게 하소서" 하니, 그대로 따랐다.
• 『성종실록』 7년 4월, 기해

이 기사는 여러 가지 사실을 시사해주고 있다. 첫째, 이 기사는 조선 초기만 하더라도 재가는 물론이고 세 번 혼인하는 양반집 여성이 드물지 않게 존재했음을 알려준다. 둘째, 이 기사는 유교적 관료들 사이에 여성이 세 번 혼인하는 행위를 '품위를 잃은 행위'(失行)의 하나로 간주하는 풍토가 싹트기 시작했음을 보여주고 있다. 15세기 후반 당시에는 여성이 세 번 혼인하는 행위가 '품위를 잃은 행위'였으나 조만간 여성이 재가하는 것만으로도 '품위를 잃은 행위'를 한 것으로 낙인찍히는 상황으로 변해갈 것은 불을 보듯 자명한 일이었다. 셋째, 이 기사는 재가녀 자손 금고법이 '솜방망이 법'이 아니라 매우 집행력이 높은 엄격한 법으로 준엄하게 시행될 수 있었음을 시사해준다. 다음에서는 '한국형 열녀상'의 극단적인 사례를 보여주는 '함양 박녀'(咸陽 朴女)와 '이 절부'(李 節婦) 이야기를 소개하려고 한다.

절부 이씨 이야기

『청구야담』에 다음과 같은 이야기가 실려 있다. 절부 이씨는 충무공의 후예로 출가하여 병사 민씨의 손자며느리가 되었다. 초례(醮禮. 혼례)를 겨우 지내자마자 신랑은 집으로 돌아가 죽어버렸다. 조선시대에 혼례는 신부집에서 치르고 신랑은 일단 자기 집으로 돌아간다. 그때 절부의 나이는 겨우 계년(笄年. 여자가 처음 비녀를 꽂던 나이. 보통 15세)이었다. 그녀는 할머니에게 의탁하여 온양에 있었고, 남편의 집은 청주에 있었다. 신랑이 죽었다는 부음을 받자 그녀는 통곡하며 물도 입에 대지 않았다. 부모는 그녀를 불쌍히 여겨 위로하였으며 측근에 있던 사람들은 혹시 그녀가 자결하지 않을까 염려하여 감시를 엄하게 하였다. 하루는 이씨가 다음과 같이 간청하였다.

제가 남의 아내가 되었으나 이러한 붕성지통(崩城之痛. 춘추시대에 제 장공이 거(莒)땅을 공격할 때 기량식이 전사하였다. 기량식의 처가 성 아래에서 시체를 바라보며 통곡하자 10일 만에 성이 무너졌다고 한다. 여기서 남편을 잃은 슬픔을 붕성지통이라 하는 고사가 생겼다)을 만났으니 사는 것이 죽는 것만 못합니다. 그래서 죽기를 스스로 맹세하였습니다. 그러나 다시 생각해보니 시집에 조부모와 시부모가 계시는데 달리 봉양하는 사람이 없고, 저는 신행례(新行禮. 혼례를 치른 후 신부가 신랑집에 처음으로 가는 것)를 하지 않았습니다. 게다가 지아비는 불행히도 일찍 죽었는데 송종제전(送終祭奠. 장사와 제사) 또한 주관할 사람이 없습니다. 제가 한갓 죽기만 한다면 남의 아내 된 도리가 아닙니다. 저는 장차 분곡(奔哭. 외지에서 부음을 받고 급히 집으로 돌아가 상장례를 치르는 것)을 하여 초상을 치른 후 친척집에 양자를 간청하여 시댁으로 하여금 대가 끊기는 한탄스러움은 없게 할 것입니다. 저의 책임이 이에 있지 않겠습니까? 속히 길을 떠날 수 있도록 행장을 꾸려주시기를 원하옵니다.

이씨가 울며 하소연하니 그녀의 성의를 가상히 여긴 부모가 마침내 행장을 꾸려주었고, 그녀는 청주로 갔다. 아주 나이 어린 부녀자가 시집에 들어와 효로써 시부모를 섬기고, 정성으로 제사를 받들며, 가산을 다스리고 비복들을 부리는 데 조리가 있으니 이웃과 친척들이 모두 '어진 며느리'라고 칭찬하였다. 3년이 지난 후에 이씨는 친척집에 후사(양자)를 간청하였는데, 몸소 친척집에 가서 거적을 깔고 엎드려 애절하게 간구하였다. 비로소 후사를 얻어와서는 사부(글선생님)를 모셔놓고 열심히 가르쳤으며 며느리도 맞아들였다. 그후 10여 년 동안에 조부모와 시부모가 모두 천수를 누리고 돌아가시니 예를 갖추어 장사지내주었는데, 슬퍼함이 법도에 지나쳤고 3대의 무덤을 집 후원에 마련하여 석물을 갖추어놓았다.

어느 날 이씨는 새 옷을 지어 입고 아들 며느리와 함께 산소에 올라가 성묘하고 청소하였다. 돌아와 집안에 이르자 이씨는 가묘에 배알하고 집안에 물을 뿌리면서 청소한 뒤 돌아와 방안에 앉더니 아들 내외를 불러 집안일을 물려주며 말하였다.

너희 내외는 나이가 이미 장성하여 족히 제사를 받들 수 있고 손님을 접대할 수 있을 것이다. 나 또한 노쇠하였으니 너희는 사양하지 말아라. 쓰는 것을 절약하고 검소를 숭상하여 부지런히 힘쓸 것이니라.

밤이 깊어 아들과 며느리가 각각 물러나가자 부인은 이에 남편 상사에 분곡할 때 가지고 왔던 한 작은 병의 독약을 꺼내어 몇 번 마시고 곧 기절하였다. 이 사실이 아들과 며느리에게 급하게 알려졌다. 그들이 창황히 들어와 보니 어머니 옆에는 한 작은 병에 약이 담겨져 있는데 약즙이 이미 흥건히 흘러나와 있었고, 어머니는 이불과 요를 갈고 의상을 반듯이 하고 누워 있었는데, 이미 어찌할 도리가 없었다. 아들 내외가 가슴을 치고 팔짝팔짝 뛰며 애통해하였다. 그런데 한 큰 종이 두루마리가 요 앞에 있었다. 펼쳐보니 유언이었다. 먼저 그녀가 일찍이 흥독한 애통스러움을 만난 것을 기술하였고, 다음에는 가법과 옛 자취를 기술하였으며, 다음에는 집안 다스리는 규범을 기술하였으며, 마지막으로 다음과 같이 말하였다.

내가 부음을 듣던 날 죽지 않았던 것은 민씨 집안의 후사를 차마 끊을 수 없어서였고, 또 시부모님께서 의탁할 곳이 없는 것을 염려해서였다. 이제는 나의 책임이 다 끝났고, 부탁할 사람을 얻었으니 어찌 한순간이라도 구차하게 목숨을 연명하겠느냐? 나는 장차 돌아가 지하에서 나의 낭군을 보련다.

그의 아들은 초상을 치른 뒤 이씨를 선군 민씨의 묘에 합장하였고 모친의 유교에 따라 가도를 잘 닦으니 원근의 사람들이 발문(發文)하고 서로 고하여 정려를 내리도록 상부에 전달하였다

'함양 박녀' 이야기

박지원은 함양 박녀의 이야기를 다음과 같이 전하고 있다.

내가 안의(安義) 고을에 부임한 이듬해 계축년 어느 날이었다. 날이

샐 무렵, 잠이 어렴풋이 깨었는데 동헌 앞에서 몇 사람이 소곤거리는 소리가 들리고 마음이 아파서 한숨 짓는 소리도 났다. 아마 다급한 일이 생겼으나 내 잠을 깨울까 조심하는 것 같았다. 내가 큰 소리로 물었다. "닭이 울었느냐?" 아랫사람들이 "벌써 서너 홰나 울었습니다" 한다. "밖에 무슨 일이 있느냐?" "통인 박상효의 조카딸이 함양으로 시집을 갔다가 청상(과부)이 되었는데 3년 거상을 마친 후 독약을 마시고 죽게 되었답니다. 급보로 부르러 왔으나 상효가 지금 번을 들고 있는 까닭에 황공하와 감히 제 마음대로 가지 못하고 있습니다." 나는 빨리 가보라고 명했다. 저녁 나절에, "함양과부가 살아났느냐?" 하고 물었다. 아랫사람들이 "벌써 죽었습니다" 하였다.

내가 길게 탄식하며 "열녀로다, 이 여자야말로" 하고 여러 아전들을 불러서 물었다.

"함양에 열녀가 났다지? 본래 안의 태생이라는데 나이는 지금 몇이고 함양 누구에게로 시집을 갔고, 어려서부터 그의 마음씨와 행실이 어떠하였느냐? 너희 중에 아는 사람이 없느냐?"

여러 아전이 흐느끼며 아뢴다.

"박녀의 집은 대대로 고을의 아전이온데, 그 아비 상일이 이 딸 하나를 두고 일찍 죽고 어미마저 일찍 죽었습지요. 그래서 조부모 손에 크면서 자손 된 도리를 다하다가 나이 열아홉에 함양 임술증의 처가 되었습니다. 그런데 시댁 역시 아전의 집안이더랍니다. 술증은 본래 몸이 허약한 사람이었는지라 한번 초례를 치르고 돌아가서 반년도 못 되어 죽었습지요. 박녀는 예절에 따라서 남편의 거상을 입고 며느리의 도리를 다해서 시부모를 섬기니 두 고을의 친척과 이웃들이 모두 무던하다고 칭찬했습니다. 이제 보니 과연 그러하옵니다."

그중의 늙은 아전 하나가 개연히 나서서 말했다.

"박녀가 시집가기 두어 달 전에 어떤 사람이 와서 신랑 될 사람은 병이 골수에 사무쳐 남편 구실을 할 가망이 전혀 없으니 왜 혼기를 물려

열부입강(烈婦入江)
남편이 먼저 사망하자 자신도 따라 죽으려고 강 속에
뛰어드는 열부의 그림이다. 『삼강행실도』「열녀편」.

놓고 보지 않느냐고 일러주었더랍니다. 그 조부모님도 은근히 손녀딸에
게 타일렀으나 그 계집은 잠자코 응하지 않더라더군요. 혼인날이 임박
하자 박녀의 집에서는 사람을 시켜 슬그머니 신랑 될 사람을 보고 오라
고 했습니다. 술증이 비록 생김새는 곱상스러우나 폐병에 걸려 기침을
콜록거리는 것이 버섯 같은 몸으로 그림자가 다니는 것 같더랍니다. 박
씨 집에서 더럭 겁이 나서 다른 데로 혼인을 정하려고 했더니 박녀가
정색을 하고 '전번 지어놓은 옷이 뉘 몸에 맞추어 지은 것이며, 뉘 옷이
라고 말하던 것입니까? 저는 처음 정한 것을 지키렵니다'라고 했더랍니
다. 집안 사람들이 그 뜻을 알고 정한 대로 사위를 맞았으나 말로만 혼
인을 했다 뿐이지 기실 빈 옷만 지킨 셈입니다."

박지원은 함양 박씨의 이야기를 위와 같이 전하면서 다음과 같이 덧
붙이고 있다.

박씨의 심경을 추측해보자. 나이 어린 과부로서 오래 세상을 살아가자면 두고두고 친척들에게 불쌍함을 당할 것이고, 공연히 이웃간의 못된 억측을 벗어나지 못할 것이니 얼른 이 몸이 없어지는 것만 같지 못하다고 생각한 것이 아닐까? 슬프다. 성복을 하고 자결하지 않은 것은 초상 치를 일이 남아 있기 때문이었고, 장사를 지내고도 죽지 않은 것은 소상이 남아 있기 때문이었으리라. 대상이 지나면 3년상을 마친 것이니 남편과 한날 한시에 죽으려는 처음의 뜻을 이룬 것이리라. 이 어찌 열녀가 아니랴!

제나라 사람의 말에 "열녀는 두 남자를 섬기지 않는다"고 했으니 『시경』의 백주(柏舟)장이 그런 뜻이다. 우리나라 법전에 "재가해서 낳은 자손은 정직에 등용하지 않는다"고 하는 조문이 있다. 이 조문이 어찌 일반 서민을 위해 만든 것이겠는가? 그런데도 왕조 400년 이래로 백성들은 오랜 교화에 젖어 여인네들은 귀천을 막론하고 양반이건 아니건 관계없이 과부로 수절해서 드디어 하나의 풍속이 되고 말았다. 옛날의 소위 열녀란 지금의 모든 과부들에 해당하는 것이다. 촌구석의 어린 아낙이나 여염의 청상과부들까지 저의 부모에게 개가를 강요받는 것도 아니고, 자손들의 벼슬길이 막히는 수치가 있는 것도 아니건만, 수절하는 것만으로는 오히려 절개가 될 수 없다 여긴다. 그리하여 자신의 존재를 한낮의 촛불처럼 아무 소용없다 여기고 스스로 목숨을 끊어 남편을 따라 저승으로 간다. 물과 불에 뛰어들거나 독약을 마시고 목을 매다는 것을 마치 안락한 곳으로 가듯한다. 열녀로 본다면 볼 수도 있겠지만 이 어찌 잘못된 일이 아니겠는가?

박지원은 주변에서 위와 유사한 열녀 이야기를 많이 접했다. 그럼에도 불구하고 그런 유의 이야기는 당시의 한국인들에게 그렇게 대수로운 일로 여겨지지 않았다. 왜 그랬을까? 박지원은 다음과 같이 논평하고 있다.

어려운 절개와 맑은 행실이 이와 같건만 당세에도 드러나지 않고 후대에도 이름이 전하지 않는 것은 무슨 까닭인가? 이제 과부의 수절쯤이야 전국의 통례로 된 일인 만큼 목숨을 끊지 않고서는 과부의 부류에서 특이한 절조를 드러낼 수 없기 때문이다. (중략) 왕조 400년 이래로 백성들은 오랜 교화에 젖어 여인네들은 귀천을 막론하고 양반이건 아니건 관계없이 과부로 수절해서 드디어 하나의 풍속이 되고 말았다.

현재 한국은 부패 문제를 비롯한 많은 문제들을 해결하지 못해서 커다란 곤경에 빠져 있다. 현대 한국인의 입장에서 볼 때 어디서부터 문제를 풀어야 할지 망막하기만 하다. 그러나 필자는 적절한 법제도를 창설하여 지속적으로 밀고 나가면 부패 문제를 근원적으로 해결할 수 있다고 믿는다. 문제는 현대 한국인에게 부패 문제를 해결하려는 결연한 의지가 있는가 하는 점이다. 열녀정려법과 재가녀 자녀 금고법에서 보는 것처럼 지속적으로 시행되는 법제도는 사람들의 의식과 사상을 송두리째 바꾸어놓을 수 있기 때문이다.

●**심희기 · 동국대 법학과 교수**

사대부의 가정생활
● 16세기 이문건의 경우

양반가에서는 가정의 계율 또는 규칙을 자손들에게 강조하였는데, 그 내용은 대체로 『삼강오륜』의 훈계, 자녀교육 내용, 양반의 마음가짐과 몸가짐, 건강관리, 대인관계, 재산관리, 관혼상제, 관직생활 등에 관한 것들이었다. 이러한 정훈에 입각하여 교육받은 양반들이 자신의 일상을 기록한 것이 바로 일기이며, 따라서 일기는 이러한 덕목이 실제의 생활에서 어떻게 활용되고 체득하였는지를 보여주는 것이라 하겠다.

사대부의 일상에 대한 기존의 연구들도 이러한 유교적 규범에 초점을 맞추었고, '봉제사'(奉祭祀)·'접빈객'(接賓客)이라는 덕목에 크게 주목하였다. 봉제사·접빈객은 『주자가례』에 근거한 사대부가의 의례적인 생활 규범이었다. 실제로 양반 사대부들은 가문의 대소나 남녀를 막론하고 모두가 그것들을 힘써 실천하려고 노력하였다. 사대부들은 조상에 대한 제사를 받들고 빈객을 접대하며 평생을 지기(知己)들과 교유하면서 살았으며, 그들의 일기에서도 이에 관한 기록이 많은 비중을 차지하고 있다.

그러나 매일 하루의 생활을 정리하면서 또는 일정 기간 동안 모았다가 정서하는 방식으로 작성된 일기는 정도의 차이는 있지만, 유교적 실천 규범 이외에도 사소하고 다양한 삶의 연속된 상황을 생생한 감정 그대로 기록하고 있다. 지금까지 『미암일기』, 『쇄미록』, 『병자일기』 등과 같이 이미 간행된 자료를 통한 연구성과가 축적되어 있는 한편, 새로운 자료가 발견되어짐으로써 이 분야에 대한 연구가 조금씩 확대되고 있다.

이문건(李文楗. 1494~1567)의 『묵재일기』는 이러한 점에서 주목할 만한 자료이다. 그것은 중간에 결락된 부분이 있지만 32년 간에 걸친 오랜 기록이다. 이 자료는 조선 중기 한 양반 사대부의 매우 다양한 삶의 모습을 보여주고 있다. 이문건은 매우 세밀하게 자신과 주변에서 일어나는 일들을 기록하고 있다.

시묘살이

일기는 모친상을 당한 이문건이 조카인 이휘와 함께 시묘살이를 하는 시기로부터 시작되고 있다. 시묘살이는 사대부 제일의 덕목인 봉제사의 시작에 해당된다. 그가 1535년 11월부터 탈상하는 1537년 1월까지 실제로 여막에서 생활한 기간은 총 183일이다. 시묘생활 동안 관리는 현직을 물러나 부모 묘소 옆에 기거하며, 일체의 술이나 고기 등을 금하고 근신하였다. 그러나 실세로 사회생활과 문중생활, 집안 일과 완전히 단절된 생활을 한 것은 아니었다. 이문건은 시묘생활 동안 사대부로서의 봉제사·접빈객은 물론 교유관계도 그대로 유지하였다.

이 기간 동안 그는 양주에 있던 부친의 묘를 옮겨 노원에 있는 모친의 묘와 합장하였는데, 이를 위하여 목재를 직접 구하고 좋은 목수를 물색하는 한편 목재의 수송과 건조, 송진 칠 작업에 이르기까지 철저하게 관리하였다. 또한 그는 묘역의 관리와 석회, 잡석 등의 수급과 수송 등의 작업을 오랜 기간에 걸쳐 수행하였다.

그는 부모의 묘소 곁에 묘갈명을 직접 새겨 제작하고 세웠다. 묘갈을 새기는 작업은 하루에 2~3자씩 새기는 오랜 작업이었다. 비의 옆면에

영비
시묘생활 중에 직접 글자를 새겨서 세운 부모의 묘비. 서울시 노원구 하계동 16번지 소재, 서울시 지방문화재 제27호.

는 한글로 비석의 훼손을 금하는 문구를 새겨놓았다. 이 비는 '영비'(靈碑)로 불리고 있는데 현재 노원구 중계동의 비각에 원래의 모습대로 보존되고 있다.

이 기간 동안 그는 매일의 조석 상식과 매월 삭망제 그리고 한식, 칠석, 인일, 원조 등의 절일제를 설행하였다. 그러나 그는 건강을 이유로 상식, 조석참에 불참하는 일이 많았으며, 한편으로는 소식을 유지하였다. 오랜 시묘생활 때문에 그의 건강이 악화되었다. 이를 딱하게 여겨 1536년 10월 7일 그의 조카인 이휘가 그에게 육선(肉饍)을 들 것을 권유하였으나 그는 굳이 거절하였다. 그러자 주변 친지들이 많은 약제를 보내왔다. 병세가 나아지지 않아 그는 12월부터 서울에 있는 자신의 집에 머물며 병조리를 하면서 대신 노비 등을 보내어 묘소를 들러보도록 하였다. 이때의 심정을 그는 "산소에 나가지 못하니 포한이 될 뿐"이라고 적고 있다.

시묘생활은 고된 것이기는 하나 기존의 그의 행동 범위를 크게 규제 하지는 않았던 것으로 보인다. 시묘생활을 하는 동안에도 묵재는 서울 의 서소문 사방(李輝의 집)과 자신의 집(저동) 그리고 청파동 누이 등의 집에 제사 및 숙배 등을 이유로 가끔씩 출입하였으며, 건강을 이유로 휴 식차 서울에 가기도 하였다.

교유관계

양반의 또 하나의 덕목이라 할 수 있는 '접빈객'은 곧 사회생활의 폭 을 의미하는 것이며, 이러한 교유관계는 시묘생활 중에도 지속되었다. 여막에 위로차 많은 방문객이 거의 매일 찾아왔으며, 이러한 빈객의 출 입은 유배지에서도 지속되고 있다.

교유대상이 되는 사람들의 범위는 혼인을 통하여 누대에 걸쳐 형성 된 친인척과 개인적인 사회활동의 결과 맺어진 친지들이 포함된다. 이 문건은 관직에 재임하고 있을 때부터 당대의 명인들과 친분을 맺고 있 었지만 유배지에서도 이 교유관계는 지속되고 있다. 유배지에서는 조용 히 근신하며 지내려는 의미에서 자신의 호를 묵재(默齋), 휴수(休叟)라 하 였으나, 실제로는 유배지에서도 수많은 인물들과 왕래하며 교류하였다. 그리하여 그는 "정월 초하루에 문안 온 사람의 수를 일일이 열거하지 못할 정도"라고 술회하고 있다.

노년에는 묵재(默齋)와 휴수(休叟)를 주제삼아 시를 지어 인근의 인사 들에게 차운을 요청하였다. 그리하여 퇴계 이황을 비롯한 25인의 학 자·문인들이 차운시를 보냈다. 뿐만 아니라 유배생활임에도 불구하고, 이문건은 목사·판관은 물론 향리들과도 빈번하게 접촉하면서 매우 긴 밀한 관계를 유지하였다. 유향소·사마소 등의 행사는 물론 그 관리·

운영에도 묵재는 깊이 개입하였다.

시묘생활 동안에는 거의 매일 위문차 여막을 찾는 손님을 맞이하여 간단한 술상을 차려 대접하였고 오락으로는 바둑을 즐겼다. 시묘생활 전 기간을 통하여 바둑은 거의 유일한 오락이었다. 유배지에서도 가장 즐겼던 오락이 바둑과 장기였다. 만나는 거의 모든 사람, 심지어는 승려와도 바둑을 두면서 얘기를 나누는 것이 예사였다.

또한 유배지에서는 그 지역의 크고 작은 연회와 유람 행차에 동행함으로써 지역 인사들과의 친분을 다지곤 하였다. 가까운 지역에서의 놀이는 하룻길에 다녀 저녁에 집에 돌아올 수 있었으나, 10일 동안 인근 여러 곳을 돌며 주연을 계속한 경우도 있다. 원근의 연회에 참석할 때는 주관하는 측이나 관에서 말을 빌려 타고 갔으며, 집안의 노비가 수종하였다. 연회에서는 예외 없이 식사와 술자리가 이어졌다. 즐겨 마신 술의 종류는 소주, 청주, 탁주, 약주 등이며, 술자리에 기생이 자리를 함께 하는 경우가 대부분이었다.

문화와 예술

이문건은 매우 감성적이고 예술적 취향도 강하였다. 시묘생활 기간 동안 그림을 그리거나 글씨를 써주는 일도 많았다. 그는 현판과 비석에 글자를 새기거나 다른 사람이 의뢰한 책에 글을 써주었다. 중종이 승하한 후에 빈전도감 낭관을 맡았던 이문건은 시책(諡冊) 등을 직접 쓸 만큼 당대의 명필이었다. 그림에도 재능이 있어서 여막에서 손수 그림을 그려 본댁에 보내는가 하면, 유배지에서도 다른 이의 그림을 빌려 보거나, 병풍그림을 그려주기도 하였다. 성주에 도착한 후 동성인들과 접촉하고 안봉사라는 절에서 행해진 선조들의 영당제(影堂祭)에 참여하면서, 족보를 거두어 열람하고 나아가서는 본인이 직접 족보를 작성하기도 하였다. 이 족보가 현재까지 성주 이씨 문중에 전하여지는 『가정보』(嘉靖

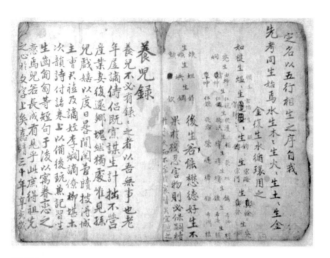

『양아록』
이문건이 손자 숙길의 성장과정, 가족사항 등을 기록한 육아일기.

譜)이다. 『가정보』는 앞에 선조의 진영을 그리고 자손의 계보를 족도의 형식으로 그려넣은 것이다. 『묵재일기』에는 이 족보를 만들기 위하여 "판관으로부터 종이를 얻어 마름질하였으며(1545. 10.25), 이듬해에 이덕 혼이 이 족보를 가져갔다"고 기록하고 있다.

이문건은 거문고를 좋아하여 이를 직접 제작하고 수리하기도 하였다. 오동나무를 잘라 단금(短琴)을 만들거나, 목재를 여러 곳에 수소문하여 직접 제작한 적도 있다. 인근의 친지들은 그에게 목공을 보내어 거문고의 제작을 지도해줄 것을 청하기도 하였고, 친분이 있는 기생들의 거문고를 그가 직접 수리해주기도 하였다. 한편 각종 연회에 참석할 때는 주객이 모두 그의 연주를 청할 정도로 묵재는 거문고 연주기술이 매우 뛰어났다. 그는 다른 사람의 연주를 듣는 일도 즐겼다. 그는 기생과 금노(琴奴) 등을 불러들여 그들의 거문고 연주를 자주 감상하였다.

의생활

묵재가 양주에서 조카와 함께 시묘살이를 할 때 아들이 자주 들러 잡사를 돌보아주었다. 수시로 서울 사는 노비가 여막에 드나들며 옷가지 등을 날라주었다. 그런데 여막은 여름에 매우 더웠던 모양으로 그는 때때로 여막 근처에 있는 빈집에 들어가 손님을 접대하고 더위를 피하기도 하였다. 여막과 그 집의 구조는 알 수 없다. 유배 도중 가족들이 성주로 이주하게 되자, 처소에 임시로 막을 설치하여 내·외방을 마련하였다가, 1년쯤 후에 새로이 집을 마련하여 상당(上堂)과 하가(下家)로 구분하여 거주하였다. 상당에는 이문건이, 하가에는 가족들이 거처하였다.

유배생활이라는 어려움 때문이기도 하였을 것이나, 당시 의복은 매우 귀하게 여겨진 것 같다. 이문건의 손자들이 새 옷을 갖추어 입고 즐거워하는 모습이라든지, 이문건의 생일에 귀가리개, 버선 등을 선물받는 것으로 미루어 알 수 있다. 노비들은 한겨울에도 솜옷을 입을 수 없는 형편이었던 것 같다. 신공을 납부하기 위해 아들과 함께 온 늙은 종이 추위에도 불구하고 여름옷을 입고 있는 것을 가엾게 여겨 이문건이 자신의 낡은 옷을 내어준 적이 있으며, 전라도로 신공을 받으러 떠나는 노비의 옷이 얇아 이문건이 이를 측은해하며 찢어진 옷을 내어주고 꿰매 입게 한 적도 있다.

식생활

벼슬할 때에는 아침에 집에서 죽을 먹고 관청에서 식사를 하였다. 그 이외의 기간 동안에는 이른 아침을 먹고 송홧가루 등의 건강식품을 복용하였다. 낮에는 따로이 식사를 했다는 기록을 찾아보기 어렵다. 관청에서는 과일, 떡, 과자 등을 나누어 먹었다. 그런데 이 시기의 점심은 낮에 먹는 식사를 의미하는 것은 아니고 간식의 의미였다. 저녁식사의 경우 가족들과 함께 상을 받으며, 본인의 위장기능이 원활하지 못해서인지 수반(水飯)을 먹는 날이 많았다. 그런데 주연(酒宴)에 참석하여 배불리 먹고 돌아와 취해서 잠이 드는 경우에 "저녁밥을 먹지 않았다"고 기록하고 있는 것으로 보아 식사와 점심(간식), 주효(酒肴)에 대한 개념이 지금과는 달랐던 것 같다.

친지와 관청 등으로부터 보내온 음식물을 보자. 먼저 주식류로는 백미, 대소맥, 콩, 녹두 등이 있으며, 채소류로는 청근(菁根), 건채(乾菜), 송이(松栮) 등이 있고, 홍시, 수박 같은 과일도 포함되고 있다. 쇠고기, 돼지고기, 닭고기, 개고기 등의 육류와 각종 생선류, 해산물, 젓갈류가 왕래되었다. 이러한 재료들을 가지고 어떤 요리로 어떤 상차림을 했는지는 알 수 없다. 가정에서의 상차림이 연회에서와 같이 화려하고 풍성하지는 않았을 것으로 보인다. 연회에 참석한 이문건은 고기와 제철 과일 등을 따로 싸서 노비에게 자기 집으로 들려 보내곤 하였다. 이는 손주들에게 먹이기 위한 것이었다.

자손에 대한 훈육

이문건은 안동 김씨 김언묵의 딸 돈이와 혼인하여 1517년 첫 아이를 8개월 만에 사산하였으며, 다음해인 1518년 온(熅)을 낳았다. 1521년 6월 괴산 처가에서 딸을 낳았으나, 천연두로 딸을 잃고 말았다. 1524년 다시 아들을 보았으나, 이 아들도 9개월 만에 죽고 말았다. 다음해인 1525년에 딸을 낳았는데, 영민하고 건강한 아이였으나, 두 살 때에 평상에 눌려 이마를 다치더니, 천연두에 걸렸다가 겨우 소생하였으나, 결국 풍으로 왼손 불구가 되더니 점차로 간질 증상을 보이다가 스무 살 되던 해에 죽고 말았다. 이 딸을 잃은 후 이문건은 매우 비통해하며 노원에 장사지내었다. 결국 이문건은 3남 2녀를 두었지만 아들 온만이 장성하였다.

그런데, 온 역시 성장과정이 평탄하지는 않았다. 6, 7세 되던 해에 괴산 외가에 살고 있던 온은 열병에 걸렸다가 겨우 소생하였으나, 이로 인하여 점차로 머리가 둔해져갔다. 온은 다시 풍에 걸려 경기를 심하게 하여 결국은 저능아가 되었던 것 같다. 이러한 아들의 상태가 못내 원망스럽고 답답하였던지, 그는 아들에 대해 가여워하는 마음을 가지면서도 매우 심하게 다루기도 하였다. 그러나 아들은 노비들과 어울려 돌아다니는가 하면 하루 종일 일삼아 새를 쫓아다니며 새들을 괴롭히고 송충이를 두들겨 잡는 등 한심스러운 행동만을 일삼았다.

　이문건은 아들로 하여금 집안 제사에 참석하도록 하고 경서를 읽도록 독려하여 아들의 어리석고 모자라는 점을 개선하고자 노력하였다. 그러나 아들 온은 점차 아버지를 피하여 숨고 도망다녔으며, 이에 비례하여 아버지의 꾸지람도 심해져서 채찍을 들어 아들을 때리고 오물을 그 입에 넣으며 코에 물을 붓는 등의 가혹한 체벌을 가하기도 하였다.

　온은 수원에 사는 박옹의 딸에게 장가들었으나, 그 처는 첫딸을 낳던 중 죽고 말았다. 온은 1546년 청주에 사는 김증수의 딸을 재취로 맞이하고 10월에 함께 이문건의 유배지로 이주하였다. 이듬해인 1547년에는 첫 딸 숙희를 낳았으며, 1549년에 둘째딸 숙복을 낳았으나 숙복은 젖을 먹지 못하고 토하다가 죽고 말았다. 1551년에 온은 기다리던 손자 수봉을 낳았으며, 1555년 정월에 다시 딸 숙녀를 낳았다.

　이문건의 아들 온은 1555년 6월 1일 측간에 가던 중 길게 드러누워 말도 못하고 먹지도 못한 채 인사불성에 이르렀으며, 소리를 지르고 경기를 하는 등 병세가 점차 심해져갔다. 6월 27일에는 병자가 이문건을 보더니 불안해하고 두려워하였으므로 이후 병자에게 도움이 되지 않을 것 같아 이문건은 아들을 자주 찾아보지 않으려고 하였다. 29일에는 병든 아들이 이문건과 눈을 마주치더니 다시 경기를 하였다. 이에 그가 위로의 말을 건네고 안심시켜주었더니 차차로 대답도 하게 되었다. 아들 온은 이렇게 2년 여를 앓다가 1557년 6월 25일 숨을 거두었다.

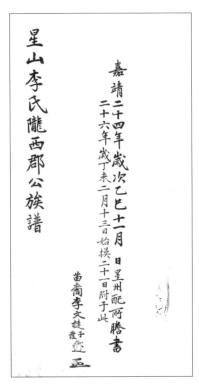

星山 李氏 隴西郡公 族譜

嘉靖二十四年歲次乙巳十一月日星州配所膳書
二十六年歲丁未二月十三日始摸二十一日附于此

苗裔李文楗盥手謹書

성산 이씨 농서군공 족보의 표지와 초상화
이문건이 유배지에서 직접 제작한 것이다.

아들의 상을 당하기까지 한 달 여의 일기가 전해지지 않고 있다. 일기는 7월부터 다시 계속된다. 8월 27일에 상여는 괴산을 향하였고 이문건 부인의 청에 따라 괴산군 대명리에 온의 장사를 지내게 되었는데, 현재도 그곳에 묵재의 친필인 망자비가 남아 있다. 이때 장례의 절차에 필요한 목재와 종이는 물론 목수, 역군 등도 모두 성주관에서 제공하였다.

손자녀에 대한 이문건의 사랑은 각별하여 손자손녀가 할아버지를 무척 따랐다. 이들이 할아버지에게 와서 하루 종일 놀다 가거나 곁에서 자고 가는 일도 빈번하였다. 할아버지는 잔칫집에 가서는 꼭 손주 몫의 음식을 남겨다주었으며, 집에 돌아오면 제일 먼저 손주들을 둘러보았다.

이러한 과정은 그가 작성한 『양아록』(養兒錄)에 잘 기록되어 있다. 이 기록에는 손자 손녀들이 16세에 이를 때까지 그가 경험했던 인상적인 일들을 연대순으로 시로써 기록하고 있다.

부부관계

이문건은 다정하고 금실 좋은 부부관계를 유지하지는 못했다. 부인 안동 김씨는 성격이 강하고 급한 편이며 자신의 의사를 관철시키는 의지가 강하였고, 이문건이 보기에 투기가 심한 편이었다. 부부간에 의복이나 음식 등으로 인한 사소한 불화가 자주 나타나고 있다. 남편에 대하여 사려 깊게 배려해주지 않는 부인에 대한 원망이 일기에 종종 나타나고 있다. 그러나 부인의 건강을 염려하는 이문건의 모습도 나타나 그가 자상한 지아비의 모습도 가지고 있었음을 알 수 있다. 시어머니 상을 당해 채식을 하던 부인이 기력이 약해져서 감기 등으로 고통받자 이문건은 주저 없이 처에게 육식을 권유하였으며, 갖가지 약재를 처방하여 달여 먹이기도 하였다.

이문건이 유배지에 도착한 지 1년 후인 1546년 9월 27일 부인과 가족들은 괴산을 출발하여 10월 4일 성주 적소에 도착하였다. 이 기간 동안에 부인이 보낸 편지에는 "늘그막에 떨어져 살게 된 한"이 호소되고 있다. 불안정하던 그의 가족생활은 그가 유배지인 성주에 도착하여 어느 아전의 집에 거처를 마련하고, 관의 도움을 받으면서 점차 안정되어 갔다. 이후 유배생활임에도 불구하고 이문건은 자신의 관향인 성주지역의 중심 인사로서 활발한 사회활동을 전개한다. 부인은 그의 지나친 연회에의 출입에 자주 불만을 토로하였다. 예를 들어 이문건과 고을 기생 종대(終代)와의 관계를 불순하게 여긴 부인의 투기는 나날이 정도를 더하여갔다. 그의 처는 남편의 처소인 상당에서 두 달여를 유숙하는 등 남편의 일거수 일투족을 감시의 눈길로 살피는가 하면, 화병으로 앓아

눕는 등 규범적인 조선시대 여인상과는 다른 모습을 보여주고 있다.

부인의 심한 투기를 표현하는 내용의 일기는 1553년부터 시작된다. 친정인 괴산에 다니러 간 부인은 기생을 접하는 것이 부당하다는 말을 잔뜩 써넣은 편지를 그에게 보내왔으며, 이러한 편지는 계속되고 있다. 심지어는 편지에 '애기'(愛妓)라는 말을 일컫기도 하였는데, 이에 대해 이문건은 '가소'롭게 여기고 있다. 같은 해 10월 2일에는 친구들과 함께 해인사에 갔다가 그가 기생과 한 방에 묵게 된 것을 안 부인이 자초지종을 물으며 잠자리와 방석 등을 칼로 찢고 태워버리는 등 심각할 정도로 화를 낸 것으로 기록되고 있다. 부인은 종대가 이문건의 총애를 과시하지 못하도록 하라고 조르다가 여러 차례 눈물을 흘렸다. 이후에도 부인의 질투와 의심은 계속되었지만 이문건은 전혀 개의치 않고 각종 연회에 참석하면서 '환락'을 즐겼다.

그러나 자식을 사랑하는 어머니의 마음은 자상하기 그지없다. 아들이 아버지의 엄한 꾸중을 피하여 도망할 수 있는 곳은 어머니의 품이었다. 모자라는 아들을 감싸고 건강을 돌보는 것도 어머니였다. 아들이 자리에 눕자 거의 매일 밤을 간호로 지새우며 가슴을 쳤고 아들을 위해 무당을 불러들여 치성을 드리며 그 소생을 기원하였다. 이문건의 처는 열증에 시달리면서도 며느리의 출산 뒷바라지를 손수하였으며, 아들의 병 앞에서 며느리와 같이 통곡하고 짐을 나누어주는 시어머니였고, 한편으로는 손자녀인 숙길과 숙희의 양육을 도맡기도 하였다. 그녀의 그러한 모습들은 자손들을 위해 몸을 아끼지 않는 다정한 우리네 어머니의 모습과 다르지 않다.

자가처방과 위생

조선시대의 양반들에게 최소한의 의학지식은 필수 요건이었던 것 같다. 묵재는 특별히 약재의 제조와 병리현상에 관심이 많았다. 묵재 스스로가 위와 장의 질환을 지병으로 갖고 있었고 또한 아들이 병약하고 우둔하였기 때문이라고 생각된다. 시묘생활을 마친 후 묵재는 기력이 약해져서 항상 감기와 해소를 앓았으며 또한 위와 장의 기능도 심하게 쇠약해져서 설사·복통으로 매우 고통스러워하였다. 특히 요즈음 같으면, 과민성대장증상에 시달리던 이문건은 찬 음식을 먹는다거나 여행을 다니는 때에는 반드시 설사와 치질로 인해 안절부절못했으며, 실제로 실수를 하는 경우도 많았다.

그는 자신의 병을 치료하고자 여러 가지 약을 복용하였다. 복통이 있을 때는 이중탕(理中湯), 온백원(溫白元) 등의 약을 다른 약과 합제하여 사용하였으며, 감기에 걸렸을 때, 기력이 없을 때 등등 증상에 따라 각기 다른 약을 달여 먹었다. 묵재는 친지들의 병세를 진맥, 진찰하거나 화제(和劑)를 가르쳐주는 등 의학적 식견을 인정받고 있었다. 집에는 상비약을 갖추어놓고 부족한 약재는 수시로 채워 준비하고 있었다. 자신과 가족 친지는 물론 가내 노비들의 병력에 대해서도 기록하고 있는데, 노와 비들의 사소한 복통에서부터 유종, 산고, 역병에 이르기까지 그 사정을 듣고 약을 처방해주었다.

청결과 위생 문제는 어떠하였을까?

전신목욕의 일은 매우 드문 일이었다. 시묘생활을 하는 동안에 그는 거의 씻지 않고 지냈으며, 1536년 1월 4일에는 아침에 하반신과 다리를 씻었다. 그후 1536년 5월 13일에 기거하는 방을 치우고 비로소 몸을 씻었으며, 아이들도 모두 목욕하였다고 한다. 사간원 정언에 제수받은 1537년 1월 이후부터는 1개월에 1회 정도로 씻었다. 이것은 이전에 비하여 비교적 자주 씻은 편에 속한다. 씻을 때에는 항상 감기를 걱정하였다. 유배지에서의 기록을 보면 5권의 경우 약 2년 동안 목욕 횟수는 12회, 머리를 감은 것은 4회에 불과하였다. 그나마 대체로 여름에 한정된 것이며, 이 외의 계절에는 전신목욕은 하지 않고 부분목욕만 한 것 같다. 청결하지 못한 탓에 종기 등의 피부 질환과 설사, 복통 등의 질병이 그치지 않은 것 같다.

신앙생활

전반적으로 유교적 생활방식과 함께 시속(時俗)이 여전히 강한 영향력을 발휘하고 있음을 알 수 있다. 특히 신앙생활면에서 그러한 경향이 두드러진다. 시묘생활을 하는 동안에 만수암과 석천·망월사 등의 승려가 출입하며 두부, 콩, 채소 등의 음식물을 상호 교환하고 있으며, 그는 방문한 승려와 바둑을 두는 등 친밀한 관계를 유지하고 있다. 이문건은 풍수와 주역에 매우 큰 관심을 가지고 있었다. 그는 성주 유배시에 모두 17장 분량의 『도서괘화촬요』(圖書卦畵撮要)를 저술하였는데, 이는 주역의 원리를 도식으로 풀어 설명한 것이다.

성주 유배지에 도착한 이문건은 곧바로 안봉사 승려인 지섬(智暹)의 방문을 받는다. 이는 성주 이씨들이 오래 전부터 안봉사에 영당을 마련하고 중시조인 이조년 등 14위를 봉안하여 매년 제사를 지내왔던 데에서 기인한 것이었다. 적소에 도착한 이문건은 안봉사 영당제사를 주관하는 한편, 안봉사 소속 승려들과 관청간의 관계에 개입하여 그들의 신역을 면제해주고 환자(환곡)를 얻어주는 등으로 그 뒤를 배려해주었다.

그는 안봉사의 운영에 깊이 관계하였다. 이로 미루어볼 때 안봉사가 성주 이씨의 원찰(願刹)로 변화되어가고 있음을 알 수 있다. 이문건은 안봉사와 관청과의 관계를 조절해주고 나아가 관의 권력으로부터 안봉사를 보호해주었다. 그 대가로 이문건은 안봉사에서 생산한 종이, 곡식, 의류, 과일, 채소 등을 제공받았으며 승려들의 노동력을 빌려쓸 수도 있었다.

이문건의 일상생활에는 불교뿐만 아니라 무속도 크게 작용하고 있었다. 이문건은 운세를 추점하는 행위에 대해서는 비교적 우호적이었다. 그는 시묘생활 중에도 개장(改葬) 및 가족의 운수를 점쳐보도록 하는 등 관심을 보였다. 그는 점술가인 김자수와 자주 왕래하고 한편으로는 자신의 사면복권(赦免復權)을 간절히 소망하는 심정이 합해져서 꿈 해몽으로부터 가정 대소사에 이르기까지 일일이 김자수에게 묻고 의논하였다. 가족의 병환이 심할 때에는 반드시 김자수로 하여금 그 향방을 점치게 하였고 그의 권유로 무녀의 굿을 열기도 하였다. 가족들이 병약한 이문건의 집에서는 해마다 2~3차례의 굿이 차려졌는데, 부인이 도맡아 밥이나 떡을 준비하였다. 이문건의 집에서 무사가 행해진 가장 중요한 동기는 손자의 건강과 아들의 소생을 위하여 그리고 아들이 죽은 후 상심하여 병을 얻은 아내를 위해서였다.

●김소은 · 숭실대 사학과 강사

제사와 양자

　인간의 삶은 유한하다. 유한을 뛰어넘어 무한으로 삶을 펼치고자 하는 것은 모든 사람들의 바람이다. 이를 실현하는 방법은 다양하겠지만, 먼저 자기의 존재를 가능하게 한 조상을 삶 속에서 확인하고 이어서 자기의 후손을 통해 자기를 확인받는 것도 한 방법이다. 이것이 제사이다. 즉 제사는 조상에서 후손으로 이어지는 삶의 연장방법이며 자기확인의 의례이다.

　제례방식은 다양하지만, 현재 우리의 제사는 유교에 기본을 둔 조상제사의 형식과 가부장제적 제사승계를 취하고 있다. 조상제사는 남계친족집단에 의해 영위되며, 계승에서도 남계계보의 연속성을 중시하고 있다.

　우리의 제사에는 고조까지의 4대봉사(四代奉祀)와 부계손이 주도하는 부계주의(父系主義), 종가를 중심으로 거행하는 종가주의(宗家主義), 의식절차는 남성이 주도하는 남성주의(男性主義)가 작용하고 있다. 이러한 유교적 제사는 여말선초에 수용되어 『경국대전』(1485)에 규정되었으며, 이후 성리학의 이해와 주자가례의 실천을 통해 형성되어 지금까지 우리의 일상생활을 지배해오고 있다.

제사(봉사)

제향선조 : 누구나 고조부모의 제사를 지내는가

조선건국의 주도세력인 신흥사대부는 고려 멸망의 원인을 예제(禮制)의 붕괴에서 찾았다. 그들은 고려의 전철을 밟지 않기 위해서는 사회의 명분과 기강이 확립되어야 한다고 생각하였다. 그래서 우선적으로 제례의 정비에 착수하여, 천지산천에 대한 사전(祀典)을 정비하고 이에 해당하지 않는 제사는 음사(淫祀)라고 금지하였다.

전범인 『주자가례』에서는 부모에서 고조부모까지의 4대를 가묘(家廟)에서 신주를 모시고 봉사할 것을 규정하였다. 그렇지만 『경국대전』「예전」봉사(奉祀)조에서는 "6품 이상은 증조부모까지 3대, 7품 이하는 조부모 2대, 서인은 부모만을 봉사"하는 차등봉사(差等奉祀)를 규정하였다. 여기에는 현실적인 어려움이 내포되어 있다. 예컨대 장자는 벼슬이 없고, 차자가 벼슬을 하였으면 누구를 기준으로 ── 장자를 기준으로 부모만인지, 아니면 차자를 기준으로 조부모 등을 ── 제사를 지내야 하는지가 논란이 되었는데, 이는 차자를 기준으로 장자가 제사를 지내는 것으로 규정되었다. 더욱 현실적인 문제는 서인이 조부모 등의 신주를 묻은 후 관인이 되면 신주를 다시 파내어야 하는지, 아니면 새로 만들어야 하는지가 논란이 되었다.

또 봉사자인 증손자가 죽어 그의 아들, 즉 현손(玄孫)이 제사를 모시게 되면, 증조부모는 고조부모가 되므로 더 이상 가묘에서 제사를 받을 수가 없다. 그래서 고조부모의 신주는 가묘에서 내어 묘소 부근에 신주를 묻고, 이후로는 1년에 한 번 묘제만 지낸다. 가묘에서 제사를 받을 수 없게 되는 것을 친진(親盡) 또는 대진(代盡)이라고 한다. 그러나 친진하게 되면 곧바로 묘제만 지내는 것이 아니라, 봉사자의 백숙부의 항렬자 가운데 상복을 입어야 하는 유복친(有服親)이 계속 봉사하는데, 이를 최장방천조(最長房遷祧)라고 한다. 또 봉사할 후손이 없으면 노비로 하여금 자기의 제사를 지내게 하는 것을 허용하였다. 이러한 『경국대전』의 내용은 『주자가례』를 묵수한 것이 아니라 명분적 사회질서의 확립이라는 문제의식에 입각하여 규정한 것에 역사적 의의가 있다.

『경국대전』의 차등봉사는 16세기에 평민의 성장으로 위협을 받았다. 그들은 경제력을 바탕으로 관인과 대등한 의례를 거행하였다. 이러한 행위는 조정에서 논란이 되었지만, 성장하는 평민의 세력을 명분의 확립으로 억누를 수 없었다. 그리고 양반들도 주자학과 『주자가례』에 대한 이해가 증진됨에 따라, 이를 실천함으로써 차등봉사에 대한 회의가 생겨났으며, 여기에는 파묻은 신주의 복원 등 현실적인 문제도 큰 역할을 하였다. 이에 따라 국법을 정면으로 어기는 4대봉사는 불가능하였지만, 봉사자의 관직과 무관하게 증조고비를 봉사하는 보편적 3대봉사가 일반화되기 시작하였다. 고조부모에 대한 제사를 언급하고 있는 16세기의 고문서는 거의 없으며, 일기 자료에서도 고조에 대한 정기적인 봉사는 찾기 어렵다.

왜란과 호란을 거친 후 『주자가례』와 나아가 고례에 대한 이해가 깊어지면서 다양한 학설이 표출되는 예학의 시대가 도래하였다. 그리고 인조반정은 사회에서 명분론과 정통론을 더욱 강조하게 되었다. 사회와 정치의 분위기와 학문적 토대 위에서 『주자가례』는 예제의 전범으로 인식되었고, 양반층에서는 4대봉사를 하였고 예의 보편성으로 자연히 신분에 관계없이 4대봉사를 하였다.

선초의 위정자들은 조상제사를 봉사자의 지위에 따라 차등적으로 규정하면서, 실천의 기반이 되는 향촌사회의 질서도 개편하려고 하였다. 그들은 향촌에서 음사를 금지하고 그 대신에 이사제(里社制)를 도입하였다. 이러한 일련의 정책은 작게는 명분에 입각한 위계적 사회를 만들려는 것이며, 크게는 신앙체계, 즉 인간의 사고방식을 바꾸려는 정책이었다. 그러나 위정자의 거대한 구상에도 불구하고 궁극에는 평등적 4대봉사가 보편적으로 되었다. 이는 우리 사회가 상향평준화된 것을 의미하며 이것은 역사의 발전이다.

봉사자 : 누가 제사를 지내는가

『주자가례』와 법에는 장자가 가묘에서 제사를 주재하는 것으로 하고 있다. 가묘는 집안에 별도의 집을 지어야 하기 때문에 선초부터 제대로 지켜지지 않았다. 그래서 방 중에서 정결한 곳에서 제사를 지내게 하였다. 다른 한편으로 제사를 지내는 자에게 이익을 주어 가묘 건립을 권장하려고 해서, 『경국대전』「호전」전택조에 "가묘가 있는 가사는 제사 주재자가 승계한다"라고 규정되었다. 이 규정은 자손으로 제사가 승계되면 별 문제가 없다. 그러나 봉사자가 아들 없이 죽고 아우의 아들이 제사를 승계하게 되는 경우에는 상황이 달라지게 된다. 재산상속인은 제사승계인이 될 수 없어서, 봉사자의 처나 딸 등이 가묘가 있는 가사를 상속하지 못하는 결과를 야기하여 가사의 상속을 둘러싸고 많은 분쟁을 낳았다.

친자가 있는 경우에 제사승계는 별 문제가 없다. 그런데 장자가 불구이거나 폐질이어서 제사를 받들기 어려운 경우에는 인정과 국법이 충돌하였다. 1458년 조말생은 장자 조영이 폐질이어서 셋째아들 조근을 봉사자로 삼아, 논란을 일으켰다. 한쪽에서는 자식에 대한 애증으로 함부로 봉사자를 바꾸어 국법을 무시하면 윤리와 도덕이 땅에 떨어질 것이라고 반대하였다. 다른 쪽에서는 조영이 봉사할 수 없음에도 불구하고 그를 봉사자로 하면 제사를 봉행하지 못하는 상황에 이르게 될 것이라고 두둔하였다. 결국 부친의 의사를 존중하는 쪽으로 결론이 났으며, 후에는 불구나 폐질뿐만 아니라 불효 등도 제사승계인을 바꿀 수 있는 사유가 되었다. 이와 같은 과정을 거치며 제사승계에서 부의 권리가 강화되었다.

첩자 : 가계를 이었는가

적자와 첩자가 있으면 첩자가 나이가 많더라도 적자가 당연히 제사 승계인이 되었다. 『경국대전』「예전」봉사조는 "장자에게 아들이 없으면 중자(衆子)가, 중자에게 아들이 없으면 첩자(妾子)가 봉사한다"라고 하여, 첩자의 승계가 아닌 형망제급(兄亡弟及)을 규정하였다. 그런데 입후조는 "적처와 첩 모두에게 아들이 없으면 부계의 차자를 입후한다"라고 하여 중자의 아들 유무와 관계없이 첩자의 제사승계권을 인정하였다. 따라서 법전에도 첩자의 제사승계권은 모순되게 규정되었다.

초기에는 첩자는 당연히 제사승계인이 되었다. 첩자는 서얼금고법(庶孽禁錮法) 등에 따른 제약은 있지만, 친자식임은 분명하고 또 혈연에 끌리는 것이 인지상정, 따라서 친자식을 제쳐두고 조카를 입후할 리 없다. 또 형망제급에 따라 중자가 제사를 승계하면 가문의 종통(宗統)은 중자 쪽으로 이어지게 되는데, 이때 가문에서 장자와 중자의 지위가 바뀌게 된다. 이 때문에 봉사인 장자는 친자식인 첩자가 제사를 승계하기를 바랐고 또 그렇게 되었다. 첩자가 있어 입후를 하지 않은 율곡 선생처럼 16세기까지 대개는 첩자가 제사와 가계를 계승하였다.

첩자의 제사승계권은 첩자의 지위 저하와 형망제급 때문에 위태로웠다. 실제로 1473년에 분쟁이 발생하였다. 조방림은 첩자 복해를 제사승계인으로 삼았는데, 그가 사망한 후에 동생 조부림이 『경국대전』의 규정을 근거로 복해의 재산을 빼앗았다. 이 사건에서는 첩자의 제사승계권을 부정하고, 타협적으로 아우의 아들을 입후하든가 첩자와 소종이 되는 것을 허용하였으며, 이는 『경국대전』봉사조에 추가되었다.

이후 첩자의 봉사권은 '적서'(嫡庶)와 '종지'(宗支)의 구별 가운데 어느 것을 우선하며 또 명분론과 혈연론의 대립에서 규정되었다. 16세기 중엽까지는 첩자의 제사승계권은 보장을 받았으며, 명종대에는 첩자가 있는데도 입후를 하기 위해서는 국왕의 승인을 받도록 하였으며 또 아우의 아들만 입후를 할 수 있게 하여 어느 정도 첩자의 권리가 보장되었다. 물론 이러한 결정은 유자광의 집권 등 당시의 정치상황과 밀접한 관련이 있다. 그러나 17세기 이후에는 명분론의 득세와 첩자의 사회 지위의 약화로 첩자는 법에 규정된 제사승계권을 보장받지 못하였다. 또 조선 후기에는 제사승계 문제로 적자와 첩자 사이에 분쟁이 발생할 경우, 첩자에게 유리한 확실한 증거가 없으면 대개는 적자가 승소하였고, 사실상 첩자의 제사승계권은 박탈되었다.

봉사의 실태 : 출가외인은 사실인가

『경국대전』에서는 『주자가례』에 따라 제사는 장자가 승계하는 것으로 규정하였다. 그러나 실제로는 그렇지 않고 여러 자녀들이 돌아가면서 제사를 봉행하는 윤회봉사가 조선 전기의 관행이었다. 윤회봉사는 이문건(李文楗. 1495~1567)의 『묵재일기』(默齋日記)에서 볼 수 있는데, 고비, 조고비, 증조고비의 제사를 아들, 딸, 사위 그리고 친손, 외손 가릴 것이 모두 돌아가며 거행하였다. 특히 증조고의 제사는 미리 순서를 정하여 거행하였다. 또 1676년경에 작성된 것으로 추정되는 윤인미(尹仁美) 처가 전주 유씨 가문에서는 고조 이하의 기제사는 물론 한식, 단오, 추석, 설날의 명절 차례도 윤행하였다(『조선시대 생활사』, 103쪽 <도판 2> 참조).

이러한 관행은 우선 중국과 달리 대종법(大宗法)이 확립되지 않은 가족제도의 차이에서 기인하지만, 다른 한편으로는 남녀균분상속도 중요한 이유이다. 부모로부터 똑같이 재산을 물려받으면 의무, 즉 제사도 마찬가지로 봉행해야 하는 것이다. 물론 제사승계인은 재산상속에서 5분의 1을 더 받는데, 이를 봉사조라고 한다. 16세기까지 상속재산에서 봉사조가 차지하는 비율은 법정 비율 이하가 많았으며, 후기로 갈수록 높아지는 경향을 보이고 있다.

뿐만 아니라 조선 전기에는 아들이 없는 경우에는 양자를 들이지 않고 딸과 그 자식이 봉사하는 외손봉사도 성행하였다. 이는 제자녀균분상속과 함께 남자가 처가살이하는 결혼관행에 기인한다. 명종 연간에 이러한 관행에 대해 조정에서 논란되었지만, 쉽사리 고쳐지지 않고, 현재까지 그 잔영이 남아 있다.

이러한 윤회봉사나 외손봉사의 관행은 혼속과 재산상속 관행과 함께 변하였고, 특히 봉사조가 중요한 역할을 하였다.

제자윤회봉사에서 장자단독봉사로의 변화

혼인 풍습은 초기부터 친영례(親迎禮)로 바꾸자는 논의에도 불구하고 그 틀은 유지한 채 처가에 머무르는 기간이 단축되는 반(半)친영례로 변하였다. 처가나 외가에서 사는 기간이 줄어들고 그래서 전보다 정이 멀게 되고, 외손을 차별하는 경향이 짙어졌다. 정이 멀다보니 사위나 외손들은 처가와 외가의 제사를 정성스럽게 거행하지 않는 것이 자연스러운 추세였다.

이러한 변화는 제사승계와 재산상속에 그대로 나타났는데, 이러한 사정은 1669년의 김명열의 『전후문서』(傳後文書)에 잘 나타난다(『조선시대 생활사』, 95쪽 <도판 1> 참조). 그 내용은 "제자녀가 윤회봉사하는 것이 관례이나, 이는 예법에 맞지 않으며 또 사위와 외손이 제사를 제대로 지내지 않으니 앞으로는 그들은 제사를 지내지 말고 아들들이 윤회봉사하고 그 대신 딸은 재산을 3분의 1만 상속하라는 것"이다. 이렇게 하여 딸과 외손은 제사승계에서 배제되었다.

1744년 안동 고성 이씨가의 『가제정식』(家祭定式)은 특이하게 장자단독봉사에서 윤회봉사로 회귀하는 사례인데, 개략적인 내용은 다음과 같다.

선대의 제사는 이미 제전(祭田)을 마련하여 종가에서 제사를 지냈는데, 이후영은 흉년으로 종가에서 제사를 거행하지 못할 우려가 있어 위 김명열의 『전후문서』와 같은 내용의 유언을 하였다. 이후영의 자식 시성 등 7형제는 부친의 유언에 따라 1713년 상속재산을 나눌 때에 남겨

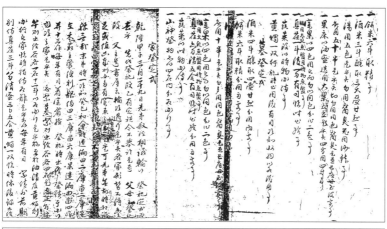

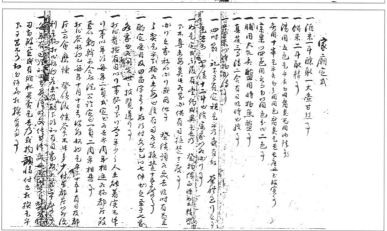

1774년 안동 고성 이씨 『가제정식』
종가 단독봉사에서 제지윤회봉사를 하게 된 연유를 설명하고, 기제사와 가묘제사에 소용될 제수에 대
해 규정한 문서. 고성 이씨가 소장.

놓은 재산에 추가하여 제전을 마련하고, 제사는 7형제가 윤행하도록 약
속하였다. 나아가 후대에 종가에 제사를 맡겨버려, 제사를 제대로 받들
지 않는 폐단을 막기 위해 7형제의 후손들까지도 윤행하도록 규정하였
다. 즉 기제뿐만이 아니라 묘제까지도 윤행하게 하였다. 그리고 제전의

목록과 각종 제사의 제수, 제전의 관리와 제수 마련을 위한 규약을 규정하였다.

제자윤회봉사에서 장자단독봉사로 이행하는 데는 봉사조가 중요한 역할을 하였다. 조선 후기 향촌사회에서는 가문이 중요하게 인식되었다. 사대부의 기본적 임무인 '봉제사(奉祭祀)·접빈객(接賓客)'의 이행은 가문의 위상을 결정하는 데 중요하게 작용하였다. 입향조(入鄕祖)에 대한 제사는 조상에 대한 추숭을 넘어서 향촌사회에서의 위상과 직결되었다. 성대한 제사를 거행하기 위해서는 경제적으로 뒷받침이 있어야 했다. '9대 독자 9대 만석꾼'이라고 했듯이 지속적인 균분상속은 재산의 영세화와 나아가 향촌사회에서 가문의 위상을 격하시키게 된다. 따라서 법전에 규정된 균분상속을 회피할 수 있는 묘안을 찾아야 한다. 그것은 봉사조의 활용이다. 5분의 1인 법규정 이상으로 봉사조를 설정하였다. 또 봉사조는 제향선조별로 설정되는데, 조선 후기에는 4대봉사의 보급과 동시에 상속재산에서 봉사조가 차지하는 비율도 늘어나게 되었다. 봉사조는 제사를 승계하는 장자가 관리하게 하여 사실상 재산의 장자단독상속과 함께 제사의 장자단독승계를 이끌어내었다.

이러한 현상은 다음 144쪽의 1688년 고성 이씨 가문의 『화회문기』에도 잘 나타나 있다. 이후영은 증조모 고령 신씨의 유언에 따라 제사를 윤행하려고 하였다. 이에 대해 막내인 이후식은 이미 각 집에서 토지를 내어서 제위답을 마련하였기 때문에, 제사는 종가에서 거행해야 하고 또 윤행하지 않는 것이 성문화되었다는 이유로 반대하여 관철시켰다.

이러한 과정은 지역별이나 가문별로 다양한 모습을 보이며 전개되었지만, 전반적인 추세였다. 20세기 초 일본인은 관습조사에서 제사상속이 상속 가운데 가장 중요하며, 제사상속인은 재산상속인이 2명이면 재산의 3분의 2를, 3명 이상이면 2분의 1을 상속받는다고 보고하고 있다.

이로써 조선 후기에 제사를 승계하는 장자를 우대하는 관습이 형성되었다. 일제 초기의 판례는 제사상속을 한국의 상속 가운데서 가장 중

1688년 안동 이후영 동생 형제 『화회문기』
제자윤회봉사에서 종가 단독봉사를 관철하게 된 연유를 기록한 문서. 고성 이씨가 소장.

요한 것으로 보았다. 호주제를 강화하려는 정책의 일환으로 1933년 조선고등법원 판결은 제사상속의 법적 성격을 부인하고 제사를 승계하는 호주의 지위와 권한을 더욱 강화시켰다. 해방 후에도 일제기에 형성된 판례관습법의 영향에서 벗어나지 못하여 1958년에 제정된 민법은 제사를 승계하는 호주상속인에게 다른 상속인보다 재산상속분을 2분의 1을 더 주었다. 1990년의 개정민법은 이를 폐지하여 남녀균분상속을 법적으로 실현하였다.

입후(양자)

친자식이 없으면 자신의 사후를 기약할 수 없다. 그래서 직접적인 혈연관계가 없는 사람을 인위적으로 자식으로 만들 수 있다. 이를 양자라고 한다. 양자제도를 역사적으로 살펴보면 가문을 위한 양자, 어버이를 위한 양자, 자를 위한 양자로 변천해왔다. 우리 역사에서 양자제도의 변천과 종류, 특징에 대해 간략히 살펴보자.

입후 : 제사와 가계계승을 위해서

적자이든 첩자이든 자식이 없다고 해서 그냥 조상의 제사를 내버려두고 가계를 단절시키는 것은 조상에 대한 큰 죄악이며, 자기의 존재를 망각하는 처사이다. 그래서 피는 흐르지 않지만, 인위적으로 부자의 인연을 만들어 조상제사를 이어 가계를 연속시키고 나아가 자기를 확인받는 것이 바로 입후(立後)이다.

이러한 입후는 조선 초기부터 강조되었지만 실제로 입후를 한 예는 왕실에서나 찾아볼 수 있을 뿐이며, 대개는 입후를 하지 않았다. 『안동 권씨 성화보』(1476년 간행)나 『문화 류씨 가정보』(1562년 간행)에는 후손이 없는 채로 가계가 단절된 예가 많다. 입후는 16세기 후반 유력한 양반가문에서 하기 시작하여 후기에는 널리 확대되었다. 그리고 초기에 형망제급은 입후를 하지 않았기 때문에 빈번히 생겼겠지만, 첩자의 제사승계권을 빼앗기 위해 이용된 경우를 제외하고는 논란이 되지 않았다. 그러나 조선 후기에 입후가 보편화하면서 형망제급은 장자가 미혼으로 사망한 경우 외에는 일어나지 않아 사람의 의식에서 사라졌다고 할 수 있다.

총부 : 죽어도 시집귀신

총부(冢婦)는 맏며느리를 뜻하지만, 조선 전기에는 제사승계자인 남편이 사망한 아내를 뜻한다. 총부는 예제나 법상으로는 제사를 주재할 수 없고 봉사자인 남편의 지위에 부수하여 제사에 참여하는 것에 불과하다. 그렇지만 우리나라의 총부는 자식이 없으면 남편 사후에 남편뿐만 아니라 조상의 제사를 주재하였다. 총부봉사는 일차적으로 형망제급과 충돌되어 명종연간에 조정에서 논란이 있었다.

총부봉사는 가묘가 있는 가사의 상속과 함께 거론되었다. 즉 형망제급으로 중자가 제사를 승계하게 되면 총부 등은 삶의 터전을 잃게 된다. 그래서 총부는 제사를 주재하고 이를 바탕으로 가사를 지키고 삶을 유지하였다. 제사를 주재하지 못하면 총부로 인정받지 못하는데, 1554년의 수교는 이를 분명히 하여 "부모보다 먼저 죽은 장자의 처는 총부로 봉사할 수 없으며, 그렇지 않은 장자의 처는 살아 있는 동안 봉사한다"라고 규정하였다. 나아가 입후를 할 때 주도권을 둘러싸고 분란이 일어났다. 시부모 등이 입후를 하게 되면 총부는 제사권을 잃게 된다. 이러한 사실은 1553년의 수교에서 확인되었고, 『속대전』「예전」 봉사조에서는 "장자가 아들 없이 죽어 다시 다른 아들을 세워 봉사를 하면 장자의 아내는 총부로 논할 수 없다"고 하여 이를 다시 한 번 분명히 하였다.

총부봉사는 유교적 제사승계에는 위배되는 고유의 제사관행으로 명종대에는 이를 이유로 그 권한을 인정해주는 것으로 결론이 났다. 그렇지만 재산상속권을 유지하기 위해서는 조상의 제사를 지속해야 하므로 이는 입후를 촉진시키는 결과를 낳았다.

요건과 절차 : 누구를 어떻게 자식으로 삼는가

제사승계를 위한 입후를 하기 위해서는 양부와 양자에 대해 다음과 같은 엄격한 요건이 필요하다. 기혼남자만이 입후를 할 수 있었다. 입후를 하는 것은 봉사를 위해서, 즉 남계혈통을 유지하기 위한 것이기 때문에 미혼자는 입후의 주체가 될 수 없다. 미혼자는 형망제급에 따라 처음부터 제사자가 아닌 것으로 취급되고 세대에서도 빠졌다. 『경국대전』에는 장자만이 입후를 하여 가계를 계승하고, 중자는 입후를 하지 않고 조상에게 덧붙여 제사를 받게 하였다.

그러나 후기에는 입후가 보편화됨에 따라 중자도 입후를 하여 독자적으로 가계를 계승하였다. 적처와 첩에게 모두 아들이 없어야 한다. 조선 전기에는 첩자가 있으면 굳이 입후를 하지 않는 것이 관행이었으나, 후기에는 첩자가 있어도 법을 무시하고 입후를 하는 관행이 심화되었다. 그래서 회재 이언적의 후손들처럼 가문 내에서 양자의 후손인 적파와 서파의 후손들 사이에 제사승계와 이와 관련된 재산을 둘러싸고 분쟁이 끊이지 않았다.

양자는 양부와 같은 남계혈족, 즉 동성동본이어야 한다. 이는 종통을 계승하기 위한 필수적인 요건이다. 그러나 환관, 승려 등에 대해서는 이성자(異姓者)의 입후를 허용하였다. 남자만이 대상이 되었다. 그리고 양자는 소목지서(昭穆之序), 즉 부자의 항렬에 합당하여야 했다. 초기에는 이 요건은 제대로 지켜지지 않아서 형제항렬자나 손자항렬자를 입후한 예가 발생하였다. 또 여러 대상자 가운데 누구를 선정하는 문제가 남아 있다. 『경국대전』에서는 단순히 동종지자(同宗支子)라고만 되어 있었는데, 명종대의 논의에서는 조상과 혈연이 닿는 근친자를 우선하도록 하였으며, 『속대전』에서는 이를 동종근속(同宗近屬)으로 하였다.

입후의 대상자가 확대되는 것은 가계계승의식이 강화되었다는 측면

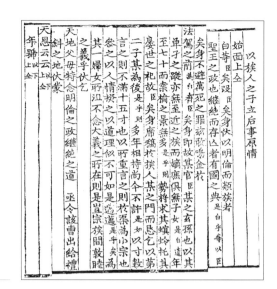

以族人之子立后事原情

始面上소

白빙티矣設臣矣身伏以明倫而類族者
聖王之政也繼絶而存凵者有國之典是白乎等以臣

法駕之前其□白者臣矣身伏以明倫而故類族官臣其之玄孫也以其
单子之雖亦無至近之族而嫡庶俱無子女是白乎則勢將求其蟆岭托其
至七十而蒹榆之景無多是乎則多年相持尚수不許도如�寸數年
竊世之抗故臣矣身席稿扵挾人其之門而恩乞凵弟
二子其為后是乎則不滿十五才也以乎重言之則扵張為凶宗也此
言之則不滿十五才也以乎重言之則遐是乎矣為
恣之以人情梳之以道理似不可如是遐是乎矣為
其一帰女所汕不念大義之所在則是豈宗族間敦睦

天地父母特念明倫之政繼絶之道 丞令該曹出給禮
斜之地伏念

年歸上소

『유서필지』에 수록된 입양청원서

도 있지만, 출생의 면도 무시할 수 없다. 친부모는 친자를 양자로 보내
는 것, 특히 가난한 종가로 보내는 것을 꺼려하였다. 그래서 문중에서
종가의 제사와 지속을 위해 원친을 입후하는 것에 적극적으로 개입하였
다. 이는 "7촌에게 양자 빌 듯하다"라는 속담과 "나이는 일흔으로 살날
이 얼마 남지 않아 가문의 명맥을 잇기 위해 수년 간 입후할 것을 빌었
으나, 아녀자가 대의를 잊고 버티어 종족간의 의리가 무너진다고 호소"
하는 순조연간에 나온 『유서필지』(儒胥必知) '족인의 아들로 입후하는 원
정'에 입양을 둘러싼 친부모와 문중의 갈등이 잘 드러나 있다.

실제 입후를 할 때 마땅한 대상자가 없을 수 있다. 이 때문에 변칙적
으로 차양자(次養子)와 백골양자(白骨養子)의 관습이 발생하였다. 차양자
는 숙종연간에 생긴 것으로 조카항렬자 중에 마땅한 자가 없으면 일단
형제항렬자로 입후하여 계후자가 제사를 승계하고, 나중에 아들을 출산
하면 그를 제사승계자로 삼고, 그 부, 즉 차양자는 독립하여 별종(別宗)
이 되게 하는 것이다. 백골양자는 손자항렬자를 양자로 삼기 위한 방법

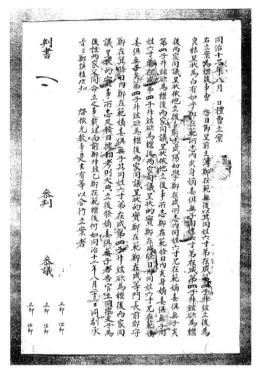

同治十二年八月　日禮曹立案

右立案為繼後事曰節呈前主簿鄭在範無後以其同姓六寸弟在咸次子升絃為繼
良結呈狀為向有如乎矣節□矣內失身嫡妻俱無子身建立寸弟在咸四寸升絃欲為繼
後為家同議呈狀依他立後事而志內同姓陽如學鄭在咸內夫身嫡妻俱無子矣四寸升絃欲為繼
姓六寸□位咸第四子升絃欲為繼後為家同議呈狀依他立後事而志內同姓六寸兄在範欲為繼
妻俱無子矣第四子升絃欲為繼後為家同議呈狀的實鄭在咸等門長前郞子
鄭在箕同議內鄭在範嫡妻俱無子其同姓六寸弟在咸四寸升絃欲為繼後為家同
議呈狀的事而志及繼日大矣立後修嫡妻俱無子者告官次同案文為
後往四家文同命立之事載錄向前郞升絃乙酉在範繼後何如同治十二年八月二十日曰昌永
告曰鄭誼植次知

啓依允敎事是去有等以合行立案者

判書（一）

參判

參議

三郞　佐郞
三郞　佐郞
三郞　佐郞

인데, 손자항렬자의 이미 사망한 부친을 입후하는 것이다. 이미 사망한 사람을 양자로 들이는 것이기 때문에, 백골양자이고 또 '신주양자'(神主養子)라고 부르기도 한다. 이는 물론 위법이지만 사실상 지속하였는데, 조선 후기에 마땅한 입후 대상자를 고르기 어렵고 또 가계계승이 얼마나 절실하였는가를 그대로 보여주고 있다.

또한 양자는 생가의 장자나 독자가 아니여야 한다. 이는 생가의 제사가 단절되는 것을 막기 위한 조처였다. 그러나 후기에는 종가를 중시하는 분위기 때문에 장자는 물론이고 독자까지 입후함으로써, 생가의 가계가 단절되는 상황까지 초래하였다. 이는 법률상 금지되었기 때문에 호적을 위조까지 하여 감행하였다. 이러한 관습이 발생한 것은 우리 사회가 그만큼 제사와 가계계승을 중시하게 되었다는 것을 반영하는 증거이다.

이 모든 요건이 갖추어지면 예조로부터 입안을 받아야 하는데, 이를 '계후입안'이라고 한다. 입안을 받기 위해서는 생·양가 두 집의 부친이 함께 신청해야 하며, 부친이 죽은 후에는 모친이 신청할 수 있다. 그리고 어느 한쪽의 부모가 모두 죽은 경우에는 원칙적으로 입후할 수 없다. 그러나 정리가 절박한 경우에는 한쪽 부모와 문장(門長)의 신청에 따라 예외적으로 허용하였고, 또 모두 사망한 경우에는 임금에게 사정을 보고하면 허용하였다.

입안은 전기와 후기 할 것 없이 철저하게 법에 따라 발급되었다. 그 과정이 까다로웠는지, 유희춘의 『미암일기』에는 계후입안을 발급받기 위해 청탁하는 모습도 보인다. <『유서필지』에 수록된 입양청원서>의 양식이나 <1873년 예조입안>의 입안 모두 적처와 첩 모두에게 아들이 없으며 『소목지서』에 합당한 자를 관련자들의 증언으로 거짓이 없음을 확인하고 발급하였다.

친자 출생 : 하늘의 도움?

입후는 부모가 생전에 더 이상 아들을 낳을 가능성이 없을 때 하는 것이 보통이다. 그렇지만 입후를 하고서도 친자식을 볼 수 있으며, 첩자는 더욱 그러하다. 그래서 계후자와 후에 출생한 친자식, 특히 첩자 사이의 제사승계권이 논란이 되었다. 처음에는 계후를 취소하고 계후자를 생가로 돌려보냈는데, 이를 파계귀종(罷繼歸宗)이라고 한다. 그후 파계의 정당성이 논란되어 1553년과 1556년에 파계를 금지하되 계후자를 중자로 삼고 첩자가 봉사하게 하였다. 이러한 결론은 16세기 말까지 계속되었는데, 형제의 차서로 보았을 때는 천리를 거스른 것이었다.

그후 "의리상의 부자관계를 맺는다"는 입후에 대한 인식이 확대되면서 상황은 달라졌다. 친자가 출생하여도 계후자가 봉사한 예는 인조연간의 최명길이 처음이었으며, 첩자봉사법은 1699년에 재론된 후『속대전』입후조에 "아들이 없어 입후를 한 자가 이미 입안을 받았으면 비록 후에 아들을 낳더라도 마땅히 둘째가 되며 입후자가 봉사한다"라고 규정되어 계후자의 제사승계권은 확립되었다. 그러나 이 규정은 제대로 준수되지 않아 입후한 후에 친자가 출생하면 파계하고 그 동안의 정의로 재산을 증여하는 것이 관례이다. 1906년에서 1910년 사이에 일본인이 조사한『관습조사보고서』도 대체로 이와 같이 보고하였다.

파계 : 양자는 물릴 수 없는가

입후를 한 후 사정이 있으면 입후를 해소할 수 있는데, 이를 파계라고 한다. 파계의 이유는 처음부터 위법한 입후, 예컨대 소목지서에 맞지 않거나 양가 부친의 동의를 얻지 않은 경우 등이다. 그리고 입후의 목적을 달성할 수 없으면, 예를 들어 악질이나 악행이 있어 조상제사를 봉행하지 못하거나 반역, 불효, 가산 탕진 등에는 파계할 수 있다. 생가가 양자를 보낸 뒤에 무후로 되면 파양할 수 있게 하였다. 이는 앞서 본 의리상의 부자관계를 맺는 입후의 이념에 비추어보면 허용될 수 없지만, 1554년 수교로 허용하였다. 이 경우 파계하고 다시 입후를 할 수 있는데, 만약 양부모가 사망하여 입후를 할 수 없으면 양자가 생·양가의 제사를 함께 모시는 겸조(兼祧)가『속대전』에 규정되었다.

입후와 마찬가지로 파계도 엄격한 절차를 거쳐야만 가능한데,『육전조례』(六典條例)「예전」계후조에 따르면, 양가 부모가 합의한 뒤 양가의 문장이 파계를 위한 단자를 올려 허가를 받아야 했다. 그러나 후기에는 예조의 공증을 받지 않은 사실상의 입후가 성행함에 따라 파계도 마찬가지여서 사당에 고유(告由)하고 생가로 복귀하는 것이 관례였다.

법외양자

입후는 제사승계를 위한, 즉 가계계승을 위한 양자이다. 그러나 양자는 이것만을 위해 있는 것은 아니었다. 삶의 적적함을 해소하기 위해 또는 노년의 고달픔을 방지하기 위해 제사승계나 가계계승과 전혀 무관한 양자도 있었다. 가계계승을 목적으로 하는 양자는 종통(宗統)의 연속을 위해 동성자에 국한되었지만, 이러한 양자는 혈연의 제한을 받지 않기 때문에 이성양자(異姓養子)라고 한다. 그러나 동성자라도 가계계승이 아닌 목적으로 양자를 할 수 있고 또 하는 예도 많으므로 '이성양자'라는 말보다는 '법외양자'(法外養子)라는 용어가 더 타당하다.

법외양자에는 수양자(收養子)와 시양자(侍養子)가 있다. 수양자는 이성자 등을 3세 전에 길러 자식으로 삼는 것이며, 시양자는 3세가 넘은 사람을 길러 자식을 삼는 것이다. 수양자는 예법상으로는 금지되었지만, 널리 존재하였다. 특히 일찍 홀로 된 부녀자가 친정이나 시집의 조카를 길러 사실상 자식으로 삼는 경우가 많았다. 수양자는 친자식이 있으면 재산상속에 차별을 받았지만, 친자식이 없으면 『경국대전』에서 '동기자'(同己子)라고 하여 친자식과 같은 대우를 받았다. 그리고 수양자는 생전의 정의로 수양부모의 제사를, 생전에 정이 얕은 계후자보다 더 정성스럽게 거행하였을 것이다. 한편 시양자는 기른 정이 깊지 않아 수양자보다는 재산상속은 적었지만, 수양자와 마찬가지로 시양부모를 봉사하였다.

초기에 입후가 널리 보급되지 않고 수양자나 시양자로 대신하였다. 아들이 없지만 굳이 입후를 하지 않고 조카를 수양하여 제사 등 후사를 맡긴 예도 있다. 또 권문해(1534~91)처럼 생전에는 수양자로 함께 살다가 임종에 즈음하여 계후자로 삼기 위해 입안을 받을 것을 유언으로 남긴 예도 있다. 그러나 입후가 보편화하면서 수양자와 시양자는 양반층에서는 사라졌고, 다만 평민층에서는 여전히 남아 있었다. 후기에도 서민들은 동성자를 고집하지 않고 수양자나 시양자를 맞아 아들처럼 지내고 후사를 맡겼으며, 거의 예외 없이 아들이 없는 사람이 이를 활용하였다. 수양자나 시양자를 맞이할 때에도 입후와 같이 입안을 받았는데,

관에서도 발급을 하였고, 그 기록인 『법외계후등록』(法外繼後謄錄)이 규장각에 남아 있다.

법외양자인 수양자와 시양자도 계후자와 마찬가지로 법률상의 지위를 인정받았고 또 사회적으로도 대우를 받았다. 그러나 이는 1909년에는 상속자격이 박탈되었고, 1915년에는 관습에 반한다고 하여 입양신고의 수리를 금지하였으며 나아가 양자가 아니기 때문에 재판상 이를 확인할 이익도 없다고 하여 사실상의 양자, 즉 동거인에 불과하게 되었다.

유기아 수양

양자는 조상이나 부모, 자식 또는 부모와 자식을 위해서만 있는 것이 아니라 오로지 길러 거두는 자만을 위한 것도 있다. 흉년이나 전란 때면 기아들이 유리걸식하다가 죽게 마련이다. 국가에서는 이를 그냥 두고 볼 수만 없기 때문에 형편이 닿는 자에게 이를 거두어 자식이나 노비로 삼는 것을 허용하고 또 장려하였다.

수양유기아에 대해서는 3년이 지난 후에는 부모라도 찾을 수 없게 하고 그 자신만이나 소생까지 노비로 삼게 하였다. 그래서 유기아수양은 노비증식의 수단으로 활용되었다. 그러나 후기에는 그 자신만 노비로 하고, 후손은 양인으로 하였다. 유기아 수양은 나중에 노비신분, 소유권 분쟁이 생기게 마련이므로 분쟁을 막기 위해 입안을 받게 하였다. 다산 정약용은 『목민심서』 애민(愛民) 6조 「자유」(慈幼)에서 유기아수양의 입안식을 제시하고 있다. 1594년의 걸인 수양입안은 진보관이 발급한 것으로, 임진왜란 중인 1594년 강원도에서 안동부로 유래해온 세 여자에 대해 그 사람의 인적 사항과 사실관계 등을 이웃에게 확인하고 노비로 삼을 것을 허용하는 입안이다.

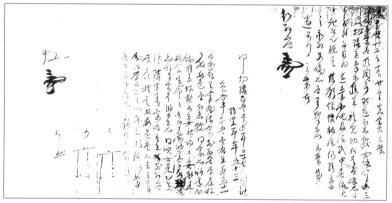

1594년 진보관 결인 수양입안

강원도에서 유래한 세 여인을 수양할 것을 청원하자 이에 대해 사실을 조사한 후 이를 허용하면서 발급한 입안문서.

봉사(제사)의 의미

제사는 어떤 의미를 갖는 것일까? 조상과 우리는 제사를 어떻게 생각하고 있는가? 망자에 대한 의례는 인간에게만 나타나는 문화이다. 그리고 제사에 대한 인식의 변화는 제례와 제도를 바꾸었다.

제사는 사후봉양과 가계계승의 두 측면이 있다. 사실 『주자가례』에서와 관행적 제례절차는 식사(밥)의 연속선이다. 전자에 중점을 둘 때 누가 봉사자여야 하는가는 그리 중요하지 않고 제사의 지속만이 관심의 대상이 될 뿐이다. 그러나 후자를 중시하면 봉사자가 훨씬 의미가 크게 다가온다. 조선 전기에서 후기로의 이행은 제사의 의의가 사후봉양에서 가계계승으로 바뀌는 것을 반영하고 있다. 그래서 전기에는 관행적인 비종법적 제사승계가 아무런 문제가 되지 않았고, 외손봉사, 수양·시양봉사, 나아가 묘직봉사도 아무런 제약이 없었다. 그러나 종법의식이 강화된 후기에는 적장자 단독봉사, 입후봉사만이 주도적인 것으로 존속하였다. 다만 서민들에게는 사후에 향화(香火)를 받드는 사후봉양의 의식이 남아 있었기 때문에 수양봉사 등이 잔존하였다. 그리고 일제시대 부계의 가계계승을 강조하는 호주제 등 가부장제의 도입은 이를 더욱 강화하였다.

이러한 제사를 통한 가계계승은 아직도 우리의 뇌리에 뿌리깊게 남아 행동을 얽매고 있다. 남아선호사상과 여기에서 부수되는 선별적 낙태 등 사회현상, 고아수출국의 비참함, 혈연 중시의 행태는 모두 여기에 연유하는 것이다. 그렇지만 제사에 부정적인 측면만 있는 것도 아니다. 제사는 조상을 통해 친족을 결합하는 수족경종(收族敬宗)의 기능도 있다. 지나친 혈연중심주의를 극복하면 현재 파편화되고 분절화된 개인을 아우를 수 있는 기능을 제사에서 찾을 수 있다. 즉 제사에서 공동체적 유대를 강화할 수 있는 계기를 찾을 수도 있다. 조선 전기의 남녀평등적 제사는 좋은 귀감이다. 이제 우리 자신의 자유와 해방을 위해 그리고 피가 아니라 인정으로 맺어지는 사회를 만들기 위해, 우리의 마음을, 생각을 씻고 옛것에서 벗어나야 한다.

● 정긍식 · 서울대 법학부 교수

적자와 서자

적자와 서자의 말뜻

현대 한국에서 적자(嫡子)는 본 아내의 몸에서 난 아들이요 서자(庶子)는 첩의 몸에서 난 아들이다. 적법한 혼인관계에 있는 남녀 사이에서 태어난 자녀를 적자라 하고, 그러한 혼인관계가 없는 남녀 사이에서 태어난 자녀(혼외자) 중 그 아버지가 인지한 자녀가 사회적으로 서자라 한다.

그러나 역사상의 용어로서 적자와 서자의 개념은 그렇게 단순하지 않다. 역사상의 용어는 시대에 따라 뜻이 변하여 전혀 다른 의미로 인식되거나 혹은 말뜻이 없어지거나 혹은 전혀 새로운 뜻으로 변하는 수가 많다. 예를 들어보자. 현대 한국의 내란이란 말은 국토를 참절(僭竊)하거나 국헌을 문란할 목적으로 폭동을 일으키는 것을 말한다(형법 제87조). 그러나 조선시대 이전의 한국 및 중국에서 내란은 소공(小功) 이상 친(親. 6촌 이내)이나 부조의 첩을 간통하는 행위를 의미하였고 지금의 내란과 같은 의미의 단어는 모반이라 하였다(『大明律直解』 名例律 十惡條 및 『唐律疏議』 같은 條). 또 시민(市民)이란 용어는 민주시민이라는 뜻으로 쓰이나 조선시대의 그것은 저자거리의 천한 백성 내지 공상천예

(工商賤隷)의 뜻으로 사용되었다. 적자, 서자의 어의도 지금의 것과 조선시대의 것은 다르다.

17세기 조선의 예송은 우암 송시열과 백호 윤휴 간의 견해 차이에서 발단되었다. 우암을 지지하는 송준길과 백호를 지지하는 허목 사이에 전개된 격렬한 논쟁에 나타난 바와 같이 전자측에서는 적자를 적장자(嫡長子), 즉 정당한 혼인관계에 있는 남자와 그 적처(嫡妻)의 몸에서 태어난 맏아들이라 주장하였고 서자는 적처의 둘째아들 이하(支子, 之次)를 포함한 여러 아들(衆子)을 의미한다고 주장하였다. 그러나 후자측에서는 서자를 양첩자(良妾子)와 같은 의미로 이해하고 모계신분이 천인인 얼자(孽子)와 구별하였다. 후자의 견해는 조선 전기부터 주장되어왔는데 이 입장에서는 모계신분이 양인인 양첩자를 서자, 천첩자를 얼자로 불러왔다.

그런데 천첩도 속량하면 양인이 되고 그 소생도 양첩자가 되었을 뿐만 아니라 조선 후기 양천신분의 혼효 현상이 가속화됨으로써 사회적으로는 구태여 양첩자와 천첩자를 구별하지 않고 모두 서자로 통칭하게 되었다. 그러나 조선시대에 법제상으로는 엄연히 양첩자와 천첩자가 구별되었다.

서얼차대와 부당한 차별에 대한 대처

조선시대 양반의 적자는 거의 유교 경전과 시문을 익혀 과거나 음서를 통하여 양반관료로 진출하거나 재야에서 공부를 계속하였다. 그러나 서자에게는 문무과거와 생원·진사시험 응시가 저지되었다. 서자들은 의과, 역과, 율과, 음양과 등 잡과 과거시험을 거쳐서 전문기술직 관료로 진출하여 15세기 이래의 이른바 중인층 형성의 큰 몫을 차지하였다. 예컨대 중종 때의 숭정대부 지중추부사였던 농암 이현보에게는 6명의 적자와 2명의 서자가 있었는데 적자는 모두 양반관료로서 그 후손이 안동과 대구지방에서 이름 있는 사족 집안을 이루었으며(『聾巖先生文集』
권4 및 永川 李氏 族譜『高宗光武譜』) 서자는 기술관료가 되어 그 후손들
이 서울에서도 알아주는 중인 집안을 형성하였다(『姓源錄』). 이리하여 실
용적인 의학, 역학, 율학, 수학은 대개 조선 전기의 서자의 후손으로 생
각되는 소수 중인신분층의 전유물이 되고 말았다. 근대화과정에서 비록
소수이지만 그들 중인가문에서 많은 선각자와 학자들이 배출된 점에서
한 시대의 중간신분층은 다음 시대의 상류신분층을 이룬다는 일부 사회
학자와 역사학자의 말이 우리의 역사현실에도 실증되는 셈이다.

임진왜란 이후 서자들에게도 납속허통(納粟許通) 등으로 일부에게나마
과거의 문이 열렸고 무과의 문은 국난에 대처하기 위하여 폭넓게 개방
되었다. 18세기 후기 영조 때에 납속허통제 중 납속제가 폐지되고 서얼
에게도 널리 문무과거와 생원·진사시험을 볼 수 있게 함으로써 그후의
서족들은 더 이상 의역율산(醫譯律算) 등 실용적인 학문에 뜻을 두지 않
고 너나 할 것 없이 유교 경전이나 시문을 익혀 양반관료나 재야사인이
되고자 하였다.

첩자녀의 상속분은 법제상으로는 적자녀의 상속분의 7분의 1(양첩자
녀) 또는 10분의 1(천첩자녀)로 되어 있었으나 그 아비가 살아 있는 동
안은 적자녀보다 훨씬 더 많은 재산을 상속받은 경우가 많았으며 적자
보다 더 큰 사랑을 받았으나 그 아비가 죽고 나면 적모(嫡母)의 질투심
과 미움으로 온갖 천대와 멸시를 받게 되었다. 서자들은 적자가 없는
경우에도 재산상속권의 전제가 되는 제사상속권을 죽은 아비의 동종의
조카(친조카뿐만 아니라 몇 촌 조카)에게 빼앗기고 울분과 통한의 세월
을 보내는 수가 많게 되었다. 첩자녀들은 당대에 멸시와 차대를 받았을
뿐만 아니라 자자손손 서얼이라 하여 괄세를 받아왔음은 그들의 역사기
록인 『규사』(葵史)를 통해서도 알 수 있다. 그러나 서얼들은 18~19세기
에 이르면 양반 인구의 과반수라 할 정도로 계속 늘어나서 집단적인 소
통운동을 전개하게 된다. 그 반작용으로 구 사족들의 서얼들에 대한 박

해가 가중되고 있었다. 그러나 서얼들의 정치적·사회경제적 지위는 시대가 내려갈수록 향상되었고 상속분에 있어서도 적서간의 차이가 많이 줄어드는 경향이 나타났다.

부당한 차별에 대처하는 첩자녀와 그 자손들의 행동양식에는 대체로 일곱 갈래가 있었다.

첫째, 비상한 노력 끝에 명상(名相)·명헌(名賢)이나 대학자가 되어 그 자신은 물론 그 자손과 그 선조까지 소급하여 일등 양반가문의 반열에 올려놓은 경우(조선 국초의 황희로부터 조선말 내지 구한말의 李祖淵, 李範晉, 金嘉鎭, 閔致憲, 閔商鎬, 閔泳綺, 李允用, 尹雄烈, 安駉壽, 金永準 등 여러 大官에 이르기까지), 둘째, 춘향전과 같은 불후의 명작을 남겨 오늘날까지 수백 년 간이나 수백만, 수천만, 수억 인의 가슴에 깊은 감동을 준 경우(无極齋), 셋째, 광해조 때의 명문의 서자들의 반란 음모사건과 같이 폭력 혁명적으로 저항하고자 한 경우(朴應犀, 徐羊甲, 李耕俊, 沈友英, 許弘仁, 朴致毅 등), 넷째, 18~19세기의 서얼소통운동에 있어서와 같이 다중이 힘을 모아 집단적이며 지속적으로 합법적인 개혁운동을 한 경우, 다섯째, 무인이 되거나 기술관료가 되는 경우, 여섯째 영리행위를 하여 크게 재산을 모은 경우, 일곱째, 소극적이며 피동적으로 굴종하면서 한평생을 보낸 경우 등을 들 수 있다. 이와 같이 분류하였지만 여기서는 둘째 경우와 셋째 경우에 얽힌 이야기만 서술하기로 한다.

적자·서녀의 사랑과 『춘향전』 및 무극재 양주익

조선시대의 사대부 가문의 남편과 적실 아내는 부모가 본인들의 의사와는 상관없이 일방적으로 맺어준 관계인데다가 연령, 체면, 예절 등으로 사랑을 나타내지 못하고 사는 경우가 많았다. 반면에 남자가 성년이 된 후에 사랑으로 맺어진 애정관계는 주로 양반 소실의 딸인 서녀와의 관계이다. 서녀들은 거의 전부 남의 소실이 되어 서자녀를 확대 재생산하였다. 최근에 적자와 서녀간의 아름다운 사랑을 그린 소설 『춘향전』은 실제 있던 사실을 그린 것이라는 주장이 나와서 주목된다.

1999년 11월에 방영된 KBS 「역사 스페셜」에서는 『춘향전』의 남자 쪽 주인공인 이 도령이 실존 인물로서 경상도 봉화의 부용당(芙蓉堂) 성안의(成安義)의 아들 성이성(成以性)이 바로 그 사람이라는 것을 그의 후손들이 갖고 있는 고문서에 의거하여 주장하였다. 그 근거로는 성안의가 남원부사를 4년 간이나 하였고 그의 아들 성이성이 전라도 암행어사를 두 번씩이나 하였다는 것과 그가 순천부에서 임무를 마친 후 신분을 노출하고 눈보라치는 겨울 날씨에도 불구하고 남원부를 찾아 광한루에서 늙은 퇴기를 은밀히 만났다는 사실이 그의 일기 속에 나타나 있다는 것이다.

필자는 이를 확인하기 위하여 창령 성씨 숙종 『기축보』(己丑譜. 1709)와 『한국계행보』(韓國系行譜. 1959) 등 자료를 찾아보았다. 성안의(1561~1629)는 한강 정구의 문인으로 호는 부용당이며 문과급제 후 사헌부 지평, 영남 조도사(調度使), 영해부사, 남원부사, 광주목사를 지냈고 광해조 때에는 12년 간이나 영천에서 숨어살았으며 인조반정 후 양사(兩司. 臺諫)의 아장(亞長. 次官)을 거쳐 승지를 지냈고 사후에 이조판서 겸 양관(兩館) 대제학에 추증되었다.

또 춘향전의 이 도령의 모델이 되었다는 그의 아들 성이성(1595~1664)도 문과급제 후 사간원의 정언과 사간 등 삼사의 관직을 거쳤으며 외국사신의 일원인 서장관과 암행어사를 거쳤고 당상관인 통정 부사에 오른 청백리로서 사후에 홍문관 부제학으로 추증되었다. 그러나 성이성의 애인으로서 전직 남원부사와 그곳 기생 사이에서 태어난 딸이 있었는지는 확인할 수 없었다. 혹시 그가 눈보라치는 남원에서 은밀히 만났다는 그 늙은 기생이 그의 아버지의 애인, 즉 그의 서모가 아닌지, 그리고 어쩌면 그 노기의 딸로서 불행하게 죽은 그의 서매(庶妹)가 있었는지 등등 여러 가지 의문이 생겼다.

그러나 여기서 다루고자 하는 내용의 초점은 『춘향전』의 모델에 있지 않고 그 원작자가 누구인가 하는 점이다. 적자와 서녀 간의 아름다운 사랑을 그려 만인을 감동시킨 『춘향전』의 작가는 적어도 족보상 서자 표시로 인하여 고통받은 적이 있었던 사람일 것이며, 그 작품의 내용으로 보아 관료 경험이 있는 영재로서 남원과 깊은 연고가 있는 사람일 것이라는 점 등으로 미루어보아서 그 원작자는 무극재 양주익(无極齋 梁周翊)일 가능성이 크다고 생각되었다.

　　그의 문집인 『무극집』의 목판본에 『춘향전』의 원본이라 할 수 있는 『춘몽전』(春夢傳)을 등재하였다가 삭제한 흔적이 보이고 유병기 교수의 『무극집 해제』와 김준영 교수의 『국문학개론』 및 『조성교편 남원지』 등 『춘향전』 연구자의 연구결과 한문체 『춘향전』의 원작자는 양주익으로 추정하였기 때문이다. 『무극집』에서 왜 『춘몽전』의 저술 사실을 삭제하였는지는 그 원인이 분명하지 아니하나 양주익의 자손들이 서자라는 글자만 보아도 치가 떨리고 울화가 치밀어 양반의 서녀 춘향을 주인공으로 한 『춘몽전』을 그의 조상의 문집인 『무극집』에서 고의로 삭제하였을지도 모르겠다.

　　양주익은 남원을 본관으로 하는 양씨로서 전라도 남원의 양반가문에서 태어나서 자라난 순수 남원 사람이다. 남원 양씨는 고려시대 이전부터 남원에 세거해온 토착 명문이다. 남원 양씨는 조선 국초 이래 많은 문과급제자와 양반관료를 배출하였는데 임진왜란 때 의병장으로 남원에서 거병하여 많은 군공을 세웠던 양대박(梁大樸) 장군이 바로 양주익의 6대조이다. 양주익은 양대박을 기준으로 하면 6대 동안 적자 적손으로 내려온 공신의 자손이요 문과급제자인 엘리트 관료였지만 문지(門地)가 비미(卑微)하다는 이유로 강화도의 만령전 별검(別檢)이라는 대단치도 않은 관직을 삭직해야 한다고 임금에게 주청하는 자가 있었다. 공신의 적계 자손에게 문지비미 운운한 것은 이해할 수 없으나 그것은 바로 그의 선조인 양대박 장군이 공신이기도 하지만 서자였기 때문이었다. 정

양주익 선생 문집 중 정조가 양주익의 헌의를 칭찬하고 당상관으로 승진시키라는 내용으로 내린 전지.

신문화연구원에서 마이크로필름 형태로 보존하고 있는 『백씨통보』(百氏通譜)에는 대체로 왕족이 아니면 서자서손은 수록되지 않고 있다. 그러나 양대박은 공신이므로 왕족과 똑같이 서자라는 표시를 하고 등재한 것으로 미루어보아서 그의 자손을 반드시 문지가 낮다고 평가할 수는 없는 것이다.

영조는 3년 후 양주익을 청현의 요직인 병조좌랑에 임명하였다. 이조와 병조의 낭관(郎官)은 전랑(銓郎)이라고도 하여 문무관료들의 인사행정을 맡았으므로 명문의 적자적손 중에서도 신중히 골라서 임명하던 것이 조선시대의 관행이었다. 그러나 사헌부에서는 그가 지처비천(地處鄙賤)한데도 외람되이 현직에 있으니 해임해야 한다고 주장하여 영조도 할 수 없이 그대로 하였던 것이다. 그러하니 그후 그와 그의 자손들이 겪었을 마음의 고통은 이루 말할 수 없을 것이다.

서얼들의 역모사건과 이경준

광해군 때 일어난 서얼들의 반역 음모사건을 '칠서지옥'(七庶之獄)이라고도 하는데 『하담록』(荷潭錄)과 『일월록(日月錄)』에 "계축년 봄에 박응서, 서양갑, 심우영, 이경준, 박치인, 박치의 등 양반관료의 첩자들이 생사를 같이하는 친구로 맺어 소양강변에 동거하면서 그 당호를 무륜(無倫)이라 하고 시주(詩酒)로 세월을 보냈는데 혹은 강변칠우(江邊七友)라 하고 혹은 죽림칠현(竹林七賢)"이라 한 데서 그 어원을 찾을 수 있다.

칠서지옥에 관해서는 일찍이 이상백 선생의 간단한 글이 있을 뿐 달리 이 문제를 다룬 연구성과가 없다. 여기서는 『광해군일기』를 비롯한 기타 사료에 의거해 이 사건의 전개과정을 간단히 서술하고 소위 모반 대역으로 처형된 여러 명의 양반집 서얼 중 모역의 예비 음모과정에서 격문을 짓는 등 주요한 역할을 하였다는 죄명으로 붙잡혀 모진 고문 끝에 옥사한 이경준(李耕俊)의 행적과 그 자손들의 행방을 추적함으로써 조선 후기 신분변동의 한 단면을 살펴보려고 한다.

이 사건은 광해군 5년 4월 고관이요 명문가 집안의 서자들이 모여 정권교체를 목적으로 하는 정치자금 조달과정에서 일어난 강도살인사건이 발단이 되었다. 이 사건으로 인목대비가 서궁(西宮)으로 유폐되고 영창대군이 증살(蒸殺)되었으며 이러한 패륜적인 폐모살제(廢母殺弟) 사건은 도리어 반대파인 서인들에게 반정(反正)의 명분을 주어 광해군과 그 정권이 몰락하게 되는 계기가 되었다. 이 사건의 개요는 다음과 같다.

좌변포도대장 한희길이 임금에게 계하기를 "지난달 문경 새재에서 행상을 겁살(劫殺)하여 은자 수백 냥을 빼앗은 사건이 발생했다. 그 두목인 서얼 박응서는 도망쳐 숨고 적인(賊人) 허홍인의 노자 덕남 등은 이미 체포되어 자백을 하였으므로 형조로 사건을 이송하겠다"고 하였는데 임금이 전교하기를 "포도청에서 병조와 형조의 당상관이 회동하여 엄중히 국문해서 사실을 밝혀 보고하라"고 하였다. 서양갑, 심우영, 허홍인,

박응서, 박치의 등이 죽음을 같이할 친구로 맺고 여기저기 옮겨 삶이 무상하였는데 서양갑은 목사 익(益)의 첩자요 심우영은 고감사(故監司) 전(銓)의 첩자, 박응서는 고상(故相) 순(淳)의 첩자들로서 글을 익혀 이름이 났으나 과거를 보지 아니하고 상판(商販)에 힘썼으며 기유년(光海元年)부터 여주 강변으로 이사하여 살면서 가재를 공통으로 하였는데 의식이 심히 사치스러웠다. 그때 서양갑이 박치의와 더불어 강도질하다가 일이 발각되어 비로소 그들이 도적이라는 것을 알았다.

박응서의 고변 상소를 본 임금은 즉시 대신과 의금부의 당상관 및 당하관을 소집하여 서청(西廳)에서 친국하였다. 국문이 계속됨에 따라 더욱 많은 관련자가 생겨나게 되는데 그중에는 서얼들의 적형제들도 많이 포함되어 있었다. 법제상 서자들의 모반행위에 이복형제인 적자는 원칙적으로 연좌되지 않도록 되어 있었으나 조금이라도 의심나는 점이 있으면 율외지형(律外之刑)이라고 하면서 가차없이 고문을 자행하였다(朴致安은 朴致毅의 嫡4촌형). 전혀 관련 사실이 없다고 확인되는 적형제도 관직에서 쫓겨나는 것이 다반사였다. 서자 김경손의 적형인 철원부사 김장생과 서자 이경준의 적형인 평양서윤 이명준이 사헌부의 탄핵을 받아 파직된 것이 그 예이다. 종래 이 사건은 단순한 강도사건인데도 북인정권의 실력자인 이이첨(李爾瞻)이 영창대군을 제거할 목적으로 꾸민 조작된 모반사건으로 생각되어왔으나(이상백), 적어도 인간 이하의 천대를 받던 서얼들의 처지를 입증해주는 사건이 아닐 수 없다.

중종반정 때 공을 세운 백정 출신의 강도 두목인 당래(唐來)와 미륵 형제가 반정 성공 후 원종공신에다 포도장으로 영달한 역사적 사실이 있는 점 등을 생각할 때, 백정들보다는 훨씬 사회적 지위가 높았던 명문가의 서자들이 심한 차별과 천대에 불평 불만을 품고 국가사회를 원망하면서 세상을 바꾸어보자는 반정의 논의를 할 수도 있다고 생각된다.

그런데 이 사건의 주모자의 한 사람으로서 반정의 격문을 썼다고 여러 사람들의 입에 오르내린 이경준에 주목할 필요가 있다. 그는 문장력이 뛰어난 유식한 사람이었으며 몸이 허약하였음에도 불구하고 모진 고문을 견디어 허위자백을 하지 않다가 끝내는 고문치사로 생을 마감하면서 다른 주동자들처럼 남을 많이 끌여들여 죽음에 빠뜨리는 짓을 하지 않았으므로 『광해군일기』의 편찬자도 이를 특히 부기하였다.

일반적으로 서자의 자손은 대대로 서얼이 되어 그 명에를 벗어나기가 여간 어렵지 아니하였다. 더구나 역적의 자식은 죽음을 당하거나 살아도 노비신분이 되는데 인조반정으로 그의 적형제들이 영달되고 그 자신들이 면천되어서 그런지 그 자손이 멀리 대구 북부지방으로 옮겨와서 비록 서족이지만 향반의 일원으로서 그 지방 사족들과 혼맥을 유지하고 있었다.

『전의이씨족보』(全義李氏族譜) 중 『영조갑술보』(1754)와 그 이전 족보에는 편찬 방침상 적자녀만 등재하도록 하였다. 청강 이제신(淸江 李濟臣)에게는 네 아들만 족보상에 등재되어 있다. 따라서 1935년의 『청강공파 자손록』에 나타나 있는 제5자 이선준(李善俊)은 청강의 서자 이경준(庶子 李耕俊)이 개명한 이름일 수밖에 없다. 왜냐하면 위 『자손록』에 있는 이선준의 아들 이민기(李民基)와 숙종 31년(1705)의 대구부장적 동하면 무태리 제33통 제1호의 어모 장군 행충무위 부사과 이경준의 아들 절충장군 행용양위 부호군 이민기는 동일 인물이 분명하고 또한 위 자손록의 이민기의 아들 행명(行蓂)은 같은 호적, 같은 통호의 호수(戶首)인 유학 이행명(幼學 李行蓂)과 같은 사람이기 때문이다.

더구나 1960년의 『전의이씨족보』에는 청강 이제신의 제5자로서 이선준이라는 이름 대신 본명인 이경준으로 기록하고 있다. 그리고 1935년 청강공파 자손록의 이선준(이경준)의 직함은 무부사(武府使)로 되어 있으나 인조반정으로 세상이 바뀌었다고는 하지만 서얼이면서 반란음모사건에 연루되어 고문치사된 그가 그러한 실직에 있었다고 할 수는 없고 사후에 적파인 근족(近族)들의 도움으로 영직(影職)을 받을 수는 있었을 것이므로 호적상의 직함이 진실에 가깝다고 볼 수 있다.

임금의 4대 이내의 친족에 대해서는 아무리 서계라도 명문의 적계사족 이상으로 대접하여 그 자손은 청현(淸顯)의 벼슬자리에 나갈 수 있었다(『續大典』 吏典 京官職). 외척이나 공신 기타 이에 준하는 서울의 명족이나 재야 유현(儒賢)의 서계자손들도 문무과거에 급제하거나 학행으로 천거되어 고위관직에 오른 실례가 얼마든지 있다. 따라서 그러한 서계양반들에 대해서는 서얼이라고 호칭하지 아니하였다. 위 이경준의 종손인 현감 행척이나 수군절도사 행준도 서계로 보인다. 아마도 중앙에서 벌열가문을 이루었던 그의 많은 근친들의 도움과 비록 촌수는 멀지만 대구지방 향촌사회의 지배적인 사족의 하나였던 전의 이씨 일족들의 영향으로 18세기 말 이후 그 자손들이 승반(陞班)한 것으로 생각할 수도 있다. 그들의 승반 사실 여부를 대구부의 『장적』(帳籍)과 족보를 통해서 확인하여보자. 물론 『장적』상으로는 적서(嫡庶) 표시가 없으므로 호수와 가족들의 신분표시를 통해서 추정할 수 있을 뿐이다.

1684년의 대구부장적 동하면 무태리 37통에 의하면 이경준의 손녀요 이민기의 딸인 이조이(李召史. 召史는 이두로 '소사'로 읽지 않고 '조이'로 읽는다)가 유학 임도일(幼學 任道一)의 첩으로 되어 있다. 그녀가 이민기의 적출녀인지 서출녀인지는 분명하지 않으나 비록 적출녀라 할지라도 그 조부 이경준이 서자이므로 17세기 당시로서는 서손녀인 그녀가 양반집 첩으로 들어갈 수밖에 없는 처지이다. 그러나 호적상으로는 적처 황씨의 4조와 함께 그녀의 4조가 모두 등재되어 있다. 더구나 위 임도일의 적처 황씨의 부·조·증조의 직역이 모두 학생인 반면에 솔첩(率妾)인 이조이의 부조는 관직 보유자인 위 이민기와 이경준이고 더구나 증조는 서울의 문벌양반인 증영의정 이제신(李濟臣)으로 기대되어 있다.

그러나 1705년 이후의 대구부장적에 나타나 있는 이경준 자손의 호적은 사족들의 호적 내용과 조금도 다르지 않다. 이경준 자손들의 호적은 대체로 일반 적계사족들의 호적상 직역 내지 신분표시 방식과 거의

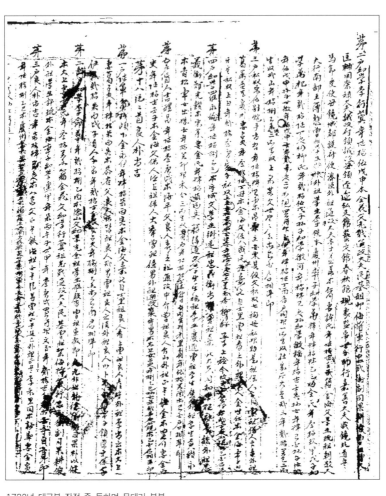

1732년 대구부 장적 중 동하면 무태리 부분.

다름이 없다. 즉 호수가 모두 유학이고 호수의 부조 또한 관인이거나 학생이며 부녀자의 본관을 적(籍)이라 한 것 등 사족들의 호적방식 그대로이다. 또한 한두 집을 빼고서는 그들의 혼인권이 대구 북부지방의 대표적인 향반 가문과 연결되어 있다.

대구 북부지방에 정착하게 된 위 이경준의 손자 이행명의 외조부 이익정(李益鼎)의 가계는 적서가 뚜렷하지 않으나 분명한 것은 18~19세기 대구 북부지방의 가장 큰 향반의 동족부락 가운데 하나인 인천 이씨촌의 성원인 이상 이행명과 그 자손들은 그후 인천 이씨의 외손으로서 그 지방 향반과 거의 같은 대접을 받았으리라는 것을 짐작할 수 있다. 대구지방의 인천 이씨는 조선 태종 때 의정부 참찬을 지낸 공도공 이문화(恭度公 李文和)의 후손으로서 임진왜란 때 의병장의 한 사람이었던 육휴당 이주(六休堂 李輈)가 사림 사이에 명망을 얻은 이래 그 지방의 지배적인 사족이었다.

적서신분의 변동과 혼효

조선 후기의 여러 가문의 족보를 비교 분석한 결과 얻어진 결론은 다음과 같다. 즉 19세기 이전의 족보는 모두 적서의 표시가 있으나 19세기 중엽 이후가 되면 거의 모든 가문에서 서자 표시를 소급하여 삭제해주고 형편이 아주 미약한 사람이거나 후손이 없는 사람에게만 서자 표시를 남겨두었다는 점이다. 따라서 18세기 이전에 간행된 족보상으로는 서자손이었으나 19세기 이후에 간행된 족보상으로는 적계자손으로 된 사람들이 많았다. 물론 20세기 초까지도 엄격히 족보상으로 적서 표시를 고집한 가문도 많았으나 족보 내용을 세밀히 따져보면 그러한 가문에서도 학행(學行) 기타로 명망을 얻는 등 특별한 위치에 있는 사람들에게는 그 선조의 서자 표시를 삭제해주었음을 알 수 있다.

반면에 적계자손임에도 불구하고 족보편찬시의 고의 또는 과실로 서자 표시를 하여 큰 소동이 일어나 사후에 보청(譜廳)의 통문으로 잘못을 알리는 사례도 있었다. 19세기는 물론이고 20세기 전반까지도 족보상으로 서자 표시가 있는 사람과 그 후손은 혼인 기타 사회생활에 있어서 대단한 불이익을 받았으므로 서자 표시 문제로 후손들간에 집단적인 난

투극을 벌이거나 소송을 하는 일이 비일비재하게 발생하였다.

　이러한 적서신분의 변동 내지 혼효는 조선 후기 신분질서의 해체를 촉발시키는 계기가 되었다. 순수 적자손의 수는 한정되어 있는데 서자손의 수는 그 자체로서도 확대재생산되고 또한 적자손으로부터도 지속적으로 서자손이 생산됨으로 말미암아 19세기에 이르면 서자손이 적자손보다 훨씬 더 많아졌다. 19세기 후반에 이르면 곳에 따라 적서자손이 동일한 동족부락에 혼거하면서 심한 갈등과 분쟁을 일으켜 살인·폭행 등 불행한 사건이 많이 발생하였으므로 적서를 말하는 것 그 자체가 금기사항이 되기도 하였다

●이종일 · 민족문화추진회 국역연수원 고법전강독 담당

족 보

족보란 무엇인가

성(姓)과 본관(本貫) 문제는 신분사회에 있어 혈통의 귀천과 가격(家格)의 높고 낮음을 판정하는 기준이 됨은 물론, 응시·출사·승음(承蔭) 및 혼인에 이르기까지 크게 영향을 미쳤는데 그 혈통과 가격을 증빙하는 근거가 바로 족보이다. 고려시대 이래 내외조상의 세계와 족파를 증빙하는 자료로서 호적과 호구단자·씨족·세계도·족도·정안·가보 등으로 불리는 것들이 고문서의 형태로 전래되고 있는데 이것들이 조선시대에는 세보 또는 족보라는 용어로 대체되어 일반화되었다.

한국사상 성과 본관에 대한 의식과 족보 편찬체제가 획기적으로 변화한 시기는 15세기와 17세기였다. 조선 전기에는 고려적인 불교사회와 비종법적 가족제도가 『주자가례』와 『소학』 교육을 기반으로 성리학적 유교사회로 점차 개혁되어갔다. 17세기를 분기점으로 그 이전과 이후 시기는 사회상이 크게 달라지고 있다. 17세기 이전에는 부부쌍계적 친족제도, 동성혼인과 이성양자, 남귀여가혼(男歸女家婚)과 자녀균분상속제, 부부 또는 부자의 이재(異財) 및 자녀윤회봉사제와 같은 전통적인 유제가 지속되었다. 그러나 조선왕조는 개국 초부터 주자학적 예제와 가족제도에 입각하여 종래의 유제를 부계친족 중심의 가족제도, 동성불혼과 이성불양, 친영례(親迎禮)와 장자봉사제, 자녀차등상속제와 같은 중국의 종법적 가족제도로 개혁하려고 노력하였다.

남귀여가혼·자녀균분제·자녀윤회봉사, 이 3자를 특징으로 하는 조선 전기의 가족 및 상속제도는 그것이 서로 인과관계를 가지면서 성관의식과 족보편찬에도 영향을 미치고 있었다. 남귀여가혼은 결과적으로 딸(사위)과 그 소생(외손)을 아들 또는 친손과 동일시하면서 부부·부모·자녀·내외손을 각기 대등한 위치에서 간주하려는 쌍계적(양측적) 친족제를 낳게 하였으며, 그러한 혼속과 가족제도는 다시 자녀균분제를 낳게 하였고, 그 균분제는 다시 그 부모의 제사를 균분받은 자녀들로 하여금 윤봉(輪奉)하게 하는 관행을 낳게 하였다. 이러한 관습은 다시 자녀와 그 내외손들을 한 마을에 같이 거주하게 하는 거주상(부·모·처 삼족이 같이 거주하는 동족촌)을 낳게 하였다.

각자의 혈통과 재산이 부모 양변을 비롯한 내외조상으로부터 이어지게 되고 그 양변의 혈통과 재산의 유래를 소급, 추적하는 데서 세계도, 팔고조도(八高祖圖), 족도 등이 만들어지게 되었다. 귀족 또는 양반사회에 있어서 혈통의 유래와 승음·출사·응시 및 재산의 전계(傳係)는 서로 불가분의 관계에 있다. 따라서 성과 본관에 대한 의식과 그 성관 자료인 족보의 편찬체제와는 긴밀한 관계가 있다. 성관 자료인 『세종실록지리지』, 『신증동국여지승람』, 『읍지』 등의 성씨조와 세계도, 족도, 가첩, 세보, 족보 등은 성관제도의 발전과 성관체제 및 성관에 대한 관념의 변화에 따라 그 양식과 내용이 끊임없이 변화해갔다.

특히 16세기 이래 민중의 성장에 따른 천민층의 양인화와 왜란·호란으로 인한 신분질서의 해이 및 문벌의식의 고조로 인해, 17세기 후반부터 새로운 족보가 쏟아져나오게 되었다. 이는 전통적인 양반가문이나 신흥세력을 막론하고 모두 세계와 족파를 새로 규합, 정리하겠다는 의도에서 비롯되었다. 조선 후기에는 다음과 같은 현상이 나타나게 되었다. 족보가 없으면 상민으로 전락되어 군역을 져야 하니, 상민들은 양반이 되려고 관직을 사기도 하며, 호적이나 족보를 위조하여 새 양반이 되는 경우가 많았다.

족보편찬의 목적

족보편찬의 목적은 무엇보다 종족의 단결을 공고히 하고, 그 친목활동을 활발히 하며, 동족 내부의 질서를 통제하기 위한 수단이라고 볼 수 있다. 여러 족보 서문을 통해 보면 조선시대 양반들의 편보 목적은 존조(尊祖)·경종(敬宗)·수족(收族) 등 유교윤리의 기본인 효제(孝悌)와 돈목한 풍속을 진작시키고 소목(昭穆)의 질서를 유지하는 데 있었다. 따라서 성관 문제와 신분을 증빙하는 자료는 양반사회가 발달하면 할수록 관심이 고조되어, 거기에 관련되는 보첩류가 17세기 이후로 내려올수록 쏟아져나온다. 이러한 성과 본관 및 조상·가문에 대한 당대인들의 의식태도는 그 관련자료인 보첩류에 잘 나타나며, 그러한 자료의 시기별 변천과정을 고찰하는 데서 또한 당대인들의 성관에 대한 의식의 변화상을 추적할 수 있다.

올바른 사론은 정확한 사실(史實)에서 도출되어야 하며 정확한 사실은 또한 객관적이고 진실한 사료에 근거해야 한다. 그러나 조선시대 양반들의 성관의식과 족보편찬에 있어서는 그렇지 않은 경우가 많았다. 양반이란 신분적 특권은 고귀한 조상의 혈통과 명조(名祖)·현조(顯祖)를 확보하는 데서 연유한다는 문벌의식이 유난히 강했던 조선사회에서는 후기로 올수록 후손 또는 신흥양반들에 의한 족보편찬에서 본관을 개변하거나 조상세계와 파계(派系)를 조작·가탁하는 행위가 자행되었다. 최근 한국학의 활발한 연구로 인해 각 분야마다 획기적인 학문적 연구의 진전이 있었다. 그러나 유독 성관과 조상 및 족보에 대해서는 그 방면에 대한 전래의 관념과 기존 자료를 무비판적으로 답습하거나 인용하는 데서 상당한 오류가 발생하고 있다. 특히 부계혈통을 중시하는 유교사회에서는 '부자'로 이어지는 친손을 '성손'(姓孫)으로 표현하며, 개성(改姓)·개관(改貫)을 '환부역조'(換父易祖) 행위로 죄악시했으나 조선시대는 여러 씨족과 문중이 각기 명조·현조를 확보하기 위해 족보편찬 때마다 개관·환본(換本)·모관(冒貫)과 조상세계 조작 및 족파의 가탁·투탁과 같은 행위를 자행하였으니 이는 결국 환조·역부와 같은 행위를 한 것이나 다를 바 없다.

성관의 유래와 그 특징

한국 성관의 구체적인 모습은 『세종실록지리지』(이하 『지지』로 약칭)의 성씨조에 담겨져 있다. 중국식 성씨제도는 벌써 삼국시대부터 왕실과 귀족을 중심으로 수용되어왔지만 한국적 성관체제가 본격적으로 정착되는 시기는 고려 초기였다. 후삼국시대의 격심한 사회적 변동에 따른 신분제의 재편성과정에서 태조 왕건이 한반도를 재통일한 다음, 당대의 실질적인 지배세력을 대표했던 전국의 호족을 각 출신지·거주지별로 구분하고 세력판도를 고려하여 지역적·신분적 재편성을 단행한 성관체제가 뒷날 『지지』의 성씨조로 나타났던 것이다.

『지지』의 각 읍 성씨조에 의거 15세기 초에 존재했던 전국 성씨의 종류와 본관수의 성종별 통계자료를 제시해보면 다음과 같다. 첫째, 본관상의 성씨가 기재된 현 이상 주·부·군·현(속현·폐현 포함)은 모두 544읍, 부곡(部曲)은 110개, 향(鄕) 48개, 소(所) 49개, 장(莊) 9개, 처(處) 5개, 역(驛) 7개, 수(戍) 3개소이다. 향·소·부곡 등은 벌써 고려 후기 이래 소멸의 과정을 밟아 15세기 초에 와서는 거의 혁파되어 토착 성씨들이 유망(流亡)했기 때문에 기재된 성관이 얼마 되지 않았으나 임내(任內)로 존속했던 고려 말 이전에는 각기 '토성이민'(土姓吏民)이 있었던 것이다. 둘째, 그 지지 소재 성수는 대략 250성 안팎이며, 성관수는 토성이

2,079, 망성(亡姓)이 565, 내성(來姓. 亡來姓)이 381, 속성(續姓)이 565, 촌성 (村姓. 亡村姓)이 122, 입진성(入鎭姓)이 404, 입성(入姓. 亡入姓)이 332, 사성 (賜姓. 정확하게는 賜貫. 이하 같다), 투화성(投化姓)이 29, 합계 4,477본이 었다. 『세종실록지리지』에 나타난 이러한 성종들을 필자 나름의 기준에 의거히여 정리해보면 다음과 같다.

① 본관에 의한 구분 : 주·부·군·현성, 진성(鎭姓), 촌성, 외촌성(外村 姓), 향·소·부곡·처·장성, 역성(驛姓), 수성(戍姓).

② 성의 출자(出自)에 의한 구분 : 천강성(天降姓)·토성(土姓)·차성(次 姓)·인리성(人吏姓)·차리성(次吏姓)·백성성(百姓姓)·입주후성(立州後姓)· 입현후성(立縣後姓)·가속성(加屬姓).

③ 성의 유망과 이동에 의한 구분 : 망성·망촌성·경래성(京來姓)·내 성·입성·입진성·망래성·망입성·속성.

④ 사성과 귀화성에 의한 구분 : 사성, 당래성(唐來姓)·향국입성(向國入 姓)·투화성(投化姓).

위 『지지』 소재 각 성이 딛고 선 본관은 어느 구획을 막론하고 기본 적인 구성단위가 촌이며, 그 촌은 다시 읍치(치소·읍내)를 중심으로 내 촌과 주위의 외곽촌 및 관내의 각종 임내로 구분되는 데서 성의 종류도 인리성·백성성·촌성·임내성 등으로 구분되었다.

특히 고려 말의 호적자료에서 동본이란 의미로 '본동촌'(本同村)이란 용어가 쓰이게 된 연유에 대하여 주목할 필요가 있다. 위 『지지』 소재 각 읍 성씨조의 성관체제에서 상경종사한 재경관인이나 타읍에 이주한 재지사족의 경우를 제외한 '읍사'(邑司) 구성원인 이족(吏族. 향리)들은 15세기까지도 철저한 계급내혼·지역내혼제를 지키고 있었으니 그 호 적 주인공의 모계·조모계·처계·외조모계 가운데는 앞에 나온 자의 본관과 같다는 뜻으로 '본동촌'이란 용어를 썼던 것이다.

그러니 위 『지지』 소재 각 읍 토성들은 해당 읍사를 중심으로 '읍치' 내에 세거해왔던 것이며, 그 읍치는 읍사를 한가운데 두고 그 사방 주위의 촌락으로 편성된 하나의 연합촌(지역촌) 성격을 띠고 있었다. 때문에 같은 읍치 내에 세거해온 같은 읍의 성씨들은 그 본관을 본동촌으로 표현했던 것이다. 이처럼 군현 구획이 중층적인 편성을 하고 있는 것과 마찬가지로 각 구획의 성씨들도 중층적인 구조를 이루고 있었다.

고려 초기 각 읍별로 분정된 토성들은 성세의 확장에 따라 읍치에서 외곽의 직촌(直村) 또는 해당 읍의 소속 임내로 확산하면서 분관·분파 작용을 일으켰다. 이러한 성관의 분포와 이동은 시대의 진전에 따라 활발히 진행되어 당초의 백성성과 촌성이 읍역의 확장과 함께 인리성으로 흡수되기도 했는가 하면, 기성 인리성의 외곽지 이주로 인해 새로운 촌성이나 향·소·부곡성이 생기기도 하였다. 이는 바로 위『지지』소재 각 읍 임내성이 주읍토성과 동일한 성자(姓字)를 많이 갖고 있다는 사실, 또한 군현토성이 부근의 속성이나 향·소·부곡성으로 분관되었다는 사실을 반영한 것이다.

고려시대 지방의 행정구획인 동시에 성씨상 본관으로 존재했던 주·부·군·현의 구획구조를 분석해보자. 그 고을의 크기에 따라 차이는 있지만 치소를 중심으로 읍치·그 읍치를 둘러싸고 있는 직촌 및 그 외곽의 임내로 구분되며, 임내는 또한 고을의 축소판으로 규모에 따라 읍사 소재지와 직촌으로 구성되어 있다. 이에 따라 본관이 구분되고 성도 읍치의 인리성, 직촌의 백성성, 임내의 임내성으로 구분된다. 이러한 세 가지 성은 고을 토성의 주체로의 생성과정에서는 구분, 병존했지만 모두 읍사구성체로서 향리집단을 구성한다. 그것이 바로『지지』소재 각 읍 성씨조에 기재된 성씨들이다. 고을에 따라 인리성·백성성·촌성 세 가지가 구분 기재되기도 하지만 그것이 혼합되어 그냥 토성으로 단일화되어 기재된 고을이 오히려 더 일반적이었다.

여말선초 본관의 개편과 변질

고려 초기 이래 지역을 세분하여 파악되었던 성관체제는 여말선초의 시대적·사회적 변동에 따라 지역적인 편제와 신분구조에 획기적인 변화를 초래하였다. 즉 임내의 승격과 소속의 변동 및 소멸, 군현구획의 개편과 병합, 폐합 등 각 성이 딛고 선 본관의 개편과 변질이 획기적으로 가해지면서 15세기 후반부터는 종래 세분된 본관이 점차 주읍 중심으로 통합되어가는 추세에 있었다. 다시 말하면 속현과 촌 및 향·소·부곡 등이 소속 군현에 폐합되었듯이 종래의 속현성과 촌성 및 향·소·부곡성이 군현성에 흡수되거나 동화되어갔고 속현·향·소·부곡과 독자적인 촌이 소멸되듯이, 그곳을 본관으로 했던 성씨가 이제는 당초의 본관을 버리고 소속 군현성에 흡수되거나 그 주읍을 그들의 새 본관으로 정했던 것이다.

그 결과 15세기 초까지 성관체제의 실상을 구체적으로 반영했던 『지지』소재 속현·향·소·부곡·처·장·역·수·촌을 본관으로 했던 성씨 대부분이 그 소속 읍을 새 본관으로 하게 되자 15세기까지 존속했던 각종 임내성이나 촌성은 거의 사문화되어버렸다. 이러한 사문화는 본관의 개변으로 인한 것이지 그 성 자체가 소멸된 것을 의미하는 것은 아니었다.

한편, 양반사회의 발달에 따라 문벌의식이 고조되자 미처 명조·현조를 받들지 못한 벽관(僻貫)들이 기성의 명문거족에 동화되기 위하여 본관을 바꾸는 개관·모관 행위를 자행한 데서 재래 성관의 대대적인 통폐합이 이루어졌다. 그러나 덕수 이, 반남 박, 기계 유, 해평 윤, 풍산 홍·김·유씨 등은 이미 조선 초기에 명문사족으로 기반을 굳혔기 때문에 본관의 폐합에도 불구하고 본래의 본관을 사용했다. 본래의 고이(高伊) 부곡성에서 승격된 고흥 유씨(高興 柳氏)는 고려 말에 이미 그 본관 읍격의 승격과 함께 명문으로 성장했기 때문에 본관을 굳이 바꾸지 않았다.

　이와 같이 속현 이상의 군현을 본관으로 하면서 이미 조선 초기에 사족으로 성장했거나 또는 명조·현조를 확보한 가문은 본관을 바꾸지 않은 반면, 그렇지 못한 군현이나 종래 향·소·부곡 및 촌명을 본관으로 했던 성관들은 당초의 본관을 버리고 소속 주읍을 새 본관으로 정했다. 황주 변씨, 연안 차씨, 영덕 정씨, 여양 진씨, 충주 지씨, 아산 장씨 등은 본래 그 본관 군현의 관내 모촌성(某村姓)으로서『지지』의 각 읍 성씨조에 기재되었던 것이 나중에 주읍을 새 본관으로 한 예이다. 이와 함께 천인층의 양인화에 따라 유성층이 격증하게 되었는가 하면, 일반 서민층은 각기 거주지에서 편호됨으로써『지지』에 없던 새로운 본관이 각 읍마다 쏟아져나오게 되었다. 그러나 그러한 본관들은 현조가 없기 때문에 끝내 유명본관으로 존속되지 못하였다.

　17세기 이후부터 양반사회에서 희성(稀姓)과 벽관을 멸시하는 관념이 만연되어갔지만 조선 전기까지 성보다는 본관에 따라 성망의 우열과 가격의 차등이 정해진다는 의식이 일반적이었기 때문에 개성(改姓)보다는 본관의 개선을 위해 노력하는 경우가 많았다. 16세기 이래 사족들은 본관이 다르다 해도 동성이라면 그것은 당초 같은 조상에서 나왔다는 의식을 갖고 있었기 때문에 벽관의 명관(名貫)에로의 개관은 매우 자연스럽게 진행되었고, 그러한 후대적인 개관행위는 분관 전의 원본관으로 회복한다는 의미를 갖기 때문에 처벌의 대상은 되지 않았다. 이에 반해 성은 부계혈통을 의미하기 때문에 개성은 곧 환부역조 행위로 간주되어 죄악시되었기 때문에 개성의 경우는 극히 드물었다고 추측된다. 조선 후기 각 읍 호적대장상에 나타났던 무명의 본관들은 주로 현 거주지와 일치하는 본관들이었다. 이 본관들은 19세기 이래 그들의 양반화에 따라 개관이 자행되었고 그 결과 서서히 소멸되어갔다.

조선시대 족보편찬체제의 변화

한국의 족보는 그 편찬체제상 크게 세 시기로 나눌 수 있다. 즉 ① 15세기 전반 이전의 보첩류와, ② 한국족보사상 최초로 편간 반포된 『안동권씨성화보』(安東權氏成化譜, 1476)를 비롯한 조선 전기 족보, 그리고 ③ 17세기 후반 이후의 조선 후기 족보가 바로 그것이다. 이러한 족보의 시기별 차이는 친족·가족 및 상속제도의 변화와도 대체로 궤도를 같이하였다. 『성화보』편간 이전의 세보, 족보, 가보 등의 용례는 고려 초기부터 쓰여왔지만, 이것들은 이른바 '씨족', 세계도, 족도, 가첩류에 지나지 않았다. 그것들은 응시·출사, 승음상 필요에서 제출하는 '8조호구'와 같은 형식의 세계도·족도로서, 입학·응시, 초입사 때 제출하는 '씨족', 또는 관인의 이력서인 '정안' 기재의 자료로 활용되었다. 이들 보첩류는 15세기 후반부터 편간된 조선시대의 족보와는 판이한 것으로 직계 내외조상의 세계 내지 부·모·처 삼족과 본인을 중심한 승음의 한도에서 주로 내외양계 조상의 세계를 대상으로 하였고 횡적 연계인 방조, 방계의 족파는 제외되었다.

본인을 중심으로 부계와 함께 모계·조모계·증조모계와 그들의 외조모계 및 처내외조계 등을 추적, 계보화한 것으로 본인을 기준으로 하여 종적인 조상세계를 계보화한 것이 세계도이다. 그리고 본인을 기준으로 하여 횡적인 자녀 및 내외손의 파계를 정리한 것이 족도였다. 세계도와 족도는 하나의 가첩류로서 어디까지나 본인의 혈통 유래를 추적하는 동시에 또한 당시 자녀균분상속제와 관련한 내외조업(內外祖業)의 상속 범위와 대체로 일치하였다.

고려시대에 군현토성에서 상경종사한 사족에게 성과 본관, 내외세계, 이력 등이 기재된 '씨족' 또는 '정안'이 호적과 함께 비치되어 출사와 전주에 참고되었듯이, 각 군현의 읍사에는 향리의 명부인 『이안』(吏案. 壇案)이 비치되어 향리직과의 선임과 승진, 향공과 기인선발 등에 활용

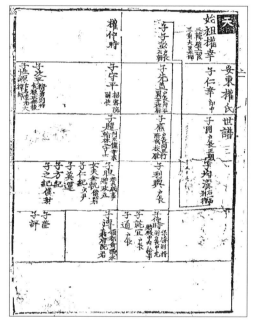

『안동권씨성화보』
한국 족보사상 최초로 편간·반포
된 족보.

되었다. 그러한 중앙과 지방의 성관 자료가 뒷날 지지 성씨조의 저본이
되었다고 추측된다. 특히 각 읍사에 비치된 『이안』은 조선시대 각 고을
마다 재지사족의 명부인 『향안』이 유향소나 향교에 비치되었던 사실과
비교된다. 이러한 읍사 소장의 『이안』과 이족의 세계도·족도가 원형대
로 현존하는 것은 없지만 여말선초의 호구 또는 호적관계 단간(斷簡)에
서 그 편린을 엿볼 수 있다.

이러한 자료들은 각기 읍사나 그 후손들에 의해 전래되었고 15세기
이래 해당 성씨의 족보에서 이를 이용하여 각기 관련 선대의 계보를 정
리하였다. 이들은 대개 고문서와 호구·호적단간 형태로 전래되어 일부
탈락되거나 전재과정에서 원형이 다소 변질되기도 하였다. 그러나 이
자료들에 18세기 이후처럼 후대적인 조작과 윤색이 크게 가해진 것은
아니다. 그런데 한국의 성관제도가 중국의 것을 모방한 데서 신라 말

이래 한국의 문사들은 득성(得姓) 사실과 조상 유래를 중국에서 찾으려는 경향이 강했다. 이와 함께 고려·조선시대로 내려올수록 성관 유래와 조상세계에 관한 갖가지 부회와 두찬적인 기술이 나오게 되었는데, 이를 몇 개의 유형으로 나누어 고찰해보기로 한다.

족보에 대한 부회와 두찬의 유형

① 한국 성관의 형성과 내부구조 및 존재양태를 분석할 수 있는 최초의 자료는 세종 14년(1432)에 편찬한 『세종실록지리지』이다. 그런데 이 『지지』는 다른 실록과 함께 한말까지 민간에 공개되지 않고 그 『지지』의 성씨조를 축약, 혼효하여 전재한 『신증동국여지승람』의 성씨조가 일반에 공개되었다. 이리하여 15세기까지 존속했던 성관의 원형이 상실되고 말았다. 또한 조선시대 양반사대부들이 한국의 성관 생성과정을 고대 중국의 경우와 동일시한데서 당시의 성과 본관에 관한 인식은, 족보가 보급되던 조선 중기부터 실제와는 거리가 있게 되었다.

중국측 사료는 주(周)의 봉건제도 아래 봉후 건국하여 사성 명씨한 데서 성과 씨가 생성 내지 분화되었다고 적고 있다. 그 결과 중국에서 동성은 당초 같은 뿌리, 한 조상에서 출자, 분화했다는 관념을 갖고 유교적인 동성불혼·이성불양의 원칙이 일찍부터 지켜져왔으나 실제 중국에서도 성망과 지망은 시대적·사회적 변화에 따라 끊임없이 변성·개관이 진행되어갔던 것이다. 그런데 한국은 중국과는 처음부터 사정을 달리하여 고려 초기 토성분정과 한식 성관제도가 정착될 때 혈연적으로 무관한 동성의 이본(異本)들이 여기저기에서 한꺼번에 수십·수백 개 나오게 되었다. 그리하여 신라왕실에서 분관된 강릉 김씨와 같은 극소수의 경우를 제외하면, 나머지 성관들은 동성이라도 본이 다르면 곧 타성으로 간주하는 것이 보편화되어버렸다.

② 신라 말·고려 초의 최치원, 최언위 등을 비롯하여 김부식, 이규보

및 여말·조선시대 문사들이 찬술한 인물의 기록이나 족보서문 등에서
는 해당 성관의 시조 유래를 중국에서 찾고 있다. 이 의식은 모화사상
에서 나왔다고 볼 수 있다. 신라 말·고려 초 문사들이 찬술한 고승들
의 탑비문에서 그 주인공의 부계 성씨가 최·이·장씨인 경우 이를 모
두 중국에서 동래한 것처럼 적고 있는 것이 그 예이다. 물론 후삼국시
대 이래 중국계 귀화인으로 한때 고관·요직을 역임한 자도 없지 않으
나 그들의 후예는 결코 군현의 토성이 될 수 없었다.

특히 여말 이래 문벌을 숭상하는 풍조가 고조되자 왕실·외척·부
마·삼한(태조) 공신 등과 같은 국내 고귀한 기성 벌족과 연결시키기가
어려운 성관들은 그 시조의 유래를 중국에서 구하는 풍조가 만연되어갔
고 조선 전기를 거쳐 후기로 올수록 그 현상은 더욱 심화되어갔다. 그
러나 그 성관이 『지지』 소재 군현토성으로 나타나는 한 그러한 시조의
동래설은 모화사상으로 인해 조작·윤색된 것으로 보아야 할 것이다.

③ 14세기 이래 지방의 토성이족에서 성장한 성관이나 한미한 가계
에서 권문세족으로 성장한 가문들은 그들 나름대로 각기 선조의 유래와
득성 사실을 조작하거나 부회하는 예가 많았다. 가령 문화 유씨·안동
권씨·전의 이씨·선산 김씨 등의 시조 성명이 유차달(柳車達)·권행(權
幸)·이도(李棹)·김선궁(金宣弓)이라는 자의(字義)를 두고 각기 그럴듯한
해석을 가하여 개성, 개명 사실을 부회하고 있는데 이러한 서술은 진실
과는 거리가 있다 하겠다. 고려왕조는 개국공신을 비롯하여 역대 여러
공신을 배출하였고 나아가 그들의 후손까지 우대하여 여러 가지 특혜를
주었기 때문에 중기 이후에는 실제 공신의 후예가 아닌 가계가 조상세
계를 조작하는 예가 많아졌다. 특히 고려 중기 또는 후기에 군현향리에
서 성장한 가문들이 그 시조를 고려 초의 개국 또는 삼한공신에서 찾아
조상세계를 연결하려는 데서 중간의 세계에 공백이 생기거나 대수가 맞
지 않은 예가 많았다. 또한 후대 족보에 기재된 조상들의 관직을 당시
의 묘지나 『고려사』와 비교해보면 엄청나게 과장되어 있음을 발견하게

된다.

④ 고려 초기 이래 역대 지배세력의 공급원은 각 읍사를 장악했던 토성이족이었지만, 후기로 올수록 향리자제들의 관인화가 더욱 활발해졌는가 하면, 다른 한편에서는 향리를 억압하고 차별시하는 관념이 대두하였다. 조선시대에 들어와서는 이족이 사족과 명확히 구분됨에 따라 종래의 향리를 천시하는 풍조가 일게 되었다. 16세기 이래 족보 편찬과정에서 자기들의 선대 조상이 향리로 나타날 경우 이를 수치스럽게 간주하여 인물전기나 보첩 등에서 그러한 선대의 향리신분을 변명하거나 은폐하기 위한 수단으로 신라 말 또는 고려 말 왕조교체기에 불복한 죄로 인해 마침내 신왕조에 의해 향리로 전락했다느니, 혹은 본시 사족이었는데 어떤 연유로 인해 향리로 격하되고 말았다는 '사족강리'(士族降吏)라는 그럴듯한 구실을 내세워 합리화하는 예가 많다.

당초 향리후예였지만 나중에 사족으로 성장한 제성의 족보나 『연조귀감』(掾曹龜鑑), 『안동향손록』(安東鄕孫錄)에는 바로 그러한 의도가 크게 작용하고 있었다. 필자는 어떤 논문에서 "조선시대 양반가문치고 그 선조가 고려시대 향리가 아닌 것은 거의 없다"고 말한 바 있다. 『고려사』 「열전」에 향리 또는 향리자손으로 명시된 인물은 많다. 최충·최사위·정항·권수평·김방경·김구·조간·조민수·박상충 등의 경우 실제는 향리자손인데도 「열전」에는 그러한 사실이 기재되지 않았다.

세종조에 『고려사』를 편찬할 때 그 편찬에 참여한 권제(權踶)가 그 선조 권수평(權守平)을 삼한공신 권행(權幸)의 후손으로 조작했다가 발각되어 처벌받은 바 있다. 이에 관한 서술태도도 향리 지위의 저하 추세에 비례하고 있다. 예를 들어 조선 전기까지는 족보에 자신들이 고려시대 향리의 후예임을 떳떳하게 내세우는 사례가 많았다. 그러나 17세기 이후로 올수록 족보에 조상의 향역에 대한 구차스러운 변명을 하거나 아예 조상의 향리관계 직역을 삭제하는 예가 늘어났다.

⑤ 어느 씨족이나 가문을 막론하고 직계조상과 자손이 누대에 걸쳐

고관요직을 세습한 예는 극히 드물다. 그런데 조선 중기 이후에 편찬된 족보 가운데는 조상이 고려시대 시중・평장사・상서・시랑과 같은 고관을 여러 대 세습한 양 기재되어 있는 경우가 많다. 비록 같은 시조나 원조(遠祖)에서 나왔다 하더라도 대수를 거듭함에 따라 여러 파계로 분기되면서 각 파계에 따라 성쇠・소장이 되풀이되게 마련이다. 예를 들어 조선 초기까지는 양자제도가 확립되지 않아 무자로 인한 세대단절의 가계가 많았다. 고려 초기 이래 17세기까지 각 시기를 대표했던 명문・거족들의 가계내력을 추적해보면 직계조상과 자손 범위에서 족세・가세가 영속된 경우는 거의 없다. 다시 말하면 후대의 족보상으로 성씨나 본관만을 갖고 조상세계를 본다면 직계가 누대에 걸쳐 번영을 계속 누린 것 같지만, 실상은 같은 성관이라 하더라도 파계와 가계에 따라 성쇠・흥망이 반복되었던 것이다.

　『세종실록지리지』보다 50여 년 뒤에 편찬된 『동국여지승람』(1486)에는 『지지』에 있던 구체적인 성종(姓種)들의 용어가 없어지고 단지 본관을 본읍과 그 소속 임내별로 구분 기재하는 등 성씨조 기재가 간략, 혼효를 가져온 반면, 인물조와 고적조가 대폭 보강되어 해당 읍을 본관으로 한 역대 인물과 각 성의 본관을 그 연혁과 함께 소재지를 파악, 기재하는 방식이 취해졌다. 이 인물조는 조선왕조의 개국세력을 비롯하여 15세기를 대표한 명문・거족들을 망라하고 있다. 지지에 인물조가 들어가는 현상은 기성사대부들의 명족의식의 발로로 파악될 수 있다. 명문・거족들은 또한 개별적으로 오복친(五服親) 범위의 가보・세계도・족도를 비치하고 있었는데 그러한 자료들이 수합・정리된 것이 『안동권씨성화보』와 『문화유씨가정보』 같은 전기족보로 나타났던 것이다.

족보의 편찬체제

　조선시대 족보편찬자들은 그 서문에서 으레 송대 소순(蘇洵)의 소씨족

보인(蘇氏族譜引, 서문), (『당송팔가문』 소재)의 몇 개 구절과 정주(程朱)의 족보 편찬의의에 관한 문구를 인용하고 있지만, 족보의 편찬체제는 결코 같지 않았다. 서거정은 『안동권씨족보』 서문에서 소순의 서문을 몇 군데 인용했지만, 『소씨족보』는 그 기재 범위가 "위로는 고조, 아래로는 아들, 옆으로는 시마(總麻)까지"라는 데서 그야말로 동고조의 오복친을 대상으로 했을 뿐이다. 그리고 중국에서는 종법적 친족제도하에서 부계친족 위주로 족보가 편찬되었지만, 조선 전기의 족보는 처음부터 자녀(와 사위)·내외손을 동일하게 실었기 때문에 성혼(成渾) 같은 유학자는 "그것은 우리나라의 『씨족지』(氏族志)이지 족보는 아니다"라고 할 정도였다.

서거정의 『권씨족보서』 이전의 소위 '구보서'(舊譜序)로 전래된 오선경(吳先敬. 『해주오씨족보서』)·안성(安省. 『광주안씨족보서』)·유영(柳潁. 『문화유씨영락보서』)·홍일동(洪逸童. 『남양홍씨족보서』)·김종직(『선공(김숙자)보도서』) 등이 서(序)한 족보란 『안동권씨성화보』와는 차원이 다른 족도·파계도·세계도·보도·가첩류이거나 초보(간행되지 않은 초본)였으며 혹은 후대에 소급, 추기된 서문에 불과했다고 추측된다. 이러한 서문을 근거로 간본의 구보(舊譜)였을 것이라 주장하는 견해도 있긴 하지만 그러한 시각은 잘못이라 생각된다. 그런데 고려 후기의 문집이나 『동문선』(『속동문선』 포함) 소재 서(序)·발문(跋文) 중에도 족보 관계 서·발문은 전혀 발견되지 않고 있다. 이로 미루어볼 때 적어도 15세기 전반까지는 판각편책(板刻編冊)하여 간반(刊頒)된 명실상부한 족보는 나오지 않았던 것으로 보인다.

태종 원년(1401)과 단종 2년(1454)에 찬했다는 오선경과 홍일동의 구보서는 분명히 '(해주 오씨) 족도구서'(族圖舊序) 또는 '남양 홍씨 파계지도'(派系之圖)라 하였으니 이들은 족보의 서가 아닌 족도 또는 세계도에 대한 서문이었다. 세종 4년(1422)에 찬했다는 유영의 『문화유씨영락보』의 서문도 족보의 서라 하기보다는 그 유씨 선대조상의 세계와 그 후손들의 계보를 정리한 가첩에 대한 서라 하겠다. 이러한 보첩류에 등재된 하연 (河演. 진주 하씨족보, 1451)·원구(元龜. 원주 원씨천순보, 1457)·이숙함 (李叔緘. 남원 양씨족보, 1482)·이린(李麟. 전의 이씨족보, 1476)·이승소 (李承召. 양성 이씨족보, 1480년대)·성현(成俔. 창녕 성씨족보, 1493) 등의 구보 또는 초보서(草譜序)는 대개『안동권씨성화보』를 전후한 시기에 작성된 것으로 서문만 전할 뿐 당시에 편찬되었다는 구보의 실물은 현전하는 것이 없다. 결국 조선 전기 족보를 대표할 2대 족보는 15세기의『안동권씨보』와 16세기의『문화유씨보』라 할 수 있는데 후자는 전자의 편찬체제와 간행방식을 답습하였으니 우리는 이『권씨보』를 전기 족보의 전형으로 삼아 그 특징을 살필 수 있다.

15세기 보첩류 가운데 상기 권씨·유씨보와는 체제와 수록범위가 다른 것도 있었는데 김종직의 선공(김숙자)보도가 그 예이다. 세조 4년 (1458)에 시작되어 성종 7년에 완성된 김종직의『이존록』(彝尊錄) 소재 『선공보도』(先公譜圖)는 먼저 선산 김씨의 유래와 보도의 편찬경위를 서술한 다음, 조계(祖系)와 족계(族系)를 '보'와 '도'로 구분하되, 도는 5층의 횡도에 시조 김흥술(金興述)부터 김숙자의 손자까지 부계의 직계조상을 싣고 다시 '보'로써 시조 이하 각 조상의 내외세계(각 조상의 명휘·이력·행적·처명·외조·직역)와 주인공의 고조부터 그 자녀까지를 비교적 상세히 서술하였다. 이것은 소순과 동시대인인 구양수(歐陽修)의『구양씨보도』(歐陽氏譜圖)의 편찬체제를 그대로 모방한 것이다.

김종직은 이 보도를 편찬함에 있어 자신의 일족이 본관인 선산에 세거해왔다는 사실과 자신이 본관의 수령에 재직하고 있는 이점을 살려 선산읍사 소장의 자료, 고려시대 전래의 호적단간 및 척족의 족도까지 동원하여 세계를 밑에서 위로 소급, 추심하는 과정을 거쳐 완성했다. 이렇게 편찬된 보도는 뒷날『선산김씨족보』에 그대로 전재되어 선산 김씨의 선대의 세계를 제공해주었다. 고려 후기 이래 토성이족에서 사족으로 성장한 조선시대 양반가문의 가계는 성장시기의 선후와 족세의 성잔

이란 차이가 있을 뿐, 족보상의 선대계보 정리과정은 김종직의 경우와 대체로 비슷했다고 볼 수 있다.

조선 전기에는 이상과 같은 사가의 개별적인 족보와는 차원을 달리하는 읍(군현) 단위의 동읍토성들의 합보도 편찬되었다. 고려 초기 이래 각 읍 토성이족들이 각기 읍사를 중심으로 계급내혼·지역내혼제를 견지한 데서 읍사를 주도했던 동본토성들의 합동보가 만들어졌다. 앞에서 서술한 바와 같이 그러한 보첩류는 대개 고려시대 이래의 세계도·족도와 같은 형식의 고문서로 읍사에 비치되어 있었다. 고려시대에는 그것이 이족들의 세계와 족파를 계보화한 것으로 향리들의 승진과 직과선임에 활용되었다면, 조선 초기에는 각 읍마다 유향소가 설치되고 그 구성원과 임원들의 선정과정에서 『향안』이 작성되고 『단안』(향리안)·『향안』 입록자를 선정하는 과정에서 그러한 보첩이 필요했던 것으로 보인다. 그러한 보첩류에는 강릉부 5대성보(金·崔·咸·朴·郭氏)·진주목 4대성보(姜·河·鄭·柳氏)·함양군 3대성보(朴·吳·呂氏)를 전형적인 예로 들 수 있다.

16세기 중반 서원의 설립과 함께 그 주향자의 가계를 정리하는 과정에서 소수서원(안향)·역동서원(우탁)·도산서원(이황)의 설립과 때를 맞추어 순흥 안씨·단양 우씨·진성(보) 이씨의 족보가 차례로 편찬되었다. 『안씨보』는 명종 원년 봄에 시작되어 그해 9월에 완성되었는데 당시 경상도 내의 외관 중 안씨 내외손 26명의 협찬으로 안동에서 간행되었다. 이황을 비롯한 예안현 사림이 역동서원을 설립, 우탁(禹倬)을 봉향하자 『우씨보』가 작성되었다. 이황 사후 도산서당이 서원으로 승격됨과 동시에 『퇴계문집』이 편간되었는데, 그 여세를 몰아 『진성이씨족보』가 선조 33년(1600) 도산서원에서 개간되었다. 또한 16세기부터 명현들의 『문집』이 간행되면서 주인공의 '연보'와 함께 세계도가 부록에 게재된 것도 족보의 보급에 영향을 주었다.

이상과 같은 족보·가승 외에 16세기 말 이로(李魯)에 의해 편찬된 또 하나의 독특한 보첩 형식으로는 『송암(이로)세보사성강목』(松巖世譜四姓

綱目)이 있다. 이 책은 그 서명이 말해주듯 부(乾部)의 내외와 모(坤部)의 내외, 이른바 부모내외 4성을 건부·곤부 각 상하편으로 나누어 관련성씨의 각 세계와 자손록을 서술 형식으로 정리하였다. 이러한 형식을 갖춘『사성강목』의 편찬 동기는 그의 서문과 '기법'(記法. 범례)에 잘 나타나 있다. 부계인 고성 이씨를 비롯해 조모계인 창녕 성씨, 모계인 남평 문씨와 외조모계인 안악 이씨를 중심으로 4성의 세계와 그 자손 후예들의 파계를 추적, 계보화하는 데서 40여 개의 여러 성관의 가문이 연접되어 있다.『안동권씨성화보』와『문화유씨가정보』가 각기 그 편찬 당시의 중외관인이 거의 망라되었듯이, 이로의『사성강목』에는 진주·합천·고령권을 중심한 경상우도 남명학파에 속했던 인사들의 가계가 거의 모두 등재되다시피 하였다.

조선 후기 족보의 보급과 조작사례

왜란과 호란을 겪으면서 전통적인 명문들의 몰락과 침체, 신흥세력의 등장과 같은 신구세력의 흥망성쇠가 거듭되었다. 종래의 명문들은 조상의 영광과 가문의 명예를 지키고, 또한 한미한 출신에서 성장한 신흥세력과 구분하려는 의도에서 전기에 작성된 족보를 더욱 보강하려 했으며 신흥세력들은 미천한 조상세계를 은폐하고 혈통과 가격을 보증하기 위해 개관하거나 조상의 세계를 적당히 조작하는 경우가 많았다. 특히 16세기 말 이래 사족이 이족을 멸시하는 풍조가 만연되자 고려시대 향리의 후예로 사족이 된 성관들은 조상들의 향역에 대해 구차스러운 변명을 가하기 시작하였다.『고려사』나『신증동국여지승람』, 금석문 및 문집과 같은 공간된 자료상에 나타나는 조상의 직역은 손대지 못한 반면, 공간되지 않은 자료(가첩·호구단자·행장·비문)에 나타나는 향리 관계자료는 대부분 그 후손에 의해 개변되거나 삭제되었다.

17세기 말 이래 현조를 확보하지 못한 신흥세력들은 기존의 명문·

거족과 연결시키기 위하여 개관하거나 투탁하기도 하며 동성이라도 파계에 따라 현조가 없는 계열은 현조가 있는 계열과 세대를 적당히 연접하여 합보하는 예가 많았다. 특히 17세기 이래 성관에 대한 우열관념이 만연되면서 개관과 세계조작이 많아졌고, 국가의 포충(褒忠)·장절책(獎節策)의 장려로 조상세계를 신라 말 또는 고려 말의 충절인사 또는 왜란·호란 때의 의병장·순절인 또는 포은·목은·퇴계·남명·율곡·우계와 같은 유현의 문인과 연결시키려 하였다.

그러나 세계가 제대로 연접되지 않은 파계는 '별보'(別譜)로 처리하였다. 특히 18세기부터 족보편찬을 둘러싸고 적서간 또는 사·이족 간의 갈등이 심각하게 노정되었는가 하면, 신흥세력들은 명문·거족에 투탁·연접하려는 움직임이 집요하게 나타났는데 그러한 것에는 가첩·가보·호구·분재기·입양문서 등을 위조하거나, 가짜 지석(誌石)을 발굴하거나, 명문족보의 선대무후계(先代無後系)와 연결거나, 형제 수를 늘려 끼우거나, 한 대수를 삽입해서 연접하는 등의 협잡이 자행되었다. 그러한 협잡 외에도 벽관들은 아예 개관하여 기존의 명족파계에 연접하는 경우, 동성동분의 여러 이파(異派) 가운데 명조가 없는 파계들은 명조가 있는 일족의 세계에 연접하여 합보하는 경우, 비양반이 일정한 부를 갖고 가난하거나 궁벽한 기성사족을 찾아서 족보편찬 경비를 부담함으로써 합보하는 경우 등이 있었다.

조선왕조의 집권세력이 16세기에 이르러 훈구파에서 사림파로 넘어가자 의리와 명분론 및 벽이사상이 강조되어 두 왕조를 섬긴 정도전·권근·하륜 등과 불교를 단호하게 배척하지 못한 이제현·이색 등이 비판의 대상이 되고 그 대신 두 왕조를 섬기지 않은 정몽주·길재 등 절의인사가 숭앙의 대상이 되었다.

이러한 관념은 15세기 후반 세조의 왕위찬탈 후 훈구파와 사림파의 대립구도로 더욱 구분되어갔다. 사림파 세력의 성장 추세에 비례하여 의리와 명분 문제가 더욱 숭상되자 한미한 가계나 신흥세력들은 자기 조상을 여말의 수절 인사와 단종충신과 결부시켜 조상세계를 정리하려는 데서 차씨 인사에 의해 『차원부설원기』(車原頹雪寃記)가 편찬되고 선산 김씨 인사에 의해 고려 말 김주(金澍)의 충절 사실이 조작되었는가 하면, 인조반정과 병자호란을 겪으면서 의리 명분과 존주사상이 고조되고 숙종조 단종복위와 사육신 등의 신원, 영조의 개성행차 때 부조현(不朝峴) 입비와 두문동(杜門洞) 72현 추숭과 같은 국가적인 포충·장절책에 편승한 신흥세력의 조상세계 조작과 함께 위보(僞譜)가 속출하게 되었다.

양반들 사이에서는 명조·현조를 확보해야 한다는 집념이 작용하여 조상세계를 조작, 소급하는 풍조가 만연되어갔다. 18세기 이래 박씨는 혁거세, 김씨는 알지나 경순왕 또는 수로왕, 이·최·정·손씨 등은 신라 6성에, 조·강·홍·임씨 등은 중국의 유명 성에 각각 소급, 연접시키는 현상이 나타났다. 한씨와 기씨·선우씨는 마한 내지 기자까지, 민족의 시조인 단군까지 소급·계보화하려는 데서 조상세계가 지나치게 소급된 제성 족보와 함께 『환단고기』, 『규원사화』 등의 위서가 나오게 되었다.

한편 조선 후기 성리학의 발달로 도학자가 제일의 명조로 떠받들어지게 되자 신라 말의 최치원을 경학과 결부시키기 위해 『경학대장』(經學隊仗)이 편찬되고, 신현(申賢)의 『화해사전』(華海師全)과 범세동(范世東)의 『화동인물총기』(話東人物叢記) 등의 위서가 나오게 되었다. 이러한 위서들은 대개 16세기 중엽 차식(車軾) 3부자에 의해 위작되었다고 짐작되는 『차원부설원기』와 맥락을 같이한다고 볼 수 있다.

조선 초기 또는 중기에 중간 정리단계를 거친 조선 전기 족보는 대체로 사실에 충실한 반면 18세기와 19세기 이후에 창간된 족보는 당대인들의 수록에는 큰 문제가 없었으나 그 성관의 유래와 선대 세계에 관한 서술은 크게 사실과 어긋나 있다. 한말과 일제 때는 조선 전기부터 족보를 편간했던 명문·거족들의 족보 속간이 더욱 활발했는가 하면 북한 지방과 신흥세력들에 의한 족보의 창간도 많았다. 일제 때 편간된 족보는 그 견본이 현재 국립중앙도서관에 소장되어 있는데 각 성관의 득성유래와 조상세계·관직 등은 사실의 고증 없이 조작되어 있다.

8·15 이후에 간행된 족보들은 현재 대전시의 회상사(回想社) 족보도서관을 비롯하여 각 시·도의 공공도서관 족보실에 소장되어 있는데 그 내용은 일제 때의 것과 크게 다를 바 없다. 이러한 족보들은 구보를 영인하여 게재하거나 구보의 서·발문·범례, 또는 조상들의 호구단자·교지·행장·비문 등 원자료를 등재하여 신분사 연구에 귀중한 자료를 제공해주기도 하지만, 대부분의 족보는 충분한 고증을 하지 않고 원형이 변질된 것과 성관·조상세계가 조작된 그런 것들이다.

●이수건·영남대 국사학과 교수, 한국고문서학회 회장

시장교환

경제생활에서 시장교환의 위치

인간은 자신이나 가족의 경제생활에 필요한 재화나 용역을 자신이나 가족의 힘만으로 조달할 수는 없다. 인류가 사회생활을 시작하면서부터 경제생활에서 교환이 출현하였던 것으로 보인다. 우리나라에서도 청동기시대에 이미 연해지방과 내륙 농업지대간에 교역이 이루어졌고 수공업품이 유통되었으며, 교환수단으로서 모피, 곡물, 조개껍질, 돌돈(石錢)이 통용되었다. 교환관계의 성장은 분업와 전문화의 진전을 의미하므로 경제의 발전을 반영하고 있다.

교환은 크게 보아 선물교환과 상품교환으로 나눌 수 있다. 시장에서의 상품교환은 이익을 극대화하기 위한 동기에 입각하여 가격을 매개로 이루어지는 반면, 선물교환은 호혜적인 인간관계를 유지하기 위한 동기에 입각하여 있다. 마르셀 마우스라는 인류학자는 선물경제로부터 상품경제로 발전한다고 보기도 한다.

선물 수수는 전장에서 다루어졌으므로, 이 글은 시장을 통한 교환에 국한하고자 한다. 시장이란 두 가지 의미로 사용된다. 첫째, 남대문시장이나 동대문시장처럼 재화나 용역이 거래되는 구체적인 장소를 의미한다. 둘째, 수요와 공급이 상호 작용하여 가격이 형성되고 거래가 이루어지는 추상적인 영역을 의미한다. 오늘날의 전자상거래는 수요자와 공급자가 직접 만나지는 않지만, 전자통신에 의존하여 시장정보가 유통하고 가격이 형성되어 거래가 이루어지는 것이다. 경제가 발전할수록 정해진 장소가 없이 거래되는 영역이 확대되어왔지만, 전근대에는 그러한 영역이 미미하였으므로, 시장이 구체적인 장소를 의미하는 것으로 간주하여도 큰 잘못이 아니다.

인류사를 개관하여 볼 때, 대체로 시장을 통한 교환관계는 확대되고 그 지반을 강화하는 추세였지만, 그것이 취약하였기 때문에 정치와 사회의 변동에 따라 심한 기복을 가졌다. 이 점에서는 우리나라도 예외일 수 없다. 우리나라는 문명화의 역사가 오래되고 높은 문화수준을 달성하였음에 비해 시장의 성장은 완만한 편이었지만, 조선시대 전 기간을 통하여 시장은 성장하고 경제생활에서 시장교환의 중요성은 증대하는 추세였다.

조선 전기 시장교환의 양상

조선 초의 상업은 고려 후기에 비해 상당히 후퇴하였다. 해외 무역이 위축되었을 뿐만 아니라, 주현관아(州縣官衙) 부근에서는 한낮에 남녀노소, 관리 등이 교역하던 정기시(墟)가 소멸되었다. 그 이래 1460년대까지 농촌에서는 교역을 위한 정기적인 공간이 없었지만, 행상의 활동이 농가경제의 교역의 필요성을 충족시켰다. 소금을 예로 들어보자. "소금배의 소식이 한번 들어오면 가까운 지역에서 쌀·포를 다투어 가져와서 분주하게 구입하"였는데(『세종실록』 19년 5월 경인), 소금배의 활동에 힘입어 "궁벽진 산간벽지에서도 풍족하지는 않지만 소금을 구하지 못한 사람을 들어본 적이 없었다"라고 한다(『세종실록』 27년 8월 무진). 그 밖에도 상인이 옷, 짚신, 가죽신, 삿갓, 갓끈, 빗, 바늘, 분 등을 가져와서 농민에게 외상으로 팔고 가을에 수확할 때 곡식을 거두어 바쳐 추수가 지난 후에도 백성의 식량이 부족한 사태가 발생하기도 하였다(『세종실록』 25년 6월 무술).

그런데 중농억상(重農抑商)의 관념을 가지고 있던 관료층은 농민의 상인으로의 전업, 행상에 의한 농민 잉여의 탈취 등을 우려하였다. 1407년 국가는 "재물을 탐하는 소인이 이익만 추구하고 행상 활동을 빙자하여 각 도로 돌아다니면서 민간의 일용에 절실치 않은 물건으로 어리석은 백성과 부녀자를 유인, 기만하여 재산을 빼앗으려 한다"고 비판하고, 행상을 철저히 금지하는 한편 이를 위반하고 행상하는 자는 절도범에 처한다고 규정하기도 하였다(『태종실록』 7년 10월 기축). 조선 초 행상에게 무거운 세금을 부과한 것도 상업을 억제하는 정책의 일환이었다.

우리나라 역대 왕조는 전조후시(前朝後市)라는 중국의 제도를 본받아 궁궐의 뒷면에 통치계급과 도시민을 위한 상설시장, 곧 시전(市廛)을 설치함을 원칙으로 삼아왔다. 조선 국가는 새로운 수도인 한성에다 궁궐의 후면에 시전을 조성하였다. 1410~14년 간 관청과 주민의 수요를 위해 종로를 중심으로 하는 구역에 대규모의 행랑을 짓고 상인을 입주시켰다. 고려시대와 마찬가지로 소와 말을 파는 장소는 지정되었고, 각지에 서민의 일용물자를 판매하는 여항소시(閭巷小市)가 열렸다.

국가가 건설한 행랑에서 영업할 수 있는 시전상인은 세금을 납부하고 국가의 수요물자를 조달할 책임을 맡고 각종 잡역을 져야 했다. 도시인구의 증가 등으로 인하여 15세기 후반에 시전의 구역은 확장되었고, 국가 수요물자의 조달 부담도 증가하는 추세였다. 한성으로 천도한 지 30년 정도 지난 1428년 둘레 17킬로미터의 성내에 10여 만의 인구가 밀집하였다. 그 이래에도 흉작이나 부세 수탈로 인하여 토지로부터 유리된 빈민이 서울로 계속 이주하여 상공업에 종사하거나 군역(軍役)을 대행하여 생계를 도모하였다. 비단, 무명, 어물 등을 판매하는 주요한 시전은 조선 전기부터 영업하였다. 16세기 중엽에는 "온갖 물건은 모두 시전을 가진다"고 할 정도였다(『명종실록』 6년 5월 계축).

1470년경부터 일정한 날짜와 장소에 상인과 부근의 농민이 모여 서로 교역하는 정기시가 장문(場門)이란 이름으로 출현하였다. 1472년 전라도 관찰사는 "도내 여러 읍의 인민이 가로에서 장문이라 칭하고 매달 두 번 무리로 모여서 비록 잉여물자로써 부족한 물자를 바꾼다고 하나 본을 버리고 말을 좇아 물가가 등귀하니 이익이 적고 손해가 많으므로 이미 여러 군에 금지를 명하였다"고 보고하였다. 장시는 정부의 금지조치를 견디어내면서 확산되어 16세기 전반에는 충청도와 경상도로 확산되고, 임진왜란 직전에는 경기도를 제외한 모든 도에 존재하기에 이르렀다. 1607년 사헌부에서 "열읍에서 장시를 내는 것이 3~4처를 내려가지 않는데, 오늘에는 이 읍에서 내고 내일에는 이웃 읍에서 내고 그 다음날에는 또 다른 읍에서 내니, 한 달 30일 내에 장을 보지 않는 날이 없다"라고 아뢰었다. 이 무렵에 장시는 전국적으로 수백 처였고 장날을 달리하여 연계를 이루었다.

16세기의 일기인 『묵재일기』(默齋日記), 『미암일기』(眉巖日記) 및 『쇄미록』(瑣尾錄)은 사족의 경제생활을 잘 보여준다. 이들 일기를 통하여 사족의 경제생활에서는 선물교환이 상품교환보다 월등히 중요하였음을 알 수 있다. 『미암일기』의 저자인 유희춘(柳希春)은 1567년 10월부터 1576년 7월까지 일상용품으로부터 사치품까지 다양한 물품을 각지 지방관이나 친인척으로부터 월평균 42.4회 주거나 받은 반면, 그 사이 물품을 구입하거나 제작을 의뢰한 것은 월평균 1~2회에 불과하였다. 1535~67년 간 중 11년 11개월분만 남아 있는 『묵재일기』를 보더라도 『미암일기』에서와 마찬가지로 선물교환이 시장교환을 압도하였다.

『쇄미록』에 나타난 오희문(吳希文) 집안의 경제생활에서도 선물교환이 시장교환을 압도하였음은 마찬가지이지만, 『미암일기』에 나타난 유희춘 집안이나 『묵재일기』에 나타난 이문건(李文楗) 집안보다 선물교환의 빈도는 절반 정도로 떨어진 반면, 시장교환의 빈도는 배 정도로 늘었다.

오희문 집안에서는 1592~1601년 간 월평균 17회의 상거래가 이루어진 것이 확인되는데, 선물교환은 월평균 20회 전후였다.

　오희문 집안의 경제생활이 이문건과 유희춘 집안의 경제생활에 비해 선물교환의 빈도가 적고 상품교환의 빈도가 많은 것은 어떻게 설명해야 할까? 첫째, 16세기에 장시 등 시장이 성장하는 추세였으므로, 가장 후대에 살았던 오희문 집안에서 시장교환의 빈도가 가장 높은 것은 당연하다. 둘째, 임진왜란이라는 위기적 상황은 친족의 유대관계를 이완시키고 경제적 궁핍을 초래하여, 선물교환과 같은 호혜관계를 약화시키고, 그럼으로써 시장교환에 대한 의존도를 높였을 것으로 보인다. 셋째, 문과를 급제하고 중앙관료로 재직한 바 있는 유력한 사족인 이문건과 유희춘이 그렇지 못한 오희문보다 지방관 등 유력자의 지원을 더욱 많이 받을 수 있었다. 오희문도 연고가 없이 임천에 피난할 때에 비해 아들인 현감의 도움을 받을 수 있던 평강의 피난 시절에는 선물을 받는 빈도가 배 이상이었고, 그 때문에 시장교환에 대한 의존도는 낮아졌다.

　이러한 점으로 미루어보건대, 친족의 세력이 약하고 유력자의 지원을 받을 수 없는 서민층의 경제생활에서는 사족층에 비해 선물교환의 빈도는 훨씬 낮고 시장교환에의 의존도는 높았을 것이다. 사족 중에도 가문이 유력할수록, 그리고 높은 관직에 오를수록, 관청, 친족, 지연을 가진 사람 등의 선물을 많이 받을 수 있었으므로, 시장에 의존하는 비중이 낮았던 것으로 보인다.

　일기에 나타난 시장교환의 사례를 몇 건 들어보자. 이문건과 유희춘 집안의 경제생활에서는 순수하지 않은 시장교환의 형태가 적지 않았다. 첫째, 사족의 특권과 위세에 의존하여 시장가격보다 낮은 시세로 구입하는 일이 있었다. 이것은 지배층간 잉여 재분배의 일환의 성격을 가지는 교환이다. 1569년 6월 유희춘은 은대(銀帶)를 만들기 위해 북청판관 (北靑判官)에게 무명 9필을 보내어 은 11냥을 받았는데, 이것은 시장 시세의 절반에 불과하였다. 귀후서(歸厚署)로부터 관을, 관상감(觀象監)으로부터 역서(曆書)을 구입하였는데, 이러한 관청에서의 구매도 시장가격 이하로 지불되는 일이 적지 않았을 것이다.

둘째, 순수한 선물교환과 순수한 시장교환의 중간 형태인 호혜적 성격의 시장교환도 있었다. 1536년 정월에 종질인 문응(文應)이 석회(石灰) 20섬의 보상으로 벼 2섬을 보낸 데에 대하여 이문건은 너무 약소하다고 생각하였고, 이문건이 종형인 제옹(濟翁)에게 석회의 값으로 벼를 보내니 석회를 더 보내주려 하였다. 친족간의 거래도 호혜관계로부터 시장교환으로 변해가고 있음을 엿볼 수 있다. 『미암일기』에 나타난 유사한 거래의 예를 들면, 1570년 12월 김도제(金道濟)의 종이 죽은 호랑이 가죽을 가져오자 유희춘은 벼 1섬을 지급하였다.

고관을 역임한 유희춘은 중국으로부터 책자, 약재, 조복(朝服) 등을 구입하였다. 그 한 예를 들어보자. 1574년 정월 유희춘은 중국사신으로 가게 된 박희립(朴希立)에게 조복을 구입할 방도를 묻자, 통사(通事)를 통하면 가능하다는 말을 들었다. 그래서 통사 백원개(白元凱)에게 청어 10마리를 주어 좋은 조복을 구입해주길 청하였다. 3개월 후에 백원개에 찾아와서 조복의 값으로 인삼 2냥, 녹포(祿布) 3필, 가는 모시 1필을 받아갔고, 곽산의 수령도 은 1냥을 부담하였다. 조복의 일부는 잉여의 재분배로 메웠던 것이다. 통사가 수입을 맡은 것은 무역시장이 발달하지 못하였음을 보여주며, 지불수단이 다양한 것은 화폐경제가 발달하지 못하였음을 보여준다.

오희문의 경제생활에서는 이문건이나 유희춘의 경제생활에서보다 영리 목적의 시장교환이 두드러지게 나타나고 있다. 한 예를 들어보자. 1596년 5월 오희문은 웅포(熊浦)에 정박한 장삿배로부터 미역 25동을 구입한 다음, 얼마 후 그중 20동을 보리와 바꾸어 시세 차익을 얻고자 하였다. 1599년 윤4월 오희문은 "영동의 어물과 미역은 매우 비싸 말을 세내어 사오면 반드시 잉여가 없고 도리어 손실을 볼 것이니 해서는 안된다"는 아들인 윤겸의 편지를 받고 그 계획을 중지하기도 했다. 오희문 집안의 경제생활에서 이문건 집안이나 유희춘 집안의 경제생활보다 순수한 성격의 시장교환의 비중이 높아진 것도 시장의 성장을 반영한다.

조선 후기 시장교환의 성장

조선 후기에 도시시장과 농촌장시가 성장하고, 포구상업이 새로운 차원으로 발전하였다. 서울시장은 인구의 증가, 공간의 확대, 그리고 지방상업과 중국무역의 발전에 수반하여 성장하였다. 서울시장은 "모든 물건이 모여드는 곳이어서 제값을 주면 물건이 다리가 없어도 다 몰려온다"(『현종실록』 5년 3월 병자)고 할 정도로 수급기능이 활성화되었다. 서울로 들어오는 상품은 거의 전국적인 범위에 걸쳤는데, 곡물·물고기·소금·목재 등과 같은 무겁고 부피가 큰 상품은 주로 경강(京江)으로 유입되었고, 섬유제품·종이류 등과 같은 제품은 육로로 유입되었다.

서울시장에서는 지방의 행상이 객주를 통하거나 직접 시전상인에게 상품을 인도하고, 시전상인은 그것을 소비자에게 판매하거나 중간도매상인 중도아에게 넘겼다. 이러한 유통체계에서 시안에 등록된 물종을 시전을 경유하지 않고 거래하는 것을 난전(亂廛)이라고 한다. 시전상인은 도성으로부터 10리까지의 한성부 안에서 난전을 금단할 수 있는 권한을 행사하였다. 난전금지권은 17세기 중엽에도 유효하게 행사되지 못하다가 17세기 후반부터 강화되어갔다.

시전의 관할물종이 증가하는데다가 난전금지권이 경직적으로 행사됨에 따라, 영세상인이 타격을 받았을 뿐만 아니라, 서울시장으로 물자가 원활히 공급되지 않게 되고 가격의 안정이 저해되었다. 난전상업의 양상과 폐단을 1791년 초에 좌의정이던 채제공(蔡濟恭)이 다음과 같이 생생하게 묘사하였다.

서울의 민폐를 논하자면 도고(都賈)가 으뜸이다. 우리나라 난전법은 오로지 육주비전이 국역에 응하도록 이익을 독점하게 하는 것이다. 근래에는 무뢰배가 삼삼오오로 전호(廛號)를 만들어 일용 물종을 장악하지 않는 것이 없다. 크게는 말짐이나 배에 실은 상품으로부터, 작게는 머리에 이고 손에 든 상품에 이르기까지 길목에 잠복했다가 싼값으로 억지로 사려고 한다. 물건 주인이 이에 응하지 않으면 난전이라 칭하고 이들을 묶어 형조나 한성부에 넘기므로, 밑지더라도 부득이 팔지 않을 수 없다. 이에 시전상인은 점포에 펼쳐놓고 곱절을 받는다. 평민은 그 시전이 아니면 다른 곳에서는 상품을 살 수 없다. 따라서 물가가 날로 올라서 신이 어릴 때와 비교하면 3∼5배로 올랐을 뿐만 아니라, 근래 심지어는 채소와 옹기 같은 것까지도 전호가 있어서 자유로이 매매할 수 없다. …… 평시서로 하여금 30년 내에 설립된 영세한 신전은 모두 혁파하고, 형조와 한성부에 분부하여 육의전 외에 난전을 잡아들이는 것을 시행하지 말고 도리어 처벌한다면, 상인은 자유롭게 매매하는 이익이 있고 백성은 생활이 궁색한 근심이 없을 것이다.

• 『정조실록』 15년 1월 경자

조선 후기에 사상(私商)이 성장하면서 난전상업이 활발해졌다. 서울 영세민의 상당수가 난전으로 생계를 유지하였는데, 이러한 난전은 소규모여서 별 쟁점이 되지는 않았다. 그런데 군인이나 관청의 하인이 급료가 없거나 적다는 것을 구실로 집단적으로 난전을 자행할 때 정부는 이를 단속하기가 어려웠고 그들의 처지에 신경을 쓰지 않을 수 없었다. 나아가 18세기 후반부터는 생산지에 진출하거나 교통의 요지를 장악하여 활발히 매점매석하는 사상이 시전상인에게 큰 타격을 가하였다. 난전상업의 한 예를 소개한다.

남대문 밖 칠패(七牌)에서 난전하는 부류들은 동쪽의 누원 점막이나 남쪽의 동작진에서 남북으로부터 서울로 올라오는 어물을 모두 차지하여 칠패 난전에서 성내 중도아를 불러들여 날마다 난전한다. 그러므로 가로에서 남자는 싸리장(柶籠)에, 여자는 나무바가지에 담아 길거리에 행상하는 것이 일반화되었다.

•『각전기사(各廛記事)』지(地), 건륭 11(1746)년 11월 ○○일

칠패는 어물시장으로 발달하였지만, 이현은 채소시장으로 유명하였다. 도성 밖에는 경강변의 포구상업이 번창하였다. 사상의 대두와 난전상업의 번성은 서울시장의 공간적 확대를 낳았던 것이다.

난전금지권의 폐단은 커지는 반면 사상이 성장함에 따라 1791년에는 육주비전(六矣廛)의 물종을 제외하고 시전의 난전금지권을 폐지하며 사상의 자유로운 매매를 허용하는 조치가 취해졌다. 이것을 신해통공(辛亥通共)이라고 한다. 신해통공은 시전상인의 독점권을 제약함으로써 도시상업의 자유를 확대시켰다. 육주비전의 난전금지권은 갑오개혁 때 완전히 폐지되었다.

서울 외에도 대체로 인구 1만 명 이상의 도시에서는 상설점포로 이루어진 상가가 형성되어 있었지만, 그 이하의 곳에서는 시전이 발달하지 못하였거나 없었다. 조선시대에는 대도시로의 인구집중도가 낮았기 때문에, 9할 이상 인구의 소비생활은 장시에 의존하였다.

18세기 중엽까지 장시수는 늘어나서, 전국의 장시를 최초로 수록한 『동국문헌비고』(1770년 편찬)에 의하면 1,062처에 장시가 개설되고 있었다. 인구밀도가 높은 지역일수록 장시 밀도가 높았는데, 당시 북부의 산악지방을 제외한 농민은 대부분 하루 내에 장을 볼 수 있게 되었다. 장시가 없던 길주 이북 및 삼수·갑산의 각 고을에는 여염집이 있는 동리에서 일상적으로 매매가 이루어졌다. 장시가 처음 출현할 때에는 한 달에 2~3번 열리는 장이 많았는데, 장날 간격이 단축되어 『동국문헌비고』에서는 거의 모두가 5일장이었다. 16세기부터 장시간에 장날을 달리

하면서 연계가 이루어졌는데, 임진왜란 당시만 해도 장시간 연계는 약하였다. 그런데 『동국문헌비고』를 보면, 인접한 장날이 대개 서로 다르게 조정되어 있었다. 이렇게 장시간 연계가 강화되면서 장시간 분화가 진전하여 대장(大場)이 출현하였다. 대소비지인 서울을 배후에 둔 송파장을 예로 들면, 18세기 중엽에 명목상으로는 5일장이지만 실질적으로는 각 전(廛)에 물종을 쌓아두어 날마다 매매하는 상설시장으로까지 발전하고 있었다. 그 결과 서울로의 물자 유입을 중도에서 차단하여 시전에 큰 타격을 주었다.

조선시대에는 지방에 상설점포가 대개 존재하지 않아서 장이 파한 후에 행상과 주민이 흩어지면 장시는 빈터가 되었으므로 허시(墟市)라고도 불렀다. 장시에 존재하는 설비는 비와 햇빛을 막아 노점을 펼 수 있는 가게(假家) 정도였다. 상설점포가 발달하지 않았던 조선시대에 행상은 상품유통의 주된 담당자였다. 장시가 없던 조선 초에 행상은 촌락을 돌아다니며 매매하였고, 장시가 발생한 이래에는 점막(店幕)에서 잠을 자고 장날에 맞추어 장시를 순회하였다.

일기를 통해 본 시장교환

일기를 통하여 시장교환의 성장을 살펴보자. 인조 때에 좌의정을 지낸 남이웅(南以雄)의 부인인 남평 조씨(南平 曹氏)가 병자호란 동안 피난 생활을 기록한 『병자일기』를 보면, 선물교환이 시장교환보다 우세한 가운데 시장과의 접촉이 꾸준히 이루어지고 있었다. 『병자일기』를 보면, 충청도에 피란 생활을 하던 1638년 3월 조씨 부인이 반찬 없는 밥을 견디지 못하여 사람을 서울로 보내어 삼베로써 조기를 사오게 했다. 조기를 사러 서울로 사람을 보낼 정도로 아직 상품 유통이 원활하지 못하였던 것이다. 그해 5월에는 강릉으로 사람을 보내어 벼로써 미역과 대구를 교역하게 했다.

구상덕(具尙德)의 1725~61년 간 일기인 『승총명록』(勝聰明錄)을 보면, 선물교환은 활발하지 않은 반면 시장과의 접촉은 매우 빈번해졌다. 『승총명록』은 물가 기록을 풍부히 담은 것으로 유명하다. 구상덕의 경제생활에서 시장교환이 선물교환을 압도한 것은 그가 미약한 사족인 데다가 통영이라는 상업적으로 번창한 도시에 인접하여 거주하였던 사정에 영향을 받았음이 분명하다. 그런데 호남의 유력한 사족인 황윤석(黃胤錫)의 1738년 이래의 일기인 『이재난고』(頤齋亂藁)를 보더라도, 선물교환은 활발하지 않은 반면, 시장교환은 그보다 빈번하였다. 물론 일기류에 교환관계가 망라된 것은 아니고 작성자에 따라, 동일 작성자도 시기별로, 기록에 남기는 항목의 취사 방식이 다소 달라서 좀더 정밀한 분석이 필요하겠지만, 18세기에는 대부분 사족의 경제생활에서는 시장교환이 선물교환을 능가하였거나 능가하게 되었을 것으로 보인다.

경상감사를 지낸 이담명(李聃命)의 일기에 의하면, 1697년에 587명으로부터 1,404회의 선물을 받았는데, 고위관료를 배출한 유력 사족의 다수는 18세기에도 시장교환보다 선물교환에 크게 의존하였을 가능성이 있다. 서민층의 경제생활에서는 사족층의 경우보다 이른 시기에 시장교환이 선물교환을 압도하였음이 분명하다. 17세기와 18세기 전반에 장시 등 시장이 뚜렷이 성장하였는데, 그것은 가계 경제생활의 변모와 결부되면서 이루어졌던 것이다.

예천(醴泉)군 저곡(渚谷)리의 함양 박씨(咸陽 朴氏)가는 1834년 이래 100여 년 간의 일기인 『저상일기』(渚上日記)뿐만 아니라 1853년 이래의 가계 지출장부인 『저상일용』(渚上日用)을 남겨두었다. 이 두 종류의 기록을 통하여 이 집안의 경제생활을 소상히 파악할 수 있다. 이 자료에 의하면, 친족간에도 혼·상례와 같은 중요한 의례를 제외하고는 선물을 교환하는 일이 적었던 반면, 금전적 대차관계가 활발하였다. 다양한 계가 활발히 운용되었는데, 계는 상호부조의 기능뿐만 아니라 식리(殖利)도 활발히 하였다. 19세기에는 호혜적 선물교환 관계가 축소되면서 더욱

제도화되고, 상품교환 관계의 규정성을 한층 강하게 받게 되었던 것으로 보인다.

내륙의 농촌에 거주한 함양 박씨가의 19세기 중엽 경제생활에서는 1세기 전 황윤석 집안보다는 시장 접촉이 훨씬 빈번하고 구상덕 집안만큼 그것이 활발하였다는 인상을 받는다. 박득녕(朴得寧)은 『저상일기』 1835년 3월 27일조에 "제반 홍정을 모두 시장에 맡긴다"고 하였다. 『저상일기』는 상품교환의 일부만을 수록하였는데, 앞서 언급한 다른 일기도 그러할 가능성을 배제할 수는 없다. 『저상일용』에 의하면, 1840년대 전반에는 평균하여 10일에 하루 꼴로, 1874년에는 5일에 하루 꼴로, 1882년에는 3일에 하루 꼴로 지출 거래가 이루어졌다. 40년대 전반에는 거래일 하루 평균 1.5회, 74년과 82년에는 1.8회 상품을 구입하였다. 연간 재화에 대한 총지출액은 40년대 전반에는 120냥 정도, 74년과 82년에는 140냥 정도였다. 판매물자는 쌀을 비롯한 곡물이 중심을 이루었지만, 지출에서는 수산물이 3~4할을 차지하였다. 육류・반찬류・의류 등에 대한 지출도 빈번하였다.

함양 박씨가의 경우에는 장날 외의 거래가 장날의 거래만큼 활발하였다. 함양 박씨가는 예천장을 중심으로 하여 수처의 장시를 출입하였을 뿐만 아니라, 장날 외에도 약을 짓고 술을 사먹고 행상과 수공업자와 접촉하는 등 거래를 활발히 하였다. 『저상일기』의 도입부를 보면, 박한광(朴漢光) 집안은 1834년에 14회, 1835년에 7회 약방과 의사로부터 약을 지었다. 박씨가는 같은 동네나 이웃 동네의 잘 아는 사람과 장날 외에 빈번히 거래하였다. 수공업자가 오면, 또는 그를 불러서 공전(工錢)을 지급하고 수공업품을 조달하기도 했다. 1841년 4월에 혁구공(革屨工)에게 1냥 5전을 지급하고 가죽신을 만들게 했고, 같은 해 6월부터 8월에 걸쳐 3냥을 지급하고 관을 만들게 하기도 했다.

이처럼 16~19세기 사이의 일기를 대충 비교해 보더라도, 시장교환이 꾸준히 성장하는 반면 혼・상례를 제외하고는 선물교환이 미미해지는 사실을 확인할 수 있다. 사족의 유형에 따라 차이가 있지만, 장시가 현저히 성장하는 17세기 후반과 18세기 전반에 대체로 사족의 경제생활에서 시장교환이 선물교환을 압도하게 되었을 것으로 보인다.

조선시대에 농촌시장이 꾸준히 성장하였지만, 조선 말에도 시장기능이 성숙하였다고 할 수는 없다. 『저상일기』에서 시장기능의 제약을 보여주는 사례를 들어본다. 1834년 12월 24일 박한광이 사망하자, 그의 아들이 26일에 상포(喪布)를 사오고, 부초 남상인가(浮草 南喪人家)로부터 방판(傍板)과 칠성판을 샀는데, 판목에 구멍이 나 사용할 수가 없어 28일 시장에서 판목을 구입하였다. 다음해 정월 초에 임고(林皐)가 판을 가졌다 하여 사람을 보내어 살폈는데 좋지 않다 하여 물리쳤고, 16일에는 사성(沙星)에 가서 판자를 보아도 마음에 들지 않았다. 21일 순흥의 강씨가 석교(石橋)에 좋은 판자가 있다 하여 친구로 하여금 살펴보고 23일 가져오게 하니 마음에 들어 다음날 목수를 불러 관을 만들게 하였다. 그런데 강씨가 판자값을 유용하여 말썽이 생겼다. 박득녕이 좋은 판목을 구하는 데에 연고를 가진 사람들의 정보를 동원하여 한 달 가까이 걸릴 정도로, 19세기에도 농촌시장의 수급기능은 한계를 가졌음을 알수 있다.

박득녕이 부친상에 사용할 수레를 운반할 소를 보니 병에 걸린 것 같아 3월 24일 소를 환퇴(還退)하려고 사람을 보내니 병이 없다고 하여 허락하지 않았다. 그래서 다음일 오천장(梧川市)에서 40냥 7전을 주고 가우(駕牛)를 구입하여 사용하였다. 장사가 끝난 직후인 4월 5일 소를 오천장에 보내어 팔려 했으나 뜻을 이루지 못하고, 7일 예천장에다 팔았는데, 10일 환퇴를 당하고 12일 다시 소를 팔러 시장에 갔다가 장사꾼에게 소를 탈취당하는 일이 발생하였다. 소의 거래에 환퇴 등으로 적은 않은 비용이 소요되었음을 알 수 있다.

우하영(禹夏永)의 『천일록』(千一錄)에 의하면, 사족은 모두 몸소 관정(官庭)이나 장시에 들어가는 것을 부끄럽게 여겼는데, 영남에서만은 조금도 그렇게 생각하지 않았다 한다. 영남의 사족은 "이미 일을 맡을 노복이 없고 또한 자식이나 조카로 대신 부리기도 어려운데, 살아가고 장사와 제사를 지내는 일을 어찌 구차히 다른 사람으로 대신하겠는가"라고 말하였다. 『쇄미록』을 보면, 노비로 하여금 장을 보게 하였는데, 『승총명록』이나 『저상일기』를 보면, 사족인 저자가 자주 장을 출입하였다. 다만 사족 출신의 여자가 장에 가는 것은 금기시되었다 한다.

사족, 농민 및 수공업자의 경제생활과 밀접한 관계를 가지는 시장이 도시에서는 시전, 농촌에서는 장시인데, 포구와 무역시장은 주로 상인의 활동과 관련을 가진다. 17세기 전반까지도 보통의 포구는 조세나 지대로 받은 곡물을 운반하거나 해산물·소금 등을 유통하는 기능을 주로 담당하였다. 장시의 확산과 도시상업의 확대가 상품유통을 활성화함에 따라 17세기 후반 이래 포구는 점차 상업 중심지로 부상하였다. 일반 장시가 행상과 주변 농민이 참여하는 국지적 유통의 중심지라면, 포구는 대량의 물자를 원격지로 이동할 수 있는 선박이 출입하는 원격지 유통의 중심지였다. 선상의 활발한 출입에 따른 포구에서의 상품 유통의 성장은 객주(客主)를 출현시켰다. 객주란 객상(客商)의 주인을, 주인이란 주선인을 의미한다. 객주의 주된 업무는 선상과 보부상으로 대표되는 객상이 위탁하는 상품매매를 주선하여 구문(口文)이란 수수료를 취득하는 것이다.

도시민의 소매나 관부의 물자 조달은 시전에서, 지방의 소매상업은 장시에서 이루어졌는데, 객주는 객상이 수송해온 물자를 시전상인이나 장시의 행상에게 중개해주는 역할을 맡았다. 산지의 장시에서 국지적 행상에 의하여 집하된 물자는 객주의 주선을 거쳐 원격지 유통을 담당하는 행상에 넘겨져 대개 포구를 경유하여 소비지로 이동하고, 그곳에서 객주를 거쳐 국지적 행상에 넘겨져 소비자로 전달되었다. 물론 품목, 유통거리, 교통수단 등에 따라 유통경로는 다양한 편차를 가졌을 것이다. 그런 점에서 객주에게 의뢰되는 거래는 규모가 컸고 도매의 성격을

가졌다. 조선 후기에 대량의 화물을 자기 자본으로 도매하는 정주상인
이 발달하지 않았고 대규모 거래가 성사되기 힘들었기 때문에, 타지방
실정에 어두운 객상은 객주에 의뢰하고 오랜 기간을 숙박하며 기다려야
만 했던 것이다. 일부 객주는 위탁매매를 통하여 상품유통을 중개하는
데에 그치지 않고, 행상에 대한 금융 등을 통하여 그것을 직접 관장하
기에 이르렀다.

  포구에서의 거래는 원격지 유통의 성격을 가졌으므로, 상인이나 지주
가 여기에 활발히 출입하였다. 소농이나 도시 서민의 상품교환에서는
포구 상업의 비중이 낮았겠지만, 포구 주변의 농민 등은 장삿배로부터
소금 등 해산물을 사기 위해 출입하기도 했다. 유력 양반인 이담명은
노비를 지휘하여 낙동강 수운으로 김해·안동 사이를 오르내리면서 대
규모의 염 매매에 종사한 적이 있었다. 소금배가 큰 마을 앞에 정박하
면 집집마다 쌀 등을 가져와 소금과 교환하였다 한다. 『저상일기』에 의
하면, 함양 박씨가는 소금을 낙동강 상류의 포구로부터 주로 공급받았
지만, 목계(木溪) 등 남한강의 포구로 사람과 말을 보내어 소금을 실어오
기도 했다. 박씨가는 포구로부터 소금을 다량 구입하여 주변에 소매하
였다.

  객주가 점차 특권적인 유통독점자로 전환해가면서 객주나 그 후견인
은 이권추구 행위에 노력하고 행상에 대한 수탈을 강화하였는데, 그러
한 포구상업의 양상을 정약용은 아래와 같이 생생히 묘사하였다.

  포구에 배가 닿는 곳마다 호민(豪民)이 점포를 차려놓고 무릇 상선(商
  船)이 도착, 정박하면 그 화물을 주관하면서 감히 이동하지 못하게 하고
  스스로 거간꾼이 되어 임의로 조종해서 그 값을 올렸다 내렸다 하면서
  혹은 은밀히 상인을 도와 스스로 생색을 내면서 자기의 묵은 빚은 탕감
  케 하고 혹은 은밀히 육상(陸商)을 도와서 억지로 값을 싸게 매겨 그 이
  익을 나누어 먹기도 하며, 일부러 술과 고기를 차려 극진히 대접하는 체

하면서 그 수수료를 높이 받기도 한다. 배가 떠나는 날에 장부를 놓고 타산해보면 상인의 이익의 절반은 객주에게 돌아가고 그 나머지 절반은 삼분오열되고 있다. 게다가 아전·군교·관노들이 한번 배가 들어왔다는 소문을 들으면 벌떼처럼 모여들어 그 화물을 겁탈하거나 혹은 반값만 주거나 혹은 대금을 후일로 미루는데, 조금이라고 거절하면 난폭하게 치고 잡아 움켜 유혈이 옷소매를 적시기도 하고 울음소리가 하늘을 닿는다. 이때에 갯마을의 불량배들이 그 성세를 도와 주먹질과 발길질을 함부로 하니, 이 때문에 상거래하는 배가 모여들지 않고 물화의 값은 뛰어올라 갯마을은 또한 날로 쇠퇴하여간다.

• 『목민심서』 「호전」(戶典) 평부하(平賦下)

● 이헌창 · 고려대 경제학과 교수

물가변동

고문서와 물가변동과의 관계

몇 해 전 국내에 상영된 「쉰들러 리스트」란 영화는 1929년 대공황을 계기로 인류가 얼마나 황폐화될 수 있는가를 생생히 보여준 영화라 생각된다. 사실 1929년 대공황은 동시대 서구의 보통사람들의 도덕적 가치와 생활습관 및 미래에 대한 두려움에 깊이 기억된 사건임에 틀림없다.

당시 경제학은 이 위기가 언제 시작되었으며 언제 끝날 지에 대해 해답을 내릴 수 없었다. 결국 대공황은 경제학자를 역사의 바다에 들어가도록 강요한 결정적인 사건이 되었다. 이후 1700~1950년까지 약 250년 기간 동안 5차례의 순환주기가 진행되고 있었다는 콘트라티에프 사이클의 발견으로 세계적인 위기의 기원이 된 1929년의 단절은 단지 사이클의 방향전환에 불과한 것이라는 사실을 알게 되었다.

1896년에 시작된 상승국면이 20세기 초와 제1차세계대전을 지나 1929년에 정점에 달했고, 1929~30년에 전환이 일어났던 것이다. 1929년을 분기로 하는 사이클은 예전에 없었던 가파른 상승과 하강으로, 다른 사이클에 비해 그 주기가 훨씬 짧았던 사이클로 나타났는데, 일부

동시대인들은 이 폭풍우 기간의 고통을 참지 못하고 파시즘이라는 돌이킬 수 없는 죄악을 행하게 된 것이다.

1997년 말에 한국경제에 닥친 IMF사태도 그동안 성장가도 속에서 살아온 사람들에게는 전혀 예기치 못했고 전례가 없었던 위기였다. 이때 한국에서도 파시즘과 같은 극단적인 행동이 나올 가능성이 있었다. 그러나 한국에서는 극단적인 행동은 자제되었다. 한국경제의 주체에게 IMF위기가 던진 메시지는 두 가지로 요약된다. 하나는 한국경제도 직선적인 성장궤도에서 벗어나 순환운동의 궤도로 진입하였다는 사실이다. 이 사실은 모든 경제부문에 고착된 독점적 지대추구의 해체를 의미하며 그에 따라 소수의 특권 논리로 살아온 대기업 간부사회, 대학교수사회, 법조사회, 의료사회가 순환의 소용돌이에 휩싸이는 것을 의미한다. 다른 하나는 고도성장보다 안정적이고 지속가능한 성장이 더 바람직한 성장이라는 성장관의 교정을 의미한다.

우리는 여기서 서구와 마찬가지로 수백 년 간 지속되어온 일상생활의 모습과 그 주기적 순환운동을 추구할 필요가 있다. 따라서 인간의 일상생활의 영역 전체가 주기적인 변동을 좇아서 순환운동을 한다는 진리를 발견하는 데 부단히 노력해온 아날학파의 활동과 연구방법에 대해 주목할 필요가 있다.

아날학파는 물가, 인구, 집단심성, 범죄, 유행에 이르기까지 콩종튀르(Conjuncture)라는 복합적인 흐름이 존재한다고 보았다. 하나의 예로서 경제가 상승할 때에는 분열과 대립의 경향이 부추겨지는 반면 경기가 좋지 않을 때에는 강력한 정부를 중심으로 여러 당파들이 모여든다는 프랑스의 정치법칙도 이러한 콩종튀르의 맥락에서 나온 것이다. 일상생활을 둘러싼 현상들이 복합적인 변동의 연속에서 전개된다는 사실을 그나마 쉽게 인식할 수 있는 지표가 물가변동이다. 물가변동의 콩종튀르는 마치 바다의 파도가 자신의 움직임 위에 다른 작은 물결을 이고 움직이듯이 어떤 움직임은 다른 움직임에 영향을 주면서 서로 연쇄적으로 작용하여 나타나는 것으로 아날학파 성립의 토대라 할 수 있다.

물가변동은 1년 내의 계절주기, 40개월 주기의 키친 사이클, 10년 이내에서 진행되는 쥐글라 사이클, 50년 이상 주기를 갖는 콘트라티에프 사이클로 발견되어왔고 명명되어왔다. 특히 프랑스의 라브루즈는 전(前)공업화사회를 대상으로 10~12년 주기의 라브루즈 사이클을 발견하기도 하였다. 결국 아날학파는 이 콩종튀르를 통해 유럽의 일상생활이 활기찬 변동들로 가득 차 있음을 밝힌 것이다.

1929년에 아날학파의 학회지인 『사회경제연보』가 창간되었으며 미국의 록펠러재단이 후원하는 국제물가사연구위원회가 발족되었다. 이 위원회를 중심으로 유럽 각국의 물가사 자료가 수집되었는데 이때 유럽 각지에 흩어진 고문서가 수집되어 국가간 비교가능한 데이터로 정비되기 시작하였다. 결국 유럽 각국의 물가변동을 발견하는 데에는 고문서가 매우 중요한 역할을 하게 되었다. 왜냐하면 20세기 이전 당시만 해도 전(前)통계사회에 해당될 정도로 통계정비가 잘 이루어지지 않은 상태에서 고문서의 존재는 연속적인 시계열 구축에 유일한 희망이었기 때문이다. 유럽에서는 회계장부기록이나 읍의 자치창고기록, 공설시장기록 등이 가격정보를 담고 있는 고문서로 알려져 있다.

고문서에 관한 한 우리나라는 유럽 못지않은 잠재력을 지니고 있다. 그러나 고문서를 수집하고 보관하는 과정과 역사과학분야에서의 응용력은 크게 차이가 난다. 따라서 앞으로 우리나라에서도 과거 역사를 좀 더 과학적으로 이해하려는 시도가 늘어나고 수량적인 시계열분석방법이 역사 이해의 주요 방법으로 자리잡음에 따라 고문서의 역할은 한층 증대될 전망이다.

또한 고문서가 수량경제사의 발전을 뒷받침할수록 기존의 역사 이해와 다른 틀이 형성될 전망이다. 예를 들어 지난 1960년대 이래의 한국사 연구는 16세기에서 19세기까지 약 300~400년의 역사를 대상으로 일직선적인 장기추세를 제시하고 '내재적 발전론'이나 '소농사회성숙론'

으로 조선 후기 사회성격을 규정하고 논쟁해온 것이 사실이다. 이들이 고도성장의 역사적 기반을 자본주의 맹아에 두든지 아니면 소농의 성숙에 두든지 모두 경직된 역사틀임에는 분명하다. 왜냐하면 이들과 함께 식민지시기에 형성된 '조선사회정체론'까지 모두 치열한 논쟁구도를 형성하고 있지만 조선사회가 다양한 중기변동들로 가득 찬 사회라는 사실을 덮으려고 하는 점에서 모두 공동의 방법론에 의거해 있음을 부인할 수 없기 때문이다.

지금까지 조선시대 고문서 중 유럽과 같이 상인들의 회계장부나 공설시장기록과 같은 고문서는 아직까지 발견되고 있지 않은 실정이다. 반면 문중조직의 회계장부나 개인의 생활일기 속에 물가기록이 다수 존재하는 특성이 존재한다. 중국의 경우 주현단위의 지방 관료가 정기적으로 해당지역 물가를 조사하여 황제나 중앙에 보고한『양가청단』(糧價淸單)이나『양가세책』(糧價細冊)이 주목되는 물가사 자료로 알려져왔고 최근에는 상점의 장부나 종족의 회계장부가 주목되고 있다.

가격정보를 담고 있는 고문서의 형태가 유럽과 중국과 조선이 서로 차이가 있다고 아직 단언할 수는 없지만, 지금까지 발견된 자료에 한해서 볼 때 자료작성의 주체와 정보의 성격을 영리추구의 기업형, 행정관료조직의 국가형, 일상생활의 민간형으로 분류해 본다면, 유럽과 중국이 기업형 가격정보, 관료형 가격정보의 특성이 있다면 조선은 일상생활형 가격정보라는 특성을 지닌다고 볼 수 있다.

관찬기록의 단점과 고문서의 장점

지금까지 발견된 자료에 국한된 사실이지만 중국과 같이 강력한 중앙집권적 국가로서 알려진 조선시대의 가격정보는 중국에 비해 국가차원에서는 매우 부차적인 정보로 취급되었다는 느낌을 받는다. 왜냐하면『조선왕조실록』이나『비변사등록』혹은『일성록』등이 중앙에서 수집한 행정정보집이라 할 수 있는데 이들 자료를 샅샅이 뒤져본 결과 가격 정보는 지극히 미미하다는 사실을 알기 때문이다. 결국 장기간 동질적인 시계열성을 갖추는 것이 생명인 물가사 연구에서 조선의 경우는 중앙의 관찬기록보다는 지방의 고문서가 훨씬 더 훌륭한 상태라는 결론에 이르게 된다.

이러한 문제 이외에 『조선왕조실록』이나 『비변사등록』 등 관찬기록에 간헐적으로 등장하는 물가기록은 자료의 동질성 문제를 안고 있기 때문에 시계열성을 갖출 수 없는 상태로 존재하는 경우가 대부분이다. 예를 들어 『비변사등록』에서 나오는 다음과 같은 물가기록을 보자.

『備邊司謄錄』第82册 英祖 3年 丁未(1727年) 8月 13日 : 特進官李森所啓 臣在謫時 民間疾苦 不無所知 其中最有窮民難保者 至於公債國有什一之法 而閭里無折定之規 上年年事稍登 秋間市値 錢一兩全石 及至今春 一兩租八斗 以此言之 二十斗二兩半

여기서 특진관 이삼(李森)은 지난해 농사는 풍년으로 가을에 미가(벼) 시세는 1냥에 전석(租 20斗)으로 1석인데 올해 봄에 이르러서는 1냥에 벼 8두로 상승하여 가을과 대비해서 2.5배 상승했다고 언급하고 있다. 이 기록은 얼핏 보면 수도 서울의 1726년 가을과 1727년 봄의 미가 시세로 착각하기 쉽다. 실제로 이러한 착각하에 1726년부터 서울은 저미가 국면에 접어들었다고 보는 연구도 있다. 그러나 동시대 고성지방의 생활일기인 『승총명록』을 보면 고성지방의 미가는 1726년 8~10월 사이에 벼 1석에 1냥 2전 5푼대 수준이었다.

사료에 등장하는 특진관 이삼은 소론으로 1725년에 어영대장이었는데 노론의 탄핵을 받아 경상도 곤양에 유배를 간 인물이다. 그가 정미환국으로 풀려나와 다시 정사에 참여하면서 언급한 물가는 수도 서울의 미시세가 아니라 유배지인 경상도 곤양의 벼시세로 보아야 한다. 이러한 오류는 관찬기록에 의존한 물가사 연구의 한계를 나타내는 대표적인 사례로 볼 수 있다.

이러한 면에서 프랑스의 선구적 물가사 연구자인 라브루즈가 사료의 진실성을 보증하는 근거로 ① 자료의 수가 많을 것, ② 연관 자료는 상호간 통제가능할 것, ③ 기록이 규칙적일 것, ④ 감사를 거친 기록일 것이란 네 가지를 들었음을 상기할 필요가 있다. 그는 사료적 기반의 견고화가 물가사 연구의 성패를 가름하는 가장 기초적인 일이라고 애써 강조하였다. 따라서 사료적 기반의 견고화야말로 물가사 연구의 초석이라 할 수 있다. 여기에 소개하는 『남평 문씨 고문서』(南平文氏古文書)와 『승총명록』(勝聰明錄)은 라브루즈가 제시한 사료의 진실성을 보증하는 근거를 갖춘 매우 뛰어난 물가사 자료이다.

전라도 영암 장암지방의 『남평 문씨 고문서』의 일부분인 「용하기」(用下記)는 1744년부터 현재에 이르기까지 약 250년 간 운영되어온 계재정지출 장부이다. 전통시대 회계방식은 개성상인들이 사용한 사개치부법(四介治簿法)이 알려져 있는데 「용하기」도 단순 기록문서가 아닌 일정한 회계원리에 입각한 회계장부이다. 「용하기」에도 개성상인의 회계용어인 상·하(현금의 출납에 사용), 입(入)·거(去. 물품출납에 사용), 환입(還入)·환거(還給. 대부와 차입관계에 사용) 등이 사용되고 있다든가 질(秩) 자, 차(次) 자, 여(餘) 자의 용례가 확인되는 것이 이를 뒷받침한다.

매년 회기를 수확 이전인 봄과 이후인 가을로 나누어 반복적으로 일어난 작전(作錢)과 작미(作米) 행위 및 현물지출이 매건마다 회계원칙하에 기입되어 조질(租秩)·미질(米秩)·전질(錢秩)의 관계하에 기입되고 이 세 물목(物目)은 다시 상호 긴밀한 수입·지출망으로 구성되어 있다.

「용하기」상의 모든 수치는 하나 하나가 이러한 망의 연결고리를 구성하기 때문에 규칙에서 벗어난 기록이 존재할 수 없다. 이러한 기록은 매년 가을 회기 말의 결산 때 신년도 유사에 의해 감사를 받고 그 확인절차를 거쳐 인수인계된다. 따라서 「용하기」 속에 존재하는 가격기록은

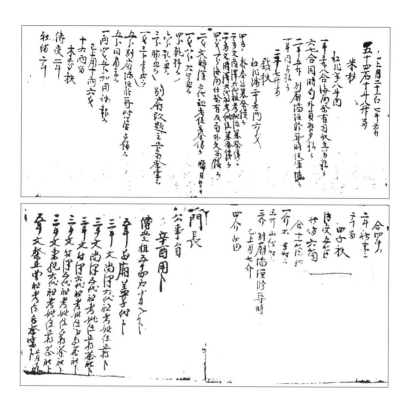

1800년도 남평 문씨 「용하기」의 일부분
언뜻 보기에 단순한 지출부로 보이나 실내용은 엄격하고 투명한 회계원리로 작성된 회계장부이다.
1781년부터 독특한 회계방식으로 기록되기 시작하여 현재까지 작성되고 있다.

라브루즈가 언급한 사료의 진실성을 모두 보증할 수 있는 신빙성이 높은 물가사 자료이다.

『승총명록』은 구상덕(具尙德. 1706~61)이 경상도 고성현 광내일운면 도산리에 거주하면서 1725~61년 간 기록한 생활일기이다. 일기에는 물가기록 이외에도 날씨, 농사상황, 시장분위기, 봉제사·접빈객 등 일상생활에서부터 범죄, 전염병, 기상이변, 기근참상 등 특수사건에 이르기까지 향촌사회를 둘러싼 제반 사건들이 상세히 기록되어 있다.

<표 1> 『승총명록』의 연도별 월별 미가기록 횟수(음력)

기간	1월	2월	3월	4월	5월	6월	7월	8월	9월	10월	11월	12월	1~6월	7~12월
1725~29	1	0	1	0	2	2	4	3	1	1	2	2	6	13
1730~35	2	1	2	1	2	0	4	1	2	2	2	4	8	15
1736~40	0	0	0	0	0	1	0	3	0	0	0	6	1	9
1741~46	0	0	0	0	0	1	2	0	0	0	0	4	1	6
1747~50	0	0	0	0	0	2	1	1	0	0	0	4	2	6
1751~55	3	2	4	3	4	2	4	3	4	4	6	12	18	33
1756~61	7	5	0	4	9	3	3	12	4	5	3	12	28	39
합	13	8	7	8	17	11	18	23	11	12	13	44	64	121

『승총명록』의 물가기록은 일기 속의 물가기록이라서 시점이 연월일까지 파악되는 정확성을 갖추고 있다. 시점의 정확성이 확보됨으로써 연도별 변동뿐만 아니라 계절별 변동까지 알 수 있게 해준다. 일기류 이외의 물가기록은 대개 수확연도를 기준으로 수확 이전과 이후의 분류만 가능한 상태로 되어 있는 데 비해 일기 속의 물가기록은 시점이 명확하기 때문에 월별 계열상태만 확보되면 계절지수를 산출할 수 있는 장점이 있다.

공간적인 면에서도 『승총명록』의 물가기록은 동일시장에서 관찰된 정보라는 동질성을 확보하고 있다. 예를 들어 『승총명록』과 동시대에 편찬된 『여지도서』(輿地圖書)상에 고성현의 장시는 구읍장(1·6), 읍시장(2·7), 당동장(3·8), 배둔장(4·9)으로 명기되어 있다. 『승총명록』에 시장 관련 거래 기록 날짜는 총 196일인데 이중 1일과 6일의 기록이 총 168일을 차지한다. 날짜별 거래 품목을 정리하자면 1일과 6일의 시장 물가 정보는 미곡이 주종이고, 2일과 7일의 경우 담배가, 4일과 9일은 해산물이 주종이다. 따라서 『승총명록』의 미가 기록은 구읍장(1·6)이란 동일장소의 미가 시세를 관찰한 결과라는 점에서 공간의 동질성을 확보하고 있음을 알 수 있다.

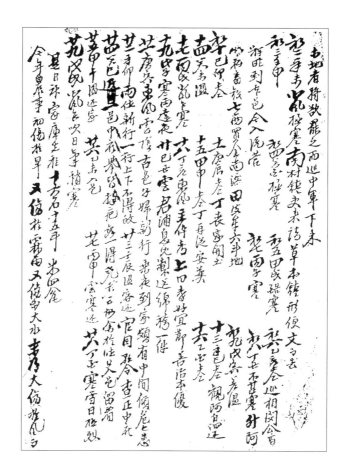

1750년 연말의 『승총명록』
지금까지 발견된 생활일기 중 18세기 생활일기로서 물가기록이 가장 규칙적이고 빈번하게 나타난 일기이다.

거꾸로 된 물가표현

　『조선천주교회사』의 저자인 달레 신부는 조선 생활풍습의 특징을 서술하면서 조선사람들은 쌀을 가지고 장에 가서 교환하는 행위를 "쌀 사러 간다"라고 표현하는 것에 대해 매우 흥미로운 표현이라고 지적한 바 있다. 비슷하게 우리는 18세기의 조선 사람들이 쌀값이 오른 것을 내렸다 하고 내린 것을 올랐다고 하는 경우를 볼 수 있다.

예를 들어 『승총명록』 1727년 3월 14일자에는 "올 봄의 시세는 (錢文 1냥당) 조 6두이다. 작년 가을 시세는 조 전석(20두)을 넘었다. 지금 시세가 내려간 것이 이와 같으니 놀라지 않을 수 없다"라고 시세를 기록하고 있다. 여기서 작년 가을의 시세에 비해 올 봄의 시세가 '내려갔다'고 표현하고 있다. 이것은 오늘날의 표현으로 보자면 쌀값이 상승한 경우이며 물가가 상승하여 화폐가치가 하락한 경우이다. 『승총명록』의 시세표현을 오늘날의 시세표현으로 바꾼다면 "올 봄의 쌀값 시세는 벼 한 가마에 3냥 3전 3푼 한다. 작년 가을에는 벼 한 가마에 1냥이 채 안되었다. 올 봄 쌀값이 이렇게 오른 것을 보니 놀라지 않을 수 없다"라고 할 수 있다.

역으로 오늘날 쌀값이 하락한 경우 당시에는 "뛰어올랐다"라고 표현하였다. 예를 들어 1726년 8월 5일에는 "올해 논작물은 가위 풍년이라 할 만하다"라고 하며 곧이어 8월 29일에 "들으니 올해 시세가 뛰어서 전문 1냥에 조 25두라 한다"라고 기록하고 있다. 이것은 오늘날의 표현으로 하자면 쌀값이 폭락한 경우이다. 마찬가지로 이 표현을 오늘날의 표현으로 바꾸면 "들으니 지금 쌀값이 폭락하여 벼 한 가마에 8전 한다고 한다"라고 바꿀 수 있다.

오늘날의 물가감각으로 볼 때 쌀값의 상승을 하락으로, 쌀값의 하락을 상승으로 표현한 것은 전도된 표현임이 분명하다. 이러한 표현의 전도는 당시 쌀의 지위를 화폐의 위치에 놓고 있던 사람들에겐 당연한 것이었다. 지금까지 발견된 일기에 한정된 사실이나 18세기 일기 속의 물가표현은 대부분 『승총명록』과 같은 형태로 물가시세를 언급하고 있다. 예를 들어 충청도 부여지방 일기인 『한중일월』(閑中日月)의 1787년 5월 3일을 보면 다음과 같은 표현이 있다. "날이 가물기가 이와 같이 오래 되니 보리가 모두 메말라 어느덧 흉년이 되어버렸다. 이앙한 곳도 모두 말랐으니 인심이 크게 동요한다. 시세는 점차 하락하여 1냥전에 미 4두쯤 한다." 이 표현도 마찬가지로 쌀이 화폐의 위치에 있는 것을 나타내고 있다.

이와 대조적으로 19세기 일기에는 오늘날 사용하는 방식과 동일한 형태로 물가를 표현하고 있다. 예를 들어 경상도 예천 지방의 『저상일월』의 1838년 1월 21일을 보면 다음과 같은 표현이 있다. "시세는 1승에 초두에 1전 5푼이었는데 다시 내려서 1전 5리 혹은 1전 2푼 한다." 이 표현은 정확히 오늘날 사용하고 있는 물가표현과 일치되는 표현이다. 좀더 많이 조사해 보아야겠지만 오늘날의 물가표현에서와 같이 화폐가 가치척도의 일반적 수단이 되는 것은 19세기의 일이 아닐까 싶다.

18세기 생활일기 속에 나타나는 전도된 물가표현을 놓고 19세기에 비해 상품경제가 발달하지 않은 모습으로 이해할 수도 있다. 그러나 18세기 물가표현에서 쌀과 목화를 제외하고는 대부분 오늘날의 표현을 사용하고 있기 때문에 이러한 결론을 쉽게 내릴 수 없게 한다. 예를 들어 『승총명록』 1752년 12월 30일을 보면 "시세가 전 1냥에 조 11두, 정조 10두, 미 5두, 태 10두이다. 남초는 1파(把)에 불과 8∼9푼 하고 소금은 1석에 5∼6전 한다. 마른 대구는 한 마리에 2전 3푼∼4푼 한다"라고 되어 있는 것에서 알 수 있듯이, 쌀을 비롯한 곡식류를 제외한 대부분의 상품 물가는 오늘날의 물가와 동일한 형태로 표현되어 있기 때문이다.

조선시대 사람들이 쌀과 같은 곡식류와 면화의 물가표현만 유독 전도된 표현을 사용한 이유는 대동법 제도와 일정한 관련이 있다고 볼 수 있다. 중앙정부에서 대동법을 실시하면서 연안지대와 산군지대에 쌀과 무명을 내도록 한 것과 물가표현에서 그것들이 화폐의 위치에 놓인 것과 일정한 연관이 있을 수 있다. 이것은 역으로 마르크스가 지적한 바와 같이 조선시대 사람들은 18세기까지 자본주의로 나아가지 않고 단순

소상품교환관계에 머물면서 화폐물신에 빠지지 않고 화폐 형태의 배후에 숨어 있는 진정한 관계를 유지했기 때문인지도 모른다. 따라서 "쌀 사라간다"는 전도된 표현에서 우리는 자본주의로 나아가지 않는 단순소상품사회의 관습을 엿볼 수 있지 않을까 생각해본다.

고문서에 나타난 조선 후기의 장기추세

조선 후기의 경제상을 시계열로 제시하려 할 때 필요한 작업은 단기의 연속으로서 중기와 중기의 연속으로서 장기의 시계열을 구축하는 일이다. 그러나 고문서를 통해 장기시계열을 구축하려 할 경우에 종종 관련정보의 누락이 몇 년 간 계속되는 등 어려운 경우에 처하게 된다. 또한 앞서 소개한 「용하기」와 『승총명록』처럼 서로 다른 고문서 속에 등장하 는 미가정보를 한 계통의 시계열로 결합할 때 지역적 차이와 계절적 차이를 고려해야 하는 문제가 발생한다. 후자의 문제는 지역지수와 계절지수를 반영하여 조정할 수 있고 전자의 문제는 시간변수활용법을 통해 해결할 수 있다.

이러한 방법을 통하여 구축된 시계열이 <그림 1>이다. 그림에는 순환의 주기를 넘어 상승경향을 띠는 장기추세가 나타나 있다. 조선 후기 장기추세도 사건사적인 것과 단기적인 것뿐만 아니라 10년에서 20년 사이의 변동을 등에 지는 다양한 변동들의 복합체로 나타나고 있다. 이 추세는 1년씩 따라가면 전혀 식별할 수 없다. 1725년에 출발하여 매년 변화를 따라가다보면 상승하고 있는 것인지 하락하고 있는 것이지 잘 알 수 없다. 적어도 50년 이상의 세월을 따라간 1775년쯤에 위치를 확인하면 지나온 궤적의 방향이 조금 위로 향하고 있음이 드러난다. 그러다가 다시 50년의 세월을 따라가 1825년쯤에서 위치를 확인하면 그나마 50년 전에 보였던 방향과 달리 아래로 향하고 있음을 알 수 있다. 그러나 100년의 세월을 넘어 150년 세월이 지난 뒤에 보면 확실히 처음

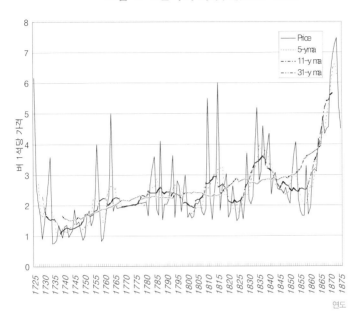

<그림 1> 조선 후기 미가추세(1725~1875)

출발할 때와 다른 위치에 있는 것을 알 수 있다. 따라서 장기추세는 100년 이상의 일상생활의 누적의 결과로 나타나는 상(像)임을 알 수 있다.

이러한 추세 발견의 과정을 수학적으로 밟는다면 전형적인 시계열분석 방법을 적용해볼 수 있다. 단기 불규칙변동과 중기 순환변동이 제거된 상태에서의 장기추세를 최소자승법을 이용한 선형추세선으로 구하는 방법이 한 예이다. 여기에서는 X를 시간변수로 삼고 Y를 미가변수로 삼아 다음 방정식으로 표현할 수 있다.

$$Y = \hat{a} + \hat{b}X$$

이제 각 연도 미가 자료를 대입하여 구하면 아래와 같은 일차선형 추세선이 도출된다.

$$Y = 0.0137X + 1.3774 \ (R^2 = 0.8727)$$

선형추세의 미가축 절편을 볼 때 처음 출발점에서는 조 1석당 1냥 3전 7푼이다가 마지막에는 3냥 4전 5푼으로 상승한 것을 알 수 있다. 처음 1725년의 미가 수준에 비해 150년 뒤인 1875년의 미가는 약 2배 반 정도 상승한 것이다. 이것은 물론 이 기간 모든 불규칙변동과 순환변동을 제거한 순수 추세에 처음과 끝을 대입한 결과이다. 이 상승 추세는 네 차례의 상승과 하락의 순환이 반복된 결과로 나타난다. 시기별로 볼 때 18세기 상승 추세를 주도한 국면은 1740년에서 1787년까지의 상승 국면이며, 19세기 상승 추세를 주도한 국면은 1855년에서 1875년까지의 상승 국면이다.

그러나 상승 추세를 주도한 양자의 힘은 다르게 보인다. 상승으로 이끈 힘을 기울기 값으로 평가할 경우 18세기 상승국면의 회귀분석 결과과 그 기울기 값이 0.0273이고 19세기의 경우 0.2255이다. 19세기 상승 국면은 18세기에 비해 무려 8배 이상 가파른 것임을 알 수 있다.

같은 상승추세라도 18세기의 지속적이고 완만한 상승과 19세기의 변덕스러운 중간과정을 거친 상승과의 차이는 어떠한 경제적인 함의를 갖고 있는 것일까? 물가이론에서 물가상승은 두 가지로 요약된다. 하나는 악성인플레이션이다. 1920~30년대 파시즘의 배경에는 이 악성인플레가 진행되고 있었다. 최근 러시아의 인플레도 마찬가지이다. 악성인플레이션은 사회질서의 혼란, 신용파괴, 투기자들의 부당이득 증대, 시장사재기 등 비합리적 행동이 극대화되는 시기이다.

다른 하나는 생활수준의 향상과 조응하는 물가상승이다. 다시 말하자면 화폐로 표현된 생활수준과 구매력으로 표현된 생활수준의 상승의 템포가 서로 조응하는 상승을 말한다. 대개 공간과 시간을 불문하고 악성

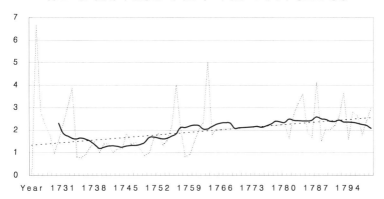

<그림 2> 단기불규칙 변동을 제거한 후 나타난 18세기의 평온한 상승

인플레이션은 로켓과 같은 상승으로 나타나고, 바람직한 인플레이션은 평온한 상승으로 나타난다.

　이러한 판단근거를 가지고 18세기 상승과 19세기 상승을 비교해보자. 중기나 장기변동의 특징은 단기변동을 제거한 상태에서 명료하게 나타난다. 국가나 사회나 개인 모두 매일매일 반복되는 일상생활의 단기변동만을 쳐다보면 시대의 변화를 전혀 느낄 수 없다. 그러나 동일한 생활을 10년 정도 누적시킨 다음 회고해보면 시대의 변화를 느낄 수 있다. 미가변동으로 조선 후기 사회를 들여다볼 경우에도 이와 똑같다. 18세기에서 19세기 200년 간 단기변동에 현혹되어 따라가다보면 중기와 장기의 특징은 찾을 수 없게 된다.

　<그림 2>에서 단기변동은 때로는 아이들 삼각모자처럼 때로는 준엄한 산봉우리처럼 다양한 모습으로 나타난다. 이 단기변동으로는 한 시기의 특성이 식별되지 않는다. 1733～34년, 1755～56년, 1762～63년, 1809～10년, 1814～15년은 첨봉의 형태로 18세기나 19세기 모두 똑같다. 이러한 급격한 변동의 원인은 대개 기상이변이다. 해당 연도의 『조선왕조실록』이나 『비변사등록』을 보면 가뭄, 홍수, 식량난, 전염병 등의

단어로 가득 차 있다. 1925년 을축년 홍수 때나 최근 1984년 홍수, 1998년 홍수 때 주요 신문을 들여다보면 첨봉의 형태로 나타난 조선시대 해당 시기와 거의 차이가 없는 기사로 가득 차 있는 것을 알 수 있다. 단기 변동만 가지고 조선시대인지 식민지시대인지 오늘날의 정보화사회인지 전혀 식별이 가지 않는다. 따라서 단기변동을 제거한 상태에서 중기나 장기변동의 특징을 비교하는 것이 과학적이다. 단기변동을 차별없이 제거하는 방법으로는 이동평균방법이 있다.

조선 후기 전 구간을 11개년 이동평균으로 나타낸 것이 비교적 굵은 선으로 표시한 이동평균곡선이다. 11개년 이동평균곡선에는 18세기와 19세기가 뚜렷이 식별되는 것을 알 수 있다. 1730년대 상승하기 시작한 이동평균 곡선은 1790년대 말까지 일관된 모습으로 상승하고 있는 것을 알 수 있다. 마치 궁중음악의 긴 호흡, 장구함, 신중함과 같은 느낌이 그대로 18세기 이동평균곡선상에서 느껴진다. 이러한 느낌은 19세기의 세 차례 상승과 하강이라는 변곡을 보는 순간 사라진다. <그림 2>에서 확인되듯이 18세기는 약 1냥 3전 2푼대에서 출발하여 1799년에 약 2냥 5전 2푼의 수준에 이르고 있다. 출발점 대비 약 90퍼센트 정도 상승한 것을 알 수 있다. 매년 상승의 정도를 나타내는 기울기를 보면 0.0163으로 나타나 그 완만한 정도를 알 수 있다. 이동평균값과 선형회귀식과의 밀접도를 보면 0.6459로 순환변동과 추세와의 괴리는 거의 없는 것으로 나타나 있다.

마찬가지로 19세기 구간만을 나타낸 것이 <그림 3>이다. 19세기는 처음의 약 2냥대에서 마지막에 약 4냥대로 상승한 것으로 나타난다. 변동폭이 18세기에 비해 2배 이상이다. 순환국면과 추세와의 괴리는 상당하게 나타난다. 이것은 상승추세로 귀결되기까지의 중기국면의 변동이 심하다는 것을 의미한다. 매년 상승의 정도를 나타내는 기울기는 0.0253으로 나타나 18세기에 비해 훨씬 가파른 것을 알 수 있다. 미가의 평온한 상승과 경제적으로 성장한 18세기를 연관시키는 것과 이와 대조적으

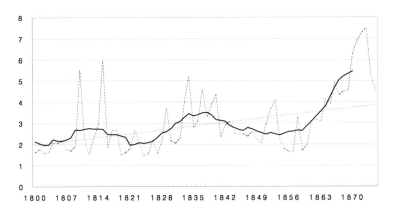

로 상승과 하락의 반복 끝에 로켓과 같은 상승과 위기의 19세기를 연관
시키는 것은 그 경제적 함의가 매우 큰 것이다.

몇 해 전에 안경 쓴 정조대왕의 모습을 내걸고 상영된 「영원한 제국」
은 1799년과 1800년 2년 사이에 일어난 남인과 노론과의 대립사건을 중
심으로 전개한 영화이다. 흥미로운 사실은 11개년 이동평균곡선상에 이
러한 드라마틱한 변화가 그대로 반영되어 나타난다는 점이다. 19세기를
여는 1800년은 몇 가지 면에서 예사로운 해가 아니었다. 우선 바로 1년
전인 1799년(정조 23)에 신해통공정책과 수원성건립 총책임자인 번암
채제공이 사망했다. 1800년에는 정조가 사망했다. 만 48세에 죽은 것이
다. 1801년은 신유사옥이 일어나 이가환(李家煥), 이승훈(李承薰), 정약종
(丁若鐘) 등 남인계이면서 천주교를 받아들인 실학자들이 모두 목숨을
잃은 해이다. 1801년 신유환국(辛酉換局)으로 정국의 주도권은 급속하게
노론계로 넘어간다.

조선은 18세기를 마치고 19세기의 시작을 이렇게 전개하였다. 이렇게
시작된 19세기의 말로는 식민지국가로 전락하는 것이었다. 19세기 노론
의 세도정치의 경제적 귀결은 경제불안정이다. 물가변동에서 18세기 완

만한 성장세는 19세기에 굴곡이 심한 변곡으로 전환되었다. 신유환국은 우리에게 정치적 사건으로만 알려져 있으나 물가변동을 놓고 볼 때에는 경제적으로 대단히 중요한 전환이 시작된 계기이다. 장기적인 경향이 바뀌는, 다시 말해서 위기의 시작이 진행되는 것을 의미한다.

19세기의 사회 분위기가 대단히 불안정적이었음을 감지할 수 있는 증후군은 많다. 하나의 예로서 화재가 대단히 빈번히 발생한 것을 들 수 있다. 1801년 3월 10일 전라감사는 순천부의 사창(司倉)이 화재로 불탄 사실을 보고해왔는데, 화재 원인은 사창 바로 뒤인 정조이(鄭召史) 집에서 화재가 발생하였기 때문이고, 인근의 민가 10호와 창고 54칸과 관공서 12칸이 모두 타버렸고, 창고에 있던 곡식 7,009석 중 6,404석이 모두 화재로 소실되었다. 같은 해 5월 20일에는 평안감사가 화재를 보고하였는데 선천(宣川)에서 곡식 창고 아래의 민가 28호가 화재로 소실되고 창고는 18칸이 완전히 불타버렸으며, 곡식피해는 4,250석 중 3,500석이 그을렸으며 750석이 완전 연소되었다는 내용이다.

1807년 1월 3일에는 경상감사가 경상감영의 화재를 보고해왔는데 관아 건물 184칸이 화재로 소실되어 그 복구를 위한 목재만 5,600주(株)가 소요된다는 내용이다. 1809년에 들어서서 화재는 더욱 빈발하였다. 1809년 2월 29일에는 함경도 감영에서 화재가 발생하였는데, 7개리의 민가 1,798호가 불타버렸으며 6개의 관청 건물이 소실되었다. 함경도 감영의 화재는 1803년에도 발생하여 민가 2,700호가 소실된 뒤로 6년 만에 다시 발생한 대규모 화재이다. 같은 해 3월 4일 경산도 울산에서도 화재가 발생하였는데 민가 507호가 소실되었다. 1809년 4월 22일 충청감사의 보고에 따르면 제천현의 창고에 화재가 발생하여 민가 323호와 관청건물 6채가 소실되었고, 곡식은 8,407석이 타고 타다 남은 곡식이 304석이었다. 이해 3월 23일 강원도 안협(安峽)에서도 화재가 발생하여 창고 31칸과 곡식 340석이 화재로 타버린 사건이 발생하였다. 같은 해 6월 18일 전라도 용담(龍潭)에서도 화재가 발생하여 민가 164호와 관청건물 109칸이 화재로 소실되었다. 이러한 화재의 발생은 주로 곡식 창고 주변에서 일어났다.

여기서 조선 후기 장기추세의 특징을 좀더 객관적으로 파악하기 위해 가까운 중국의 미가 시계열과 비교해볼 필요가 있다. 왜냐하면 중국의 역사적 경험도 조선 후기와 마찬가지로 18세기는 상품화폐경제가 발달한 시기이지만 19세기는 농민반란이 끊임없이 발발하는 위기의 시대로 알려져 있기 때문이다.

중국의 미가사 연구는 최근 북경의 제1역사 당안관과 베이징 고궁박물관 소장의 『양가청단』(糧價淸單)이 정리되면서 동일지역의 미가 시계열이 완성되고 있다. 이중 왕업건(王業鍵)은 1638~1935년 간 양츠강 델타지역의 미가의 시계열을 구축하였고, 릴리안 리(Lillian M. Li)는 직예지역(直隷地域)의 미가를 정리하여 분석한 바 있다. 여기서는 왕업건이 구축한 미가 시계열을 가지고 비교해보기로 한다. 왕업건의 미가 시계열은 네 개의 미가 시계열을 결합한 것이다. 1638~95년과 1911~35년은 상해지방 미가이고, 1696~1740은 소주의 미가이며, 1741~1910은 소주현(蘇州縣)의 미가이다. 화폐단위는 중등미를 기준으로 은화로 표시된 가격이다.

이 자료와 우리의 자료를 대비시킨 것이 <그림 4>이다. 그림에서 확인되듯이 중국의 미가변동과 조선의 미가변동은 유사한 형태로 나타난다. 단기적으로 미가급등이 나타난 시기도 동일하다. 1755~56년, 1786~87년, 1808~10, 1814~15, 1833~34년의 피크가 그것이다.

단기 변동요인도 유사하다. 중국은 1755년에 큰 홍수로 흉년이 들어 미가가 급등한 것으로 되어 있다. 조선도 1755년 큰 홍수로 전국적인 흉년이 든 해이다. 중국은 1785년에 큰 가뭄이 든 것으로 되어 있다. 조선도 1782~86년까지 가뭄을 겪은 것으로 되어 있다. 1814~15년 중국은 가뭄과 홍수가 겹친 흉년인데 조선도 마찬가지이다.

마지막으로 중국 청조에서 이전에 겪지 못한 미가급등이 나타난

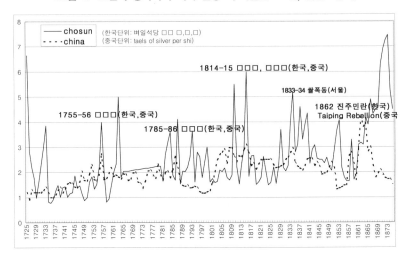

<그림 4> 조선과 중국과의 미가 변동 비교(실선 : 조선, 점선 : 중국)

1850~64년은 마찬가지로 조선도 급등한 시기이다. 이 시기가 중국이
농민반란에 시달린 시기라면 역시 마찬가지로 조선도 진주민란(1862)
등 농민반란에 시달린 시기이다.

계절변동과 대응

계절변동은 물가의 순환적 움직임 중에서 가장 작은 순환으로 1843
년 윌리엄 로처(Wilhelm Roscher)가 곡물가격의 움직임을 놓고 최초로
언급한 변동이다. 계절변동은 추세변동과는 달리 시계열 측정단위로 추
정되지 않고, 통상적으로 계절지수라 불리는 지수의 형태로 계측된다.
특히 쌀과 같은 농작물은 공급기간이 1년에 일정한 계절에 국한된 데
반하여 수요는 1년 내내 일어난다. 이러한 수확연도 내의 공급과 수요
와의 불균형은 시장의 시간적 가격평준화 기능에 따라 그 변동폭이 달
라진다. 따라서 미가의 계절변동은 시장기구의 시간적 가격평준화 기능

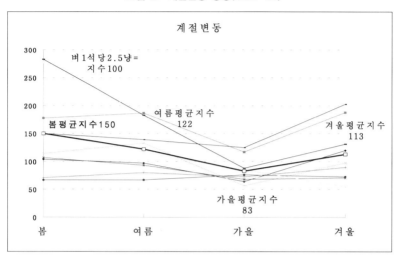

<그림 5> 계절변동 양상(1726~60)

의 발달 정도를 알려주는 지표가 된다. 예를 들어 도시와 농촌의 계절 변동을 비교한다든지 일정한 시기끼리 비교한다든지 국가와 국가를 비교하여 시장기구의 발달 정도를 비교할 수 있다.

이뿐만 아니라 계절지수는 곡물의 저장비용이라든지 토지의 임대가격 혹은 가축의 임대가격과 함께 전공업화사회의 이자율을 파악하는 하나의 척도로도 사용된다. 따라서 계절지수의 차가 크다든지 아니면 곡물의 재고량이나 이월량이 적다는 것은 동시대 이자율이 높다는 것을 의미한다.

이러한 계절변동의 지수산출은 이동평균대비법과 추세대비법이 있는데 여기에 제시된 것은 전자의 방법을 사용하여 산출한 것이다. <그림 5>는『승총명록』의 미가기록 중 5개월 이상 미가기록이 존재하는 해를 표본으로 사계절 지수를 구한 것이다. 사계절 평균값의 최고치는 123이고 최저치는 74이다. 따라서 계절적으로 약 49의 격차가 있는 것을 알 수 있다. 이러한 차이가 어느 수준인지 동시대 중국의 계절지수와 비교

<표 2> 조정된 미가 계절지수(1751~60)

	1751	1752	1753	1754	1755	1756	1757	1758	1759	1760	평균
봄		137.4	98.3	96.8	94.6	150.2	134.7	100.7	96.7	75.3	109.4
여름		96.6	97.5	108.1	106.4	107.2	128.6	100.9	82.6	123.4	105.7
가을	62.5	90.6	99.8	84.6	85.3	45.8	61.2	97.7	118.1		82.8
겨울	81.7	98.4	102.2	93	97.8	85.8	86	95.3	113.5		94.8

<표 3> 중국 광동의 미가 계절지수(1751~70)

	1	2	3	4	5	6	7	8	9	10	11	12
변동지수	98.81	100.88	102.97	105.30	104.86	101.02	96.78	98.40	98.40	97.25	96.24	97.10

할 필요가 있다. <표 3>에 제시된 중국 광동의 계절지수와 <그림 5>의 경상도 고성의 계절지수를 비교해보면 고성의 계절지수가 대단히 큰 폭으로 변동하고 있음을 알 수 있다.

이러한 차이는 원인이 여러 가지일 수 있다. 우선 조선 고성지방의 경우 표본에 포함된 시기상의 문제를 조정하지 않았기 때문일 수 있다. 다음으로 지역적으로 중국의 광동지방은 대단히 상품화폐관계가 발달한 지역인 반면, 고성의 경우 통영이 가깝다고는 하나 광동에 비견될 만한 지역이 아니기 때문일 수 있다. 이러한 조건을 고려한다 해도 약 5배의 차이가 나는 것은 매우 큰 차이임에 틀림없다.

<표 2>는 표본 기간을 1751년에서 1760년까지 기간으로 놓고 산출한 지수이다. 이 기간은 계절별 미가기록이 가장 많은 기간이다. 또한 미가가 완만한 기울기 상태에서 지속적으로 상승한 시기이다. 이외에 저자가 재고 기록을 남긴 기간이다. 이 기간의 지수를 보면 계절지수의 편차가 <그림 5>보다 훨씬 작은 것을 알 수 있다. 이 기간 춘궁기인 봄의 계절 평균은 109.4로서 가을 지수인 82.8과 약 26.6의 차이가 난다. 이렇게 조정된 수치도 중국에 비해 3배의 수준이다.

이제 계절지수차이를 이자율 개념으로 계산해보자. 예를 들어 재고 8석을 시세차익을 위해 던질 경우 얻어지는 수익을 계산하기 위해, 조 1석을 2.5냥=100이라 하면, 가을 시세는 2.07냥이고 봄 시세는 2.74냥이 된다. 따라서 가을에는 2.07(냥)×8(석)=16.56(냥)을 비축하고 다음해 봄에 시장에 내다팔 때에는 2.74(냥)×8(석)=21.92(냥)을 획득하게 된다. 이것을 이자율로 간주하면 약 32퍼센트의 수익을 얻게 된다. 중국의 경우 가을에 2.41(냥)×8(석)=19.28(냥)을 비축하고 봄에 2.63(냥)×8(석)=21.04(냥)을 획득하게 되어 이자율은 9퍼센트가 된다. 이것 또한 마찬가지 결과로 중국과 비교하면 대단히 높은 수치이다. 따라서 당시 조선의 이자율은 중국의 이자율에 비해 상당히 높은 수준에서 형성되고 있었다고 볼 수 있다.

그러면 계절 시세의 격차는 그 당시 일상생활에 어떻게 반영되었을까? 1732~33년과 1755~56년 사이의 흉년 상황의 짧은 절량 기간 동안 일어나는 가격 폭등과 수확 후 일어나는 가격 폭락의 비탄력성은 당시 일상생활에 얼마나 큰 충격을 가져다주는가를 실감할 수 있다. 다시 말해서 농업이 주된 산업기반인 사회의 일상생활의 불안정을 실감할 수 있다. 한편 주기적으로 반복되는 계절지수를 매년 관찰하는 당시 사람들은 이것을 체득하게 되고 나아가 투기적 행동으로 전개될 수 있다.

『승총명록』의 저자가 재고 기록을 남긴 시기는 미가가 지속적으로 상승하는 추세에 있던 시기이며, 또한 계절변동의 양상에 대해서도 충분히 체득한 시기로 볼 때, 저자의 경제적 행동은 이 시기를 분기로 변화가 나타난 것으로 볼 수 있다. 『승총명록』에서 1750년대 이전에는 재고 기록이 전혀 없다. 또한 이 시기부터 시장시세는 좀더 체계적으로 기록되고 있다. 이러한 변화는 당시 경제생활을 이해하는 데 시사하는 바가 크다.

1750년대를 분기로 이전의 시장관찰과 경제행동은 가격 변화의 불안정에 대비한 안정희구 목적에 기인한다고 볼 수 있는 반면, 이후에는 재고를 비축해놓고, 가격이 변동하는 양상을 엿보다가 상승 시세에 팔려는 투기적 자세에서 기인한다고 볼 수 있다.

여기서 저자의 행동을 순서대로 정리해보자. 먼저 저자는 매년 시장 시세의 월별 변화를 관찰하였다. 다음에는 25년 간 누적된 관찰에서 장기적인 추세를 파악하였다. 이러한 관찰에 이어 1750년대부터 곡물재고 파악에 들어갔다. 이후 저자는 토지를 집적하고 있다.

저자는 1750~57년까지 거의 매년 21석 정도를 비축하고 있었다. 가장 많이 비축할 때는 30석 정도였고 가장 적은 때는 13석 정도였다. 여기서 저자는 비축분에서 적어도 8석 정도를 시장에 내다 팔았다고 가정해볼 수 있다. 저자가 가을에 비축해놓은 곡식을 가장 가격이 비싼 계절에 내다 팔았다고 보았을 때 얻는 계절적 시세차를 흉년 상황을 놓고 계산해보자. 1732~33년의 경우 가을 지수는 116.6이다. 다음해 봄 지수는 277.6이다. 마찬가지로 8석을 비축하였다가 봄에 내다 팔 경우에 저자는 2.92(냥)×8(석)=23.36(냥)을 비축하여 6.94(냥)×8(석)=55.52(냥)을 얻어 138퍼센트의 수익을 얻게 된다.

당시 고리대 행위는 국가적인 규제대상이었고 글을 읽은 사대부에게는 도저히 용납될 수 없는 행위였다. 그러나 시장의 계절적 시세차를 이용한 부의 축적에 대해 농촌지식인으로서 저자는 아무런 거리낌이 없었다. 『승총명록』에 기록된 저자의 토지 구입 행위를 보면 총 13차례 토지를 구입했는데, 이중 1730년대 초반과 1750년대에 걸쳐 구입한 사례는 총 11차례나 된다. 총 7차례 토지를 구입한 1750년대는 월별 미가변동에 예민하였을 뿐만 아니라 재고분마저 기록한 시기이다. 이 시기는 미가가 지속적으로 상승하는 시기이기도 하다. 따라서 저장행위의 위험은 거의 없는 시기이다. 결국 저자는 미가가 지속적으로 상승하는 시기에 월별 미가변동을 관찰하면서 재고를 비축해놓았다가 미가 시세가 제일 높을 때를 기다려 시장에 내다 팔아 그 시세차익으로 토지를 구입하는 경제 행동을 한 것이다.

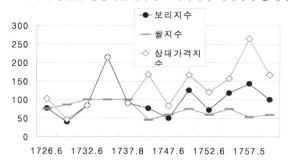

<그림 6> 18세기 평온한 상승국면에서의 보리가격과 미가와의 상대가격 추이

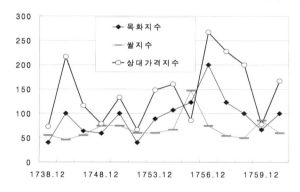

<그림 7> 18세기 평온한 상승국면에서의 목화가격과 미가와의 상대가격 추이

상대가격의 추이

물가변동의 장단기 특징을 발견하는 것 못지않게 중요한 것은 여러 재화간 상대가격체계의 방향을 파악하는 것이다. 오늘날 상대가격체계의 변동은 농산물가격과 공산물가격 사이의 변동이라든가 수입가격과 수출가격 사이의 변동이 중요한 변동이지만 농업사회의 경우 대개 곡물가격과 임금과의 관계라든지 혹은 면화가격과 곡물가격과의 관계라든가 아니면 토지가격과 곡물가격과의 관계에 주목한다.

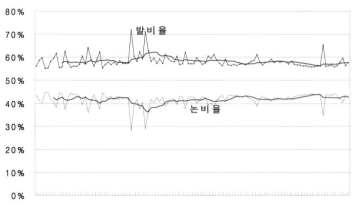

<그림 8> 전국 출세실결수의 논밭 비율 추이(1744~1880)

18세기에 가장 상업화된 작물은 물론 쌀이지만 갖가지 밭작물의 상품화도 낮은 수준이 아니었다. 이 시기 실학 사상가들은 밭작물의 상품화에 많은 관심을 두고 있었다. 특히 정약용은 쌀보다 훨씬 경제성이 좋은 밭작물로 모시, 지황, 생강, 면화, 인삼 등의 경작을 강조한 바 있다. 따라서 미가와 밭작물의 상대가격 추이를 보는 것은 상당한 의의가 있다.

『승총명록』에 기록된 쌀, 보리, 목화의 가격을 토대로 18세기 상대가격체계를 제시한 것이 <그림 6>과 <그림 7>이다. 보리가격은 매년 6월의 가격을 기준으로 삼았다(1737년과 1756년은 8월과 9월의 자료). 목화가격은 매년 말의 기록을 기준으로 삼았다. <그림 6>과 <그림 7>을 보면 예상 외로 목화와 보리가 쌀에 비해 우위에 있는 것으로 나타난다. 이러한 가격체계대로라면 18세기 농민들에게 한전작물은 수익성을 보장하는 작물로서 상당한 위치에 있었음을 짐작할 수 있다. 더욱이 36년 간 12년이나 흉년을 맞이하였는데, 그 흉년의 원인이 대부분 가뭄과 병충해에 약한 수전작물일 경우 이러한 사실은 좀더 명확해진다. 결국 18세기의 경제적 번영은 미가의 평온한 상승추세 하에서 한전작물의 수익성이 비교적 높은 상태에서 전개된 번영임을 알 수 있다. 이러한 번영의 추세는 동시대 경작지의 지목구성에서도 나타난다.

<그림 8>은 동시대 국가에서 파악한 전국 출세 실결수이다. <그림 8>에 나타나듯이 18세기 후반 밭의 출세 실결수는 논에 비해 상승하다가 19세기 초반부터 논의 비율이 상승하는 것을 알 수 있다. 이것은 18세기의 경우 논보다는 밭이 좀더 활발하게 이용되고 있었음을 나타낸다. 동시대 밭의 경제적 이용을 주로 소농들이 담당하였다고 보면, 한전과 수전작물의 상대가격 추이와 논과 밭의 이용률의 변화가 의미하는 것은 18세기에는 소농들의 소득이 올라가다가 19세기에는 쇠퇴하고, 대신 19세기부터는 논을 지배한 지주들의 소득이 올라갔다는 사실이다.

결론적으로 지금까지 살펴본 조선 후기 물가변동의 여러 양상을 종합하면 18세기와 19세기의 사회경제적 변동은 동질적이라고 말하기 힘들다. 18세기에는 비교적 안정된 미가상승의 추세 위에 밭농사에 주요 경제적 기반을 둔 소농계층이 성장하였다면, 19세기에는 이러한 계층이 위기를 맞이하고 이들의 희생 위에 논농사에 주요 경제적 기반을 둔 지주계층의 성장이 있었다고 볼 수 있다.

● 전성호 · 성균관대 대동문화연구원 전임연구원

양반의 벼슬살이와 수입

　　우리는 박지원의 『양반전』을 조선시대 양반의 전형으로 삼으려는 경향이 있다. 다시 말해서 양반이라 하면 우선 세상물정에 어두운 선비를 연상한다. 더구나 학문이 뛰어난 학자라면 더욱 그러하였으리라 생각한다. 그러나 그들이 남긴 일기류를 읽다보면 이것이 환상이라는 사실을 알게 된다. 대부분의 양반들은 이재에 밝고 경제관념이 뛰어났을 뿐만 아니라 그의 가계운용에 있어서도 매우 적극적이었다.

　　조선시대 양반들은 누구나 관직에 나아가길 원했다. 그래야만 소위 부귀영화를 한 손에 거머쥘 수 있기 때문이다. 일단 벼슬에 나아가면 국가로부터 녹봉을 지급받는다. 녹봉은 국가가 관리의 생활보장 차원에서 지급하는 것이다. 그러나 관리들의 입장에서 볼 때 그것만으로는 최소한의 생계를 유지하는 것조차 어려웠다. 녹봉은 명목에 불과한 것이었다. 관리들에게는 녹봉보다 직위를 이용하여 지방관으로부터 정례(情禮)로 거두어들이는 수증(受贈)이 보다 큰 경제적 의미를 지니고 있었다. 양반의 관직 그 자체가 치부의 수단이 된 셈이다. 수증행위는 단순한 선물수수가 아니라 양반사회의 일상화된 경제관행이었던 것으로 추정된다. 유희춘의 『미암일기』(眉巖日記)와 오희문의 『쇄미록』(瑣尾錄), 그리고 이문건의 『묵재일기』(默齋日記)를 통해 이러한 모습들을 살필 수 있다.

녹봉의 수취

조선시대 양반은 벼슬살이의 대가로 국가로부터 녹봉을 분급받는다. 녹봉은 명종 11년(1556) 직전법(職田法)이 폐지된 이후 국가가 관료에게 지급하는 주된 생활보장책이었다. 『경국대전』 「호전」 녹과조에는 "각 과의 녹봉은 실직에 따라 사맹삭(四孟朔)으로 지급한다"고 규정되어 있다. 『경국대전』이 시행되던 시절에는 녹봉을 1년에 4차례 지급하는 방식이었으나 현종 12년(1671)부터는 매월 지급하는 월봉제로 바뀌었다. 녹봉은 1품으로부터 9품에 이르기까지 18과(科)로 나누어 광흥창에서 나누어주었다.

유희춘(柳希春. 1513~77)은 선조 원년(1568)부터 선조 8년(1575)까지 총 17회에 걸쳐 녹봉을 지급받았다. 당시 유희춘은 내직으로 성균관 직강, 홍문관 응교, 성균관 대사성, 홍문관 부제학, 예조참판, 사헌부 대사헌을 역임하고, 외직으로 전라감사를 지냈다. 총 17회의 녹봉 중 그가 정량을 수록한 경우는 3회뿐이며, 나머지는 모두 감록(감축되어 지급받음)되었다. 정부는 흉년이 들었다거나 중국사신의 왕래로 지출이 과대해졌다는 등의 이유를 들어 감록하기도 하고, 아예 실제보다 하위의 녹을 지급하는 경우도 허다하였다. 그러면 유희춘은 연간 어느 정도의 녹봉을 수록하고 있었을까? 그가 비교적 하위직을 지내던 때와 당상관 이상의 고위직을 역임하던 시기를 비교하면 다음과 같다.

선조원년(1568) : 미(米) 32석(石), 태(太) 7석, 맥(麥) 9석, 주(紬) 1필(匹), 포(布) 12필.

선조 6년(1573) : 미 50석, 태 16석, 맥 8석, 주 4필, 포 14필.

유희춘이 수록한 쌀은 32석과 50석이다. 나중에 보겠지만 당시 유희춘이 받은 물품의 수증(受贈)액이 186석 5두 2승, 49석 6두이다. 수록양이 수증액에 훨씬 못 미친다는 사실을 알 수 있다. 국가에서는 녹봉을 관리들의 주된 생활보장책으로 지급하지만 관리들의 입장에서는 그렇지 않았음을 알 수 있다. 관리들은 그런 생각을 가지고 있지도 않았다. 그러면 녹봉은 어떤 의미를 갖는 것일까?

녹봉의 용처

녹봉의 용처를 보면 이를 알 수 있다. 먼저 유희춘의 거주형태부터 보자. 당시 유희춘의 경제적 기반은 해남과 담양에 있었고, 서울에서는 임시로 남의 집을 빌려 거처하고 있었다. 그러니 녹봉을 받아 쌓아둘 만한 곳도 마땅치 않았다. 그렇다고 녹봉을 받는 즉시 고향으로 실어보내는 것도 아니었다. 그는 거의 대부분의 녹봉을 서울에서 쓰고 있다. 우선 녹봉을 수록하면 서울에 올라와 있는 친인척에게 정례적으로 나누어주고, 노비에게 삭료를 지급한다. 그리고도 남는 것은 인근에 사는 박개(朴漑)의 집에 쌓아두곤 하였다.

유희춘은 상경한 6~7구의 노비에게 삭료를 지급하고 있다(노에게는 쌀 5말, 비에게는 쌀 3말씩). 자신의 노비에게 삭료를 지급한다는 사실이 다소 의아스럽게 생각될 수 있다. 그러나 노비들의 처지를 보면 이해가 된다. 이들은 대개 향리에서 병작이나 작개(作介)로 생활하고 있었다. 그러다가 주인을 따라 상경하여 가내잡역에만 종사하게 되니 이들 자신은 주가에 의탁하여 의식을 해결한다 해도 그의 가족들은 달리 살아갈 방법이 없는 것이다. 삭료는 이를 위한 배려라고 할 수 있다.

녹봉은 주로 상경한 상하 식솔의 양식과 손님접대로 사용되었다. 때로 관리들은 녹봉을 중국에서 서적·약재·조복(朝服) 등을 수입하고, 부인을 위해 고가의 비단을 구입하는 데 사용하기도 한다. 귀향할 때는

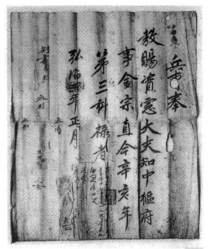

녹패·소편지
지헌대부 지중추부사 김종직이 1491년(성종 22) 제3과의 녹봉을 수록하던 녹패와 소편지.

처분이 곤란하여 서울에 올라와 있던 얼녀 해성(海成)과 처사촌 이방주(李邦柱)에게 넘겨주기도 하였다. 그렇다고 해서 유희춘의 경제관념이 철저하지 못했던 것은 아니다. 유희춘은 녹봉의 수록에 많은 관심을 보이고 있다. 수록 후에는 감록 여부를 기록하고, 감록된 경우 그 연유를 알아본다. 규정량을 받았을 경우에는 갑자기 부자가 된 것 같다든지, 전에 볼 수 없는 일이라 모두 기뻐한다고 하는가 하면, 금번 녹미가 광주·담양·창평의 쌀이라 하니 미질이 좋을 것이라 예상하기도 한다.

유희춘은 충의위 박명성(朴命星)의 녹패를 소지하여 그의 녹을 대신 수록하여 유용하기도 했다. 박명성은 담양에 연고를 가지고 있는 인물로 유희춘과는 잘 아는 사이였다. 병조에서 서리가 파견되고 광흥창에서 봉사와 부봉사까지 나와 박명성 녹패의 반납을 요구하지만 유희춘은 이를 듣지 않고 있다.

유희춘은 당대를 대표할 만한 유학자였다. 그러나 세간에서는 그를

<표 1> 유희춘 가의 물품 수증 횟수

수증시기	월별	1	2	3	4	5	6	윤6	7	8	9	10	11	12	계(평균)
1567	수증											70	55	56	181(60)
1568	수증	52	43	33	48	45	45		42	49	31	52	①		441(44)
1569	수증					⑭	51	35	59	32	29	32	41	40	333(40)
1570	수증				⑦	52	44		30	36	40	25	35	45	314(38)
1571	수증	44	32	3	0	1	1		2	6	3	7	76	⑤	180(51)
1571	증여	17	8	34	36	64	54		33	28	34	24	18	①	351(32)
1572	수증										23	48	33	55	159(40)
1573	수증	77	38	28	37	42	37		27	44	42	25	31	55	483(40)
1574	수증	69	32	31	25	41	36		36	30	36				336(37)
1575	수증											⑨	50	55	114(53)
1576	수증	37	68	48	54	36	30		41						314(45)
계	수증	279	213	143	171	231	244	35	237	197	204	268	322	311	2,855
계	평균	(56)	(43)	(35)	(41)	(43)	(41)	(35)	(39)	(38)	(34)	(42)	(46)	(51)	

* ( ) 안의 수는 월평균이다.
  월평균을 낼 때는 완전치 못한 달과 전라감사로 있던 시기(1571. 4~10)는 제외하였다.
  ○ 안의 수는 자료가 완전치 못한 달의 수증횟수이다.

청렴하지만 세상물정에 매우 어두운 인물로 인식하고 있었다. 그러나 실상 유희춘은 이재에 밝아 경제관념이 뛰어났을 뿐만 아니라 가계운용의 전략 수립에 매우 적극적이었다.

수증의 횟수

유희춘의 경제생활에서 특기할 것은 지방관을 비롯한 동료관인·친인척·문도·지인으로부터 거두어들이는 물품의 규모가 상당했다는 사실이다. <표 1>은 유희춘이 10여 년 동안 거두어들인 수증의 횟수를 정리한 것이다.

10년 동안 유희춘은 2,855회에 걸쳐 물품을 수증하고 있다. 자료가 미진한 것(자료의 상태가 완전치 못한 달)과 유희춘이 전라감사로 재직하던 기간을 제외하면 66개월 간 2,796회에 걸쳐 수증한 것으로 나타나고 있다. 이는 월평균 42회에 해당한다. 선조 4년(1571) 3월부터 10월까지의 기간에는 수증보다 증여횟수가 훨씬 많다. 이 기간에는 유희춘이 전라감사였기 때문일 것이다. 물품 증여자의 반 이상이 지방관이라는 사실은 매우 시사하는 바가 많다. 외관으로 있을 때는 물품을 주는 입장이 됨을 알 수 있다. 수증의 빈도는 연중 고르게 분포되어 있다. 1월과 12월이 다소 많은데 1월은 세찬(歲饌)의 의미가, 12월에 유희춘 내외의 생일이 있기 때문이 아닌가 추측된다.

수증품의 종류와 규모

수증품은 곡물류를 비롯하여 면포·의류, 용구류, 문방구류, 치계(雉鷄)·포육(脯肉)류, 어패류, 찬물류, 과채류, 견과·약재류, 시(柴)·초(草)류 등 일상용품에서 사치품까지 망라되어 있다. 물품의 종류가 다양할뿐만 아니라 그 양도 상당하여 이것만으로도 생활하는데 어려움이 없을 정도이다. 나아가 수증품은 재산증식으로 직접 연결되어 그 경제적 가치도 매우 컸다. 그러면 유희춘이 수증한 쌀과 면포의 규모를 보자.

선조 즉위년(1567) 10월부터 다음해 9월까지를 Ⅰ기로, 선조 6년(1573)을 Ⅱ기로 하여 수증 규모를 비교하여 보자. Ⅰ기에는 쌀 186석 5두 2승·면포 49필 40척을, 그리고 Ⅱ기에는 쌀 49석 6두·면포 29필을 수증하고 있다. 주목되는 사실은 고위직에서 비교적 안정된 생활을 하던 시기에 비하여 그렇지 않은 때의 수증액이 훨씬 많다는 점이다. 특히, 선조 즉위년 10월부터 다음해 1월 사이에 수증이 집중되고 있다. 쌀 81퍼센트(150석), 면포 91퍼센트(45필 40척)가 이때 수증되고 있다. 그

<표 2> 유희춘 가의 쌀·면포 수증 규모

I기 (1567~68)	10	11	12	1	2	3	4	5	6	7	8	9	계(월)
쌀	31석3두	10석7두	91석10두	16석10두	5두	25석	1석8두4승	3석	5승	5석4두3승	1석7두		186석5두2승
면포	9필40척		36필			3필		1필					49필40척
II기 (1573)	1	2	3	4	5	6	7	8	9	10	11	12	계(월)
쌀	2석2두	7두		10두	28석8두		1석3두	13두	10석	4두	4석8두	11두	49석6두
면포	3필	1필	3필		5필	2필	4필	6필		5필			29필

이유는 유희춘의 개인적인 신상 변화 때문일 것이다. 그는 이때 유배에서 풀려 성균관 직강으로 다시 관직에 나아간다. 선조 원년 10월 상경한 유희춘은 숙배(肅拜)한 후 11월에 다시 향리로 내려가 다음해 1월에야 돌아온다. 이때 유희춘은 20여 년 간의 유배생활로 퇴락한 토지와 선영을 재정비할 필요가 있었고, 여기에는 많은 재원과 물품이 요구되었다. 은진에서 서울로, 서울에서 다시 담양, 해남, 순천으로 이동하면서 그는 인근의 지방관으로부터 많은 물품을 거둬들이고 있다. 양반관료의 개인적인 일이 지방관아의 재정으로 지출되었다는 사실을 말해준다.

그러나 유희춘만이 그런 것은 아니었다. 오희문(吳希文. 1539~1613)도 마찬가지였다. 오희문은 서울 관동에 근거를 두고 있는 양반으로 평생 동안 관직에 나아가지는 않았으나 아들·손자들이 모두 번성하게 된다. 아들 오윤겸(吳允謙)은 인조반정으로 인하여 서인정권이 들어서면서 대사헌을 시작으로 하여 이조판서와 좌의정·영의정까지 올랐고, 손자 오

<표 3> 오희문 가의 물품 수증 횟수

1593~94	6	7	8	9	10	11	윤11	12	1	2	3	4	계 (월평균)
수증횟수	17	12	8	11	26	25	8	11	4	12	11	8	153 (12.8)
1597~98	4	5	6	7	8	9	10	11	12	1	2	3	계 (월평균)
수증횟수	35	53	25	45	32	24	24	17	24	27	16	35	357 (29.8)

달제(吳達濟)는 삼학사(三學士)의 한 사람이 되었다. <표 3>은 오희문이 2년 동안 수취한 물품의 횟수를 정리한 것이다.

선조 26년(1593) 6월부터 다음해 4월까지 임천(林川) 피란기를 Ⅰ기로 하고, 선조 30년(1597) 4월부터 다음해 3월까지 평강(平康) 피란기를 Ⅱ기로 하여 비교하여 본다. Ⅰ기의 수증횟수는 월평균 12.8회에 불과한 데 비해 Ⅱ기는 월평균 29.8회에 이른다. Ⅰ기는 오희문이 연고가 별로 없어 도움을 받기가 어려웠던 때였다. 그러나 Ⅱ기에는 아들 오윤겸이 평강현감으로 있어 보다 많은 혜택을 볼 수 있었다. 오희문은 평강관아 인근에 거주하면서 필요한 물품을 언제든지 가져다 사용하고, 다른 사람에게 주고 싶을 때는 아들 윤겸이 보내도록 지시하고 있다. 오희문의 수증액은 유희춘의 절반 정도이다. 그 차이는 유희춘이 고위 현직관료로 다양한 인적 배경을 지닌 반면 오희문은 그렇지 못하다는 데서 찾아볼 수 있을 것이다. 그러나 유희춘이 고위의 중앙관료라는 점을 감안하면 오희문의 수증액도 결코 작은 것은 아니었다.

오희문 가의 연간 곡물수증액은 61석 9두 3승과 64석 4두 5합이다. Ⅱ기의 수증 횟수가 Ⅰ기의 두 배가 넘는데도 불구하고 양적 규모가 비슷한 것은 Ⅱ기의 경우 곡물보다는 다른 수증품이 많기 때문이다. 또한 Ⅱ기보다 Ⅰ기에 쌀의 비중이 높은 것은 임천이 금강과 접한 평야지대

<표 4> 오희문 가의 곡물류 수증 규모

곡물의 종류	Ⅰ기	Ⅱ기
미(米)	42석 13두 6승	27석 12두 1승
태(太)	12석 2두 2승	12석 11두 9승
모(牟)	5석 3두 3승	6석 13두 3승
두(豆)	5두 3승	5석 4두 3승
적두(赤豆)	1두 7승	1석 9두 8승
녹두(菉豆)	1두 8승	2두 5승 5합
진미(眞未)	7두	8두 5승
속(粟)	4승	8석 7두 6승
임자(荏子)	4두	
직(稷)		1석 4두 2승
계	61석 9두 3승	64석 4두 5합

인 반면 평강은 산곡간에 위치한 데서 연유한다고 생각된다. 선조 31년 (1598) 오희문 가의 경작소출은 64석 2두 5승이다. 그러나 이는 쌀이 아니라 잡곡이므로 경작소출보다는 수증의 경제적 가치가 더 크다고 할 수 있다.

이문건(李文楗. 1494~1567)도 마찬가지이다. 이문건은 인종 때 승지를 역임하다가 을사사화 때 조카 이휘(李輝)가 능지처참을 당하자, 이에 연루되어 경상도 성주에 유배된다. 그는 평생 풀려나지 못하고 그곳에서 세상을 떠나는데, 이문건은 유배생활 중임에도 불구하고 성주목사와 판관을 비롯한 인근의 지방관으로부터 많은 물품을 제공받고 있다. 이것이 그의 경제생활에 많은 도움이 되는 것은 물론이다. 이러한 수증은 단순한 선물수수가 아니라 하나의 경제관행으로 양반사회의 일상화된 모습인 것이다.

<표 5> 증여자의 구성

Ⅰ기	지방관 인원(%)	비지방관 인원(%)	총인원	Ⅱ기	지방관 인원(%)	비지방관 인원(%)	총인원
10	51 (75)	17 (25)	68	1	58 (75)	19 (25)	77
11	18 (33)	37 (67)	55	2	13 (35)	24 (65)	37
12	43 (75)	14 (25)	57	3	15 (58)	11 (42)	26
1	38 (75)	13 (25)	51	4	20 (57)	15 (43)	35
2	22 (49)	23 (51)	45	5	28 (66)	14 (34)	42
3	15 (44)	19 (56)	34	6	20 (55)	16 (45)	36
4	22 (46)	26 (54)	48	7	17 (65)	9 (35)	26
5	17 (37)	29 (63)	46	8	24 (59)	17 (41)	41
6	14 (33)	29 (67)	43	9	19 (46)	22 (54)	41
7	16 (38)	26 (62)	42	10	9 (47)	10 (53)	19
8	19 (45)	23 (55)	42	11	16 (52)	15 (48)	31
9	10 (33)	20 (67)	30	12	21 (37)	36 (63)	57

증여자의 성분과 증여의 이유

그러면 누가 어떠한 이유로 이와 같이 물품을 보내오는 것일까? <표 5>는 증여자의 구성을 살펴본 것이다.

Ⅰ기는 561명 중 285명(51퍼센트)이, 그리고 Ⅱ기는 468명 중 260명 (56퍼센트)의 증여자가 지방관이다. 위 표에서 지방관은 감사·도사·수사·수령·첨사·만호·능참봉·훈도 등을, 비지방관은 이들을 제외한 동료·문인·친인척 등을 말한다. 지방관 비중이 55퍼센트를 차지하지만 지방관이 보내오는 물품이 비지방관과는 크게 차이가 나므로 경제적 가치로 따진다면 지방관의 비중이 훨씬 크다. <표 6>은 지방관의 지역적 분포를 살펴본 것이다.

Ⅰ기의 경우 전라도 집중률이 높다(50.2퍼센트). 이는 유희춘의 연고가 전라도이기 때문일 것이다. 전라도 다음으로는 충청도, 경상도로 거

<표 6> 지방관의 지역적 분포 (단위 : 명)

I기 (월)	10	11	12	1	2	3	4	5	6	7	8	9	계
전라도	15	12	36	26	9	5	14	9	5	6	4	2	143(50.02%)
경상도	1	1		1	4	6		3	2	2		1	21 (7.4%)
충청도	34	2		3	2	2	2	2		3	7	4	61(22.4%)
경기도	1	1					1	1		1	3	1	9 (3.2%)
황해도				1		2						1	4 (1.4%)
강원도							1				1		2 (0.7%)
평안도								3					3 (1.1%)
함경도				2		1		1			1		5 (1.8%)
불 명		2	5		5	4	2	2	2	6	4	4	1	37 (13 %)
계	51	18	43	38	22	15	22	17	14	16	19	10	285(101.2%)

II기 (월)	1	2	3	4	5	6	7	8	9	10	11	12	계
전라도	23	1	1	3	10	7	4	7	4	2	5	4	71(27.3%)
경상도	7	4	2	2	5	3	4	5	2	4	2	6	46(17.7%)
충청도	7		3	2	1	2	3	2			1	2	23(8.8%)
경기도	3	4	4	5		1	1	2	4			1	25(9.6%)
황해도	2		3		1	1			1	1	3	1	13(5%)
강원도	2	1		1					1	1		2	8(3.1%)
평안도	5		1	1	1	4	1	3	2			3	21(8.1%)
함경도	6	1	1	1	2	2	2				1	2	18(6.9%)
불 명		3	2	3	4	7	1	3	4	3	1	4	35(13.5%)
계	58	13	15	20	28	20	17	24	19	9	16	21	260(100%)

리에 따라 분포가 달라지고 있다. 이는 이문건이 다시 관직에 나아간 초기의 경우 주로 지역적 연고에 의해 물품이 보내져왔다는 것을 의미한다. 그러나 II기는 다르다. 전라도 집중률이 I기의 반으로 떨어지고 (27.3퍼센트), 점차 다른 지역의 분포도 넓어지고 있다. 이는 지역적 연고에 한정되던 인간관계가 여러 이유로 확대되었음을 뜻한다.

인근의 지방관은 고위의 현직관료인 유희춘 가의 대소사와 가내사정, 그리고 그의 동향까지 자세히 파악하고 있어야 한다. 그래야만 제때에 물품을 보내줄 수 있기 때문이다. 즉 가토, 소분, 조사(造舍), 혼례, 상례, 제례뿐만 아니라 토지·노비의 매득시에도 물품과 재원을 제공하고 있다. 유희춘은 이를 거절하거나 사양하지 않고 흔쾌히 받고 있으며, 기대 이상을 보내오면 매우 흡족해하고 있다. '가위우우(可謂優優)', '가위대수의(可謂大手矣)', '가위대제의(可謂大濟矣)', '일가폭부(一家暴富)', '가위후의(可謂厚矣)', '가위과중(可謂過重)'이라고 그의 마음을 표현하고 있다.

물품은 유희춘 본인뿐만 아니라 강진과 남원의 누이, 순천의 종제 유영춘, 해남의 유희춘 첩실과 그의 얼녀들도 받고 있다. 그러므로 수증품으로 유희춘의 일족이 먹고 살았다고 말하여도 과언이 아니다. 유희춘은 그가 다른 사람에게 물품을 주어야 할 때도 자신이 직접 주는 것이 아니라 인근의 지방관에게 청하여 대신 보내도록 한다. 마치 관물(官物)을 사물(私物)과 다름없이 유용하고 있는 것이다.

이는 결국 유희춘이 고위의 현직자이기 때문에 가능한 것이다. 선조원년(1568)에는 중종 14년(1519)에 폐지되었던 현량과가 복설되고 동반 3품, 서반 2품 이상의 관직자에게는 수령·만호·첨사의 천거권이 주어졌다. 그리하여 16세기 이후는 수령직이 집권세력의 매관대상으로 간주되어 척신·권신의 문벌·식객 중에서 군수·현감으로 나가는 사례가 많았다. 또한 일단 지방관에 임명되면 부임하기에 앞서 의정부·육조·전조·대간 및 해읍(該邑)의 전현관 댁을 방문하여 그들로부터 교시와 조언을 청취하고 하직인사를 하는 것이 관례였다. 그러므로 전라도지역의 지방관은 부임하기에 앞서 의례적으로 유희춘을 방문하고, 여기에서 개인적인 청탁이 오고가게 된다.

사실 유희춘은 관직자의 선임·승진 그리고 피역에 상당한 영향력을 행사할 수 있는 위치에 있었다. 그러므로 직·간접적인 청탁을 받는 것도 사실이다. 그러나 이를 순전히 청탁성이 있는 뇌물로만 보기는 어렵다. 유희춘은 청탁성이 있는 경우는 엄정하게 거절하고 있다. 더구나 물품을 보내오는 인적 구성도 단순히 고위관료와 지방관과의 관계가 아니라 혈연·지연·학연 등의 관계가 중첩되는 경우가 많다. 반대로 중앙관료가 지방관이 되었을 때는 물품을 증여하는 입장으로 변하는 사실로 미루어보아 이는 당시 일반화된 양반사회의 관행으로 보는 것이 더 타당할 듯하다.

관직의 획득과 보유의 의미

조선시대에 있어 어떤 사람이 관직으로 나아간다는 것은 그 사람에게 경제생활 전반에 절대적인 영향을 미치는 것이었다. 양반관료에게 관직의 획득과 보유는 그에게 광범위한 치부의 토대를 구축해주는 것이다. 문과급제를 하면 친·외가와 처가에서 급제자에게 별급(別給)을 하사하는 관행이 성행하였다. 이러한 관행은 조선시대에 '일국통행상규'(一國通行常規)로 인식되었다. 그 이유는 무엇일까? 어떤 사람이 관직을 획득하는 것이 본가뿐만 아니라 처가·외가 등의 사회경제적 위상과 직결되었기 때문으로 보인다.

●이성임·인하대 사학과 강사

약국과 의원

'화제' : 무엇에 쓰는 물건인고

　광주 안씨(廣州 安氏) 집안에서 수집된 고문서 가운데는 '화제'(和劑)[1]
라고 하는 처방문이 하나 들어 있다(<표 1> 참조). 인진산(茵蔯散)이라
고 명명된 이 처방전은 인진, 치자, 적백복령, 저령, 택사, 염목, 지실,
황련, 후박, 골석 등의 약재를 재료로 황달(黃疸)을 치료하는 데 사용되
었다. 안씨 집안에 누군가가 황달에 걸렸고 이를 치료하기 위하여 필요
했던 모양이다.

　한편 이 처방의 원천은 오늘날까지도 한의학의 대명사로 알려진『동
의보감』(東醫寶鑑)이었다.『동의보감』「잡병편」(雜病篇) '황달'조에는 황달
을 치료하는 여러 가지 처방이 수록되어 있는데 이 가운데 인진산이 수
록되어 있다. 그런데『동의보감』의 인진산 처방도 원래는 명대(明代) 중
국 의서인『만병회춘』(萬病回春)의 내용을 인용한 것이었다(<표 2> 참
조).

　1613년 간행된『동의보감』은 비록 권질이 많고 목숨과 관련된 내용

---

1) 「화제」(和劑),『고문서집성 8 ── 광주 안씨 · 경주 김씨 편』, 한국정신문화연구원,
　　1990.

<표 1> 광주 안씨 고문서 중 화제	<표 2> 『동의보감』의 인진산
화제(和劑) (1) 인진산(茵蔯散) 인진(茵蔯) 치자(梔子) 적백복령(赤白伏苓) 저령(猪苓) 택사(澤瀉) 염목(薕木) 지실(枳實) 황련(黃連) 후박(厚朴) 활석(滑石) 각일전(各一戔) 정즉일 악동(灯卽一握同) 전일첩(前一貼)	인진산(茵蔯散) 치습열황(治濕熱黃疸) 인진(茵蔯) 치자(梔子) 적복령(赤茯苓) 저령(猪苓) 택사(澤瀉) 창출(蒼朮) 지실(枳實) 황련(黃連) 후박(厚朴) 활석(滑石) 각일전(各一錢) 우좌작일 첩(右剉作一貼) 등심일악동전복(燈心 一握同煎服) <회춘(回春)>

으로 다른 서적들보다 간행과 보급이 어려웠지만 17~18세기를 통해 전
국적으로 확산되었다. 급기야 18세기 후반에 이르면 지식인이 갖추어야
할 네 가지 필수 서적 ──『상례비요』(喪禮備要), 『동의보감』, 『삼운성휘』
(三韻聲彙), 『경국대전』── 가운데 하나가 되기에 이르렀다. 또한 조선
후기에 민간 의료가 확산되면서 사설 약국과 의원들 그리고 일반 양반
들 모두에게 『동의보감』이 표준 의서로 받아들여지면서 대부분의 처방
이 『동의보감』을 기본으로 이루어지고 있었다.

　위의 '화제' 역시 『동의보감』을 기준으로 한 처방문이었다. 그런데 두
처방전을 비교해보면 약간의 차이가 있음을 알 수 있다. 먼저 화제에서
는 『동의보감』의 처방에 사용된 적복령 대신에 적백복령을 넣었다. 그
리고 창출 대신에 염목을 바꾸어 사용하였다.

　『동의보감』 이후에 같은 인진산 처방이라 하여도 약재의 구성이 바뀐
것이다. 누가 바꾸었을까? 처방전을 준 의사가 바꾸었음이 틀림없다.
『동의보감』을 경전으로 알고 따르던 조선 의학의 전통을 생각한다면 있

을 수 없는 일이다. 그러나 조선 후기에 이르면서 의사들의 치료 경험이 축적되고 그동안 환경의 변화에 따른 질병과 인체의 조건이 달라지자 『동의보감』의 처방보다 더 효과가 크도록 약물을 교체하여 처방하거나 전혀 다른 치료법을 내놓는 등 의약학의 발전이 이루어지고 있었다.

조선 후기에 활발히 성장하던 민간 의사들이 바로 그 주인공들이었다. 이들은 환자가 찾아오거나 혹 자신들이 환자의 집에 방문하여 검진한 후 '화제'라는 처방전을 환자에게 써주었다. 이렇게 처방전을 받게 된 환자들은 처방전을 가지고 약국에 가서 약을 사서 달여 먹거나 혹은 환 등으로 제조해 복용하였다. 철저한 의약분업이 이루어진 셈이다. 의사는 처방전을 그리고 약국은 약물을 제공한 것이다.

이러한 화제만 있다면 언제든지 유사한 증세에 약을 사다가 집에서 처치할 수 있었으므로 좋은 화제를 잘 모아두는 일은 중요하였다. 특히 유명한 의사들의 화제는 고가에 팔리기도 하고 일종의 비방(秘方)처럼 유행하기도 하였다. 이른바 경험방류 책들이란 이러한 화제들을 수집해 둔 책 그 이상이 아니었던 것이다.

특히 18세기 후반에는 평양의 모 의사가 처방하였다는 삼용고(蔘茸膏) 화제가 유행하였다. 이 처방문은 구하기도 어려웠지만 약재가 워낙 고가여서 한번 먹어보는 것이 소원일 정도였다. 처방에 들어가는 약재 하나 하나가 모두 비싸 이 약물의 한 제 가격이 무려 700냥에 달했다. 비슷한 시절에 4~5명 양반 가족의 서울 집 매매가가 이 절반에도 미치지 못했던 점을 생각한다면 이른바 집 한 채 값도 넘는 엄청난 약이었음을 알 수 있다. 그러나 서명응이 평양에 근무하던 시절 평양 의사의 이 처방대로 약물을 먹고는 나이가 80인데도 눈이 밝고 음식을 잘 먹어 밤에도 허하지 않았다는 이야기가 사람의 입에 오르내리자 모두들 이 약을 구하려고 혈안이 되었다고 한다. 오늘날 비아그라 신드롬에 비유할 만한 것이었으리라.

약국상의 번성

이처럼 18세기 후반에는 화제 등 처방전만 있으면 얼마든지 약물을 구할 수 있었는데 이는 약재를 파는 민간 약국들의 번성에 기인한 것이었다. 조선 후기 상업 발달과 밀접한 관련이 있던 사설 약국과 의원들의 발전은 관 주도의 국가 의료를 쇠퇴시키기에 충분하였다.

조선 전기에는 서울에 거주하는 양반들이라 할지라도 약재의 구입과 구득이 매우 어려워 관청에서 안면을 통해 약간씩 얻는 정도였다. 16세기 후반 서울에서 관직 생활을 했던 유희춘은 약재를 관청에서 조금씩 구매하거나 의원들로부터 선물을 받았으며, 지방에서는 지역 의생(醫生)을 통해 약재를 구하는 것이 보통이었다. 이 또한 마음대로 구할 수 있는 조건은 아니었다. 때문에 지방의 사족들은 자신들끼리 약재를 상부상조하는 모임을 갖기도 하였다. 누구는 감초 6전·연교(개나리) 4전 4푼, 치자 8전 6푼, 맥문동 5전, 후박 2냥 5전, 망초 7전을 또 누구는 활석 2냥, 천궁 2냥 5전 등을 보태어 한번에 너무 많은 돈이 들어가거나 구하기 어려운 약물을 부조하는 방식이다.

그러나 18세기 후반에 이르면 서울에는 수많은 의원들과 사설 약국들이 들어서게 되었다. 유득공은 『경도잡지』(京都雜誌)에서 당시의 시장들이 매우 성행하고 있다고 말하면서 약방들은 모두 갈대로 발을 만들어 문 앞에 늘어뜨리고 신농유업(神農遺業), 만병회춘(萬病回春) 등의 상호를 내걸고 장사하였으며 이들 약 파는 사람들을 봉사(奉事)라 한다고 적고 있다.

특히 오늘날 을지로 입구 구리개(銅峴)라고 불리었던 지역은 수많은 약재상들이 운집하였던 모양으로 약국상 하면 오늘날의 명동 일대를 떠올릴 정도였다고 한다. 물론 약국이 이곳에만 국한된 것은 아니었다. "(약국이) 서울 여기저기에 산재되어 있었다"는 『동국여지비고』의 표현으로도 알 수 있듯이 을지로 입구에 집중적으로 있다는 설명이지 그곳

이외 지역에 약국이 없음을 말하는 것은 아니었다. 이들은 자체 상호를 내걸고 수많은 약재를 취급하였는데 이들은 공물로 납품되는 약재 유통에도 개입하여 엄청난 이익을 남기고 있었다. 18세기 후반에는 이미 인삼 등과 같이 고가의 약재를 모두 서울 약국에서 구입하여 납품하는 것이 상례였던 것으로 보아 고가의 약재를 매매하여 남긴 이익으로 약국상의 경제적 지위도 상승했다.

18세기 후반 서울에 거주하던 양반 유만주[2]의 일기 『흠영』(欽英)[3]은 이러한 서울의 난만한 약국과 의원들의 활동 모습을 자세하게 보여주고 있다. 1775년(영조 51)부터 1787년(정조 11)까지 10여 년 동안의 일기를 쓴 유만주는 일생의 대부분을 서울 지역에서 보냈던 만큼 서울 주변, 특히 그의 주 거주처였던 남산 아래 창동(倉洞), 즉 현재의 서울시 중구 남창동(南倉洞) 주위와 서대문 밖과 남대문 밖의 청파동, 용산지역 등 당시 서울의 상업지역으로 새롭게 성장하던 서울의 서남부지역의 생생한 모습을 잘 전해주고 있다.

꼼꼼한 성격의 유만주는 일기에서 귀로 들은 것과 눈으로 본 것, 마음으로 느낀 것을 모두 기록하고, 번쇄함을 혐의하지 않아 가묘(家廟)에 무슨 고기와 과자를 올렸는지, 병을 고치는 데 무슨 약을 썼는지, 무슨 책을 편찬하고자 구상했는지, 심지어 언제 옷을 갈아 입었는지, 쌀값이 높았는지 낮았는지 시시콜콜하게 기록하였다.

특히 33세의 젊은 나이에 사망하였던 만큼 평소에 건강이 좋지 않았

---

2) 유만주는 1755년에서 태어나서 1788년에 젊은 나이로 사망하였다. 그의 자(字)는 백취(伯翠), 호(號)는 통원(通園)이며, 흠고당(欽古堂)이나 흠영외사(欽英外史)라는 호를 썼으며 본관은 기계(杞溪)이다. 그는 18세기 후반 박지원 등과 어깨를 겨룰 만큼 문장이 뛰어났던 저암(著菴) 유한준(兪漢雋. 1732~1811)의 아들로 유한준의 형 한병(漢邴)이 27세에 후사(後嗣) 없이 요절하자 백부(伯父)의 양자(養子)로 입적되었다.
3) 『흠영』(欽英)은 서울대학교 규장각에 소장되어 있다. 모두 24책의 거질(巨帙) 필사본으로 필체가 다양한데 후일 여러 사람에 의하여 정서된 것으로 보인다. 18세기의 서울 지식인의 일기로 이처럼 자세한 생활사(生活事)를 담고 있는 사료는 흔치 않다.

던 유만주는 거의 매일 약으로 살 만큼 약물과 처방전 구득에 신경을 쏟고 있었다. 따라서 그의 일기는 18세기 후반 서울지역의 의료 상황을 보여주는 더할 나위 없는 좋은 자료가 된다. 이제 이 일기를 중심으로 유만주 가의 의료생활을 복원해보기로 하자.

유만주 가의 의료생활

먼저 유만주는 집안사람들의 약재 구입을 위하여 7군데 이상의 약국을 이용하였다.

한국(韓局), 약한(藥韓), 명국(明局), 약림(藥林), 동국(洞局), 임국(林局), 형국(洞局) 등으로 불리는 약국상은 대개 유만주의 거주지인 남산 근처에 위치하였다. 이들 가운데 유만주는 약국들이 가장 많이 몰려 있는 구리개 근처인 명동 소재의 약국(明局)을 가장 자주 이용하였으며 혹은 한씨(韓氏)가 운영하는 약국인 한국, 그리고 임씨(林氏)의 약국 등을 이용하였다. 특히 비싼 약재들과 약재의 품질이 문제가 될 때는 오도형(吳道泂)이라는 사람이 운영하는 약국(洞局)에서 주로 약물을 구입하였는데, 아마 오도형은 약국상 가운데 약리를 가장 잘 아는 사람이었던 것으로 보인다.

급히 필요한 약재를 살 때 유만주는 동국(洞局) 혹은 근국(近局)이라 하여 동네 근처의 약국을 이용하기도 했다. 이처럼 당시 서울 지역에는 수많은 약국들이 있어 약재를 공급하고 있었다. 을지로 입구를 제외하고도 청파동 근처에 있었던 한국, 유만주의 근거지인 남창동 근처의 동국, 그리고 오늘날 청파동과 용산에 이르는 작은 개울물인 차천(車川)의 서쪽, 즉 수서(水西)지역에 여러 개의 약국들이 위치하고 있음을 확인할 수 있다.

18세기 후반에 약국이 서울에만 성행했던 것은 아니었다. 지방에도 약국이 존재하였다. 그러나 지방의 약국은 물산의 양이나 질적인 측면

<표 3> 『흠영』(欽英)에 등장하는 서울지역 약국

약국명	비고	일기 기록
한국(韓局)	자원다방(滋元茶方)을 만들게 하다.	1783년 4월 30일자
약한(藥韓)	저녁에 350문(文)을 주다.	1783년 4월 25일자
수서약국 (水西藥局)	청금강화단(淸金降火丹) 5립(粒)의 처방을 써 보내다.	1783년 6월 11일자
명국(明局)	환(丸) 만들 재료 6종을 사오다.	1785년 10월 24일자
	약(藥) 9환(丸)을 보내 태을신명단(太乙神明丹)인지 확인하다.	1786년 4월 21일자
약재(藥林)	환(丸)을 만들어오다.	1785년 10월 25일자
	환제(丸劑)에 산약(山藥)가루를 첨가하고 환제를 시험하다.	1785년 10월 28일자
약림(林局)	면사자(免絲子) 찌는 문제를 의논하다가 네 종류의 의향(衣香)에 대해 묻고 부채를 선물하다.	1786년 6월 21일자
동국(洞局)	소합원(蘇合元) 제조를 의논하다.	1785년 1월 9일자
형국(洞局)	환약(丸藥) 만들 재료와 함께 녹이(鹿茸) 등 각종 재료를 가져오다.	1784년 3월 2일자
약보(藥鋪)	자환(慈患)이 차도가 없어 아침 일찍 두 번씩 채의(蔡醫)를 찾아갔다가 돌아오는 길에 약보(藥鋪)에 들러 회생산(回生散) 2첩을 지었다.	1778년 7월 17일자

에서 서울을 따라갈 수 없었다. 유만주의 아버지인 유한준이 평양에 부임했을 때 필요한 약재를 구하지 못하자 서울의 아들에게 제약(製藥)을 빨리 완료하여 보내달라고 요구하는 데서도 이러한 사정은 잘 나타난다. 당시 평양과 같은 도시조차 서울만큼 약재가 풍부하지 못했다면 규모가 그 이하였던 대개의 지방 약국(鄕局)의 형편은 미루어 짐작할 수 있다.

약국에서 하는 일들은 무엇인가? 조선 후기에는 의원이 환자에게 처방전을 내리면 환자가 약국에서 그 약을 지어다가 달여 먹거나 혹은 환제(丸劑)의 경우 약국에서 제조해서 먹는 의약분업이 이루어졌음을 알 수 있다. 약국은 약재를 공급할 뿐만 아니라 환제나 탕제 등을 만들어주는 역할도 하였다. 약국은 약재 가격과는 별도로 탕제 혹은 환을 제조할 때 들어가는 공임(工賃)을 받았던 것으로 생각된다. 유만주와 같은 사대부들은 집안에 약재를 가장(家藏)하였다가 의원으로부터 처방을 받으면 약재를 가지고 약국에 가서 제약하는 경우가 많았는데 이때 반드시 제조비를 따로 주었다. 대개 약가의 10퍼센트 정도에 해당하였다.

주로 거래하던 약재상들과는 외상도 이루어져 약을 가져다가 먹은 후 약값을 치르기도 하고 또 약값의 일부만을 치른 후 나머지를 후일 갚기도 하는 등 거래의 형태는 다양하였다. 특히 품질 좋은 약재를 공급받기 위하여 약재상에게 선물을 주기도 하였는데 약재의 품질과 관련하여 사기가 성행했기 때문이다.

서울 시전의 사기 행각은 "백통을 은이라 하고 염소뿔을 대모(玳瑁)라 우기며 개가죽을 초피(貂皮. 족제비 가죽)라고 속여 팔 정도였으므로" 좋은 약재를 속지 않고 사는 일이 중요하였다. 유만주와 같이 의약에 밝은 사람조차도 속을 정도였다. 그 역시 간혹 질이 좋지 않은 약재를 구입하였다가 반품하기도 했다.

전문의의 탄생

한편 약재상들과 함께 조선 후기 사적 의료의 많은 부분을 담당하였던 자들은 중인 출신을 포함한 사설 의원들이었다. 유만주는 아버지의 보약, 어머니의 갱년기 장애와 신경통 및 자신의 고질병 그리고 자식들의 전염병 등을 치료하기 위하여 서울 지역의 많은 의사들을 찾아다녔다. 직접 수소문하여 처방을 받아오기도 하고 혹은 의사가 유만주의 집을 찾아오기도 하였다. 대개의 경우는 유만주의 집안에 자주 왕래하던 의원들이 왕진하였지만 처방이 잘 듣지 않을 때는 명의로 소문난 의원을 직접 찾아다녔다.

18세기 후반이 되면 이미 서울에서 활동하는 의원들은 그 수가 매우 많아 유만주가 접하는 의사만 해도 김씨 성의 의사(醫金), 이씨 성의 의사(醫李), 조씨 성의 의사(醫趙), 장씨 성의 의사(醫張), 우씨 성의 의사(醫禹), 서씨 성의 의사(醫徐), 새로 개업한 의사(新醫) 등 정확한 이름은 알수 없지만 10여 명에 달하고 있다. 심지어 강명길, 피재길, 이헌길 등당시 장안에 명의로 이름을 떨치던 의사들까지 모두 만나고 있다. 유만주는 치병을 위해서 서울의 유명하다는 의사는 거의 다 방문한 셈이다. 『흠영』에 기재되어 있는 10명 이상의 의원들은 당시 서울, 적어도 남산과 남대문 외곽지역에서는 이름을 날리고 있었던 의원들의 실체였다고보아도 무방할 것이다. 의장(醫張)은 남대문 밖, 의조(醫趙)는 수서, 의서(醫徐)는 공동(公洞. 현재의 소공동지역), 의우(醫禹)는 서대문 밖 등에서활동하는 등 서울 서남부지역에 골고루 퍼져 있었다.

서울 의원들은 양적으로 많았을 뿐만 아니라 질적으로도 전문화된자신의 고유 영역을 확보하고 있었다. 오늘날의 전문의라고 할 수는 없지만 이미 의료의 세분화가 일어나고 있었던 것이다. 소아과, 두과(痘科), 부인과 혹은 종기 치료 전문이 그것이다.[4] 이처럼 세분된 전공분야는당시 서울의 의원들이 얼마나 성행하였고 나름대로 경쟁력을 갖추기 위하여 노력했는가를 잘 보여주는 대목이다.

유만주는 한때 이러한 전문의사들을 '단의'(斷醫)라 칭하여 종합적인의술을 갖추지 않은 채 한 가지 기술만 오로지 하는 바람직하지 못한의사로 치부하기도 하였다. 의사는 기술의 정미함과 조잡함으로 구분되는데, "요사이 한 분야는 용렬하더라도 다른 분야만 잘한다면 그 분야에서는 훌륭한 의사(是醫)"라고 칭송한다. 그러나 종합적이지 못하다면역시 용렬한 의원(庸醫)일 뿐이며 적어도 의사는 한 부분에 치중하기보다는 널리 인술(仁術)을 펼칠 수 있는 통의(通醫)가 되어야 한다고 생각한것이다. 그러나 이러한 유만주의 생각은 역설적이게도 당시 서울의 의

---

4) "京醫類 皆分科 如婦人醫·小兒醫·腫醫·痘醫 是也."

원들이 얼마나 전문화되고 있었는지를 잘 보여주고 있다.

유만주도 딸아이의 두진(痘疹) 증세가 심해지자 소아과 전문의라고 할 수 있는 의원 이행눌에게 문진(問診)하고 있다. 유만주 역시 원론적인 의미에서 통의(通醫)를 주장하였지만 실제적으로는 전문적인 분야를 가진 의사에게 치료를 의뢰한 것이다. 그리고 마침내 1784년의 이러한 유만주의 주장은 2년 후인 1786년에는 전문적인 의원의 역할을 인정하는 데이르고 있다. 한 가지 기예에 능한 의원을 그 자체의 정밀함으로 칭송하였던 것이다.

유만주는 특히 소아 전문의와 두창의(痘瘡醫)를 중시했는데 그의 아들딸들이 모두 두진(痘疹. 오늘날의 홍역) 등 전염성 역병으로 고통받았기 때문이다. 조선 후기에 이르면 의학의 발달로 두창과 마진을 구분하게 되었지만 마진은 유아 사망률에 가장 큰 영향을 끼치는 질병이었다.

정조 후반인 1786년 서울의 마진은 유래가 없었던 독역(毒疫)이었다. 이때 유만주의 아들 구환 등과 친인척의 아이들이 전염되었다. 특별히 마진에 대한 대책이 별로 없어 서울에 큰 피해가 속출하였는데 유만주는 서대문 밖에 두창 등을 잘 치료하는 우씨 성을 가진 의사가 있음을 전해듣고 그를 찾아나서기도 하였다. 의우(醫禹)는 말하자면 두창 전문의로 왕실의 세자가 두창으로 고통받자 이를 치료하기 위해 입궐하기도 했던 명의였다.

한편 조선 후기 지방의 의원들인 향의(鄕醫)들 역시 활동이 활발하였지만 약국의 경우와 같이 서울 의원들의 기술을 따라가지는 못하였다. 1784년 위를 상한데다가 신경통 등으로 다리에 마비 증세가 있는 어머니를 치료하기 위하여 백방으로 노력하던 유만주는 11월 12일 의사 조씨(醫趙)를 만나서, 어머니 병환에 쓸 약을 의논하였다. 이때 그는 평양의 모 의사가 처방한 이사탕(二四湯) 처방을 보며 마땅히 먼저 경락을 통하게 한 후 풍습(風濕)을 제거하여 순응하게 해야 하는데 향의(鄕醫. 평양의 의사를 가리키는 말)의 이른바 어혈(瘀血)의 제거는 사람이 죽은 후라면 소용이 없는 것이라며 평양 의사의 수준을 비판하였다. 이로써 평양만 해도 서울 의사들인 경의(京醫)들에 비해 기술을 인정받지 못했음을 알 수 있다. '향의'란 별로 기술이 없는 지방 의원의 수준을 단적으로 표현하는 말이었다. 18세기 후반에는 정치, 경제, 문화뿐만 아니라 의약업에서조차 의원의 서울(京)과 시골(鄕) 분리가 이루어지고 있었다.

환자의 치료과정

질병이 발생하면 대개 환자가 집안에서 움직이지 못하므로 의원들이 환자의 집을 왕진하는 것이 보통이었다. 물론 앞서 아들 구환의 홍역 증세처럼 유만주 자신이 답답한 나머지 서대문 밖으로 의우(醫禹)를 찾아가 왕진을 부탁하는 경우도 있었지만 대개는 의원이 왕진하였다. 이때 보통 환자 가족은 말이나 가마 등을 보내어 의원을 대접하는데 이때 환영의 대우가 신통치 않으면 의관들이 잘 가지 않고 허세를 부렸던 것 같다. 유만주 역시 어머니의 병환으로 장씨 성의 의사를 모셔오기 위하여 수서, 곧 그의 인척이 살던 집에서 수레를 빌려 의원을 대접하는 경우가 종종 있었다.

의원들은 대접이 소홀한 환가(患家)에는 잘 가지 않았을 뿐만 아니라 약제의 처방에도 전권(專權)을 가지고 있었다. 다산 정약용은 『마과회통』에서 환자가 약에 대해 왈가왈부하면 방문을 집어던지며 치료를 거부하는 등 행패를 부리는 의원들을 통렬히 비판한 적이 있다.

의서는 외우기가 어려운 것이다. 가결(歌訣) 등은 몇 가지씩 외우지만 두진(痘疹) 같은 것은 방서(方書)가 매우 많아 지금의 의원들이 이를 모두 외울 수도 없는 지경이다. 그런데도 병가(病家)에 가면 목을 뻣뻣이 세우고 잘난 척을 하며 종이를 펴들고는 손가는 대로 써내려가는지 모르겠다. 약재명을 한번 보고 휘갈겨 쓰고 한 글자도 고치지 않고는 방문

(方文)을 방바닥에 던지면서 곁눈질을 한다. 그러면 주인은 공손하게 주위 조심스럽게 보다가 한 가지를 지적하려면 의원은 성을 내며 "염려한다면 쓰지 말라. 나는 고치든 말든 모르겠다"고 소리친다. 어찌 성인도 아니면서 이처럼 자존(自尊)할 수 있는가?

그러나 의약을 잘 아는 집을 방문하면 사정은 달라졌다. 대개의 의원들은 환자 가족과 상의하였다. 사실 의약을 잘 아는 경우는 식자층이 대부분이었고 식자층의 대부분은 양반들이었다. 이들은 잡예(雜藝)라 하여 기술직 의원을 믿지 못하여 처방전을 반드시 살핀 후에 투약하고 있었다. 그러나 의원들은 의료 사고시 발생하는 모든 책임을 회피하기 위한 수단으로 이 점을 악용하였다. 의원들은 힘이 없는 일반 백성들에게는 전권을 행사하며 거드름을 피우는 한편 양반들에게는 책임 회피를 위하여 처방을 의논하는 척하였던 것이다.

어쨌든 의학에 밝았던 유만주는 어머니의 신경통 치료에도 그동안 자신이 관찰하고 기록해둔 어머니의 병력부(病歷簿)를 놓고 의원과 토론을 거친 후 약재를 사용하였다. 어머니의 질환에 특히 신경을 쓰고 있었던 유만주는 1784년 늦여름부터 이듬해 초까지 어머니의 마비통 등을 치료하기 위하여 『자환증록』(慈患症錄) 혹은 『약록』(藥錄) 등의 병상일지를 기록해두었다. 이처럼 대부분의 양반들은 환자의 병력일지를 직접 써가면서 치료 과정에 참여했던 것으로 보인다.5) 유만주의 병록일지를 일자별로 정리해보면 <표 4>와 같다.

유만주는 『병록』(病錄)을 통해 의사들의 오진을 미리 막았는데, 의사를 전적으로 믿기보다는 한 의사에게 받아온 처방전을 다른 의사에게 보여줌으로써 투약 전에 반드시 검토하는 신중한 모습을 보여주었다. 유만주가 투약하기 전에 처방전을 검사하는 태도는 어머니의 구료에만

---

5) 17세기의 인물인 권별(權鼈. 1589~1671)의 『죽소일기』(竹所日記)를 보면 저자가 학질에 걸렸을 때 병록(病錄)을 작성하는 사례가 나타난다.

<표 4> 어머니의 병 치료를 위한 유만주의 일지

월 일	의 원	원 인	처 방	비 고
1784. 7.8	의장(醫張)	하초(下焦) 부실	가미공육탕방	
1784. 7.28	의조(醫趙)	기혈(氣血) 이 막힘	개결서경탕(開結敍經湯)	의장(醫張)이 급하게 하초의 열을 내리려고 준제를 썼다고 비판함.
1784. 9.2	의조(醫趙)		사증목흑고(四蒸木黑膏)	이전의 처방이 듣지 않는다고 비판.
1784. 11.3	의서(醫徐)	혈분(血分) 부족	칠보단(七寶丹)	『자환증록(慈患症錄)』을 정리해 보여줌.
1784. 11.16	의변(醫卞)	통풍(痛風)	이사삼묘탕(二四三妙湯)	『자환증록』을 가지고 의논.
1784. 11.12	의조(醫趙)			의서(醫徐)의 칠보단이 극하므로 의조(醫趙)를 만나 『자환신록(慈患新綠)』을 보여주려고 함.
1784. 11.26	의조(醫趙)	위기부족 (衛氣不足)	가미오물탕(加味五物湯)	그동안의 『약록(藥錄)』을 보여줌.
1784. 11.27	의서(醫徐)			가미오물탕(加味五物湯) 방을 의논하기 위함.
1785. 1.24	의서(醫徐)			순기산(順氣散).
1785. 1.24	의조(醫趙)			의서(醫徐)의 순기산을 의논함.

국한된 것은 아니었다. 가령 1785년 8월 7일 유만주는 의조(醫趙)를 만나 두구위양탕(豆蔲養胃湯) 처방을 받아두었다. 자신의 산증(疝症)을 치료하기 위함이었는데 그는 곧바로 사용하지 않고 며칠 후에 다시 의김(醫金)을 만나 의조(醫趙)의 처방을 보여주며 의논하였다. 이때 의김(醫金)이 처방을 비판하고 다시 육화탕(六和湯) 처방을 써주자 비로소 약을 지어왔다.

이처럼 구체적인 치료과정에서 유만주는 스스로 의학 지식을 활용하여 대개의 질환을 의원들과 의논하였는데, 이때 유만주가 활용한 표준 의서는 바로 허준의 『동의보감』이었다. 그는 의원이 처방을 주면 『동의보감』에 견주어 처방을 확인하거나 스스로 『동의보감』의 처방에 의거하여 약재를 제조해 먹었다. 조선 후기에 『동의보감』이 사대부들의 필수 서적이 된 이유를 알 수 있게 해준다. 그리고 이 모든 일들이 가능했던 것은 바로 약물과 처방전을 손쉽게 구할 수 있었기 때문이니 바로 조선 후기 의학과 상업의 발달이 그 바탕에 있었던 것이다.

약물 남용의 전통

그럼 도대체 유만주는 다양한 약재들을 어떻게 구입하고 관리하였을까? 또 약재 가격은 다른 물가와 비교하여 어느 정도였으며 1년에 어느 정도 약물을 복용하고 있었을까?

유만주는 자신의 집안이 사치를 할 정도는 아니며 검박해야 하는 수준이라고 말함으로써 당시 서울의 중산층 정도임을 암시한 적이 있다. 18세기 후반에는 청나라로부터 모자 등 사치품이 수입되어 유행하였다. 모두들 중국제 모자를 쓰고 다녀야 행세라도 하는 그런 시대였다. 이 모자를 구입하는 데 적지 않은 부담을 느낀 유만주는 사치를 부려서는 안될 것이라며 자신을 가다듬었지만 실은 자신의 형편에 대한 불만을 토로한 것이다. 또한 유만주는 200여 권의 서적을 소장한 자신에 비해 서울의 모 장서가가 1,000여 권 이상을 수집했다는 이야기를 듣고는 부러워하였다. 유만주가 외제 사치품을 사 입지 못하고 마음대로 장서를 모을 수 있는 형편이 못 되었다고는 해도 집안이 아주 가난한 정도는 아니었다.

어쨌든 유만주 집안의 약재 이용은 유만주 자신의 질병인 안질, 치질 등의 치료와 여름철 설사 증세, 그리고 아이들의 천연두와 홍역 및 회충과 같은 기생충 치료, 또 어머니의 갱년기 장애 및 신경통 치료, 아버지의 보약 구입 등으로 크게 구분되었다.

먼저 유만주는 약재를 집에 집에 저장하고 있다가 질병이 악화되거나 새로운 병 등에 전염되면 의원을 불러 진찰과 처방전을 받은 후 자신이 직접 재료를 가공하여 약재를 마련하였다. 간단한 경우는 환제든 탕제든 직접 만들어 먹었던 것으로 보인다.

물론 공정이 까다로운 약들은 제조를 약국에 의뢰하는 경우가 많았지만 이때도 반드시 제조 과정을 검사하는 등 좋은 약을 먹기 위하여 많은 신경을 썼다. 그것은 약재 가격이 당시 물가와 비교해서도 그리 싼 편이 아니었으며, 약재 가공을 그대로 약국에 맡겨놓은 경우 가짜를 속아서 먹는 경우가 허다했기 때문이다. 다산 정약용은 소합원(蘇合元)과 같은 약재는 재료가 모두 희귀하여 약국에서 만들어주는 대로 맡겼다가는 모두 가짜를 먹을 테니 집에서 직접 만드는 것이 가장 좋다고 할 정도였다.

유만주는 집안에 소장 중인 다양한 약재를 품목, 수량, 구입 시기 등으로 정리해두었다. 그는 일종의 약 가계부인 '약장부'를 쓰고 있었는데 이를 '수복부'(壽服簿)라고 명명하였다. 그리고 때때로 열람하여 모자라는 약재 등을 체크하였다가 미리 구입해 저장해 두는 등 만일의 사태를 대비하였다.

약 값

약값은 저가의 경우 탕제는 1첩에 3문에서 시작하여 보통 수십여 문에 이르렀다. 환제는 이보다 훨씬 비싸서 가격이 수천 문에 이르기도 하였다. 유만주 가에서 사용한 최고가의 약은 앞에서 언급한 삼용고였다. 인삼과 녹용 등 고가의 약물만을 넣어 만든 것으로 유만주가 살던 집보다도 비싼 값이었다.

매해 유만주의 집안에서 소비한 약재값을 정확히 계산하기는 어려우

<표 5> 18세기 후반 미가(米價)와 약재가(藥材價)의 비교

종 류	명 칭	가 격	비 고	날 짜
미가 (米價)		50문/1말	아주 비싸지는 않다.	1778. 7.23
		25문/1말	미가(米價)가 싸다.	1781. 윤5.16
		10여문/1말	물가가 안정되었다.	1780. 4.30
탕제 (湯劑)	익원산(益元散)	10문/3첩	급성대장염, 설사병.	1778. 7.16
	곽향정기산(藿 香正氣散)	12문/1첩	여름철 감기, 급성위장염.	1778. 7.16
	회생산(回生散)	15문/1첩	토사(吐瀉)·곽란(癨亂).	1778. 7.17
	향사평위산(香 砂平胃散)	9문/1첩	소화불량, 위염.	1778. 7.18
	귤강차(橘薑茶)	10문	더위먹은 증상.	1778. 7.30
	청서육화탕(淸 暑六和湯)	12문/1첩	더위먹은 증상.	1782. 5.20
환제 (丸劑)	심신환(心神丸)	3455문		1779. 1.7
	육미환(六味丸)	11냥 32문		1785. 10.28
	은향환(殷享丸)	970문		1780. 9.11

※ 자료 : 『흠영』(欽英)

나 쌀값이 100문에만 달하면 살기 어려워 고생하던 일반 평민들에게는 아마 상상할 수 없는 액수였을 것이다. 예를 들어 미가(米價)가 아주 비싸지 않았던 1778년 1년 동안에 유만주 집안 8명이 1년 간 먹었던 미가의 총액은 대략 56냥이었다. 그렇다면 상대적으로 약값이 어느 정도인지 짐작이 갈 것이다. 평민들이 이러한 고가의 약재를 먹어보는 일은 불가능했다. 그러나 약이라고 해서 모두 고가의 보약만 있는 것은 아니었다. 치료제인 탕약은 비교적 저렴한 가격으로도 구입할 수 있었으므로 일반민들의 경우도 얼마든지 약물 치료를 이용할 수 있었다.

유만주 가를 비롯하여 당시 대부분의 사람들이 탕약이나 환약 등 약물 치료를 위주로 할 뿐 침(鍼)·구(灸)와 같은 저가 치료는 선호하지 않았다. 유만주도 수많은 의원들 가운데 침의(鍼醫)는 홍씨 성의 단 한 사람을 만났을 뿐이다.

조선시대의 전시기에 걸쳐 정부는 값싼 침·구 치료법을 권장함으로써 약물 부족으로 의료 혜택이 확산되지 못하는 현상을 극복하려 하였다. 그러나 현실은 침·구보다는 약물 치료를 선호하였다. 왜 값싼 침·구를 저버리고 약물 치료에 의존하였을까? 이는 거꾸로 조선 후기에 이르면 비교적 약물과 처방전을 구득하기가 쉬워졌음을 반증한다. 조선 전기에 약값이 비싸 병가(病家)의 대소를 막론하고 구입이 어려웠던 상황이나 약을 구하려다 가산을 탕진하였던 때와 비교한다면 약재의 이용이 그만큼 손쉬워졌다는 것을 의미한다. 도리어 많은 사람들이 약을 과용하거나 남용하는 폐단이 지적될 만큼 약재 시장과 의료 환경이 개선된 것이다.

당시 약물 남용은 사회적인 문제였다. 유만주도 약을 너무 좋아하여 의서에서조차 금하는 약을 제조하려다가 의조(醫趙)의 만류로 그만두었던 사실이 있었다. 조선 후기에는 약의 남용만이 문제가 아니었다. 주로 사용하는 약재들이 너무 강하고 빠른 효과만을 추구하였다는 점에 문제가 있었다. 사람의 몸을 생각하기보다는 약효의 신속성을 추구하는 풍습 때문이었다.

허준을 비롯한 조선 의학자들의 성향으로 굳어진 '강하고 빠른 효과'를 추구하는 경향은 18세기 후반 모든 사람들이 삼(蔘. 인삼)·이(茸. 녹용)·계(桂. 계피)·부(附. 부자)의 네 가지 약물을 넣지 않으면 약으로 취급하지도 않는 오남용의 문제를 낳게 하였다. 오늘날까지도 한국인들이 가장 약을 남용하는 국민으로 유명하다고 한다.

다양한 질병들

유만주의 아들딸인 유소년층, 그리고 유만주 자신인 청장년, 그의 부모인 노년층에 이르기까지 다양한 연령층으로 구성되어 있는 점에서 유만주 가계의 질병을 분석하면 각 세대의 다양한 질병 양상을 확인할 수 있다.

유만주는 당시 최악의 질병으로 천연두, 홍역, 감기 등을 꼽았다. 모두 전염이 잘되는 역병으로 아이들이 문제였다. 유만주의 아이들도 거의 빠지지 않고 천연두와 홍역에 걸렸으며 평소에는 회충 등 소화기 계통의 질환으로 복통을 호소하는 경우가 많았다.

두창과 마진(麻疹. 홍역)은 조선 전 시기에 걸쳐 가장 많은 희생자를 냈던 대표적인 역병이었다. 1786년 서울의 마진은 엄청난 피해를 가져왔다. 유만주의 집안에도 예외 없이 희생자가 생겨났다. 그의 종숙(從叔)은 아들을 잃었으며, 유만주의 아들과 딸들도 모두 마진으로 고생하였다. 그는 자식들을 치료하기 위하여 명성이 있다는 의사는 거리의 근원을 마다하지 않고 찾아다니는 열성을 보였다. 그는 마진의 경과를 꼼꼼히 기록해두고 여러 의사들에게 문의하여 처방전을 받기도 했으며 심지어 한 번에 두 명의 의사를 불러다가 합진하기도 하였다.

이 시기에는 어린아이들의 유아사망률이 높아 유만주도 자신의 아이를 생후 며칠 만에 잃은 적이 있다. 양반 자제임에도 불구하고 유아 때 사망하는 경우가 상당히 많아 당시 위생 등 여러 가지 상황이 좋지 않았음을 알 수 있다. 때문에 유만주는 아이의 출생시 구급 예방에 관심을 기울였다. 그는 법유(法油)를 작은 수저에 넣어 아이의 입에 문지르게 하거나 탯줄 부위에 뜸을 뜨게 하는 등 유아 사망을 줄이기 위하여 노력하였다.

다음에 식생활의 문제로 야기되는 질환은 회충 혹은 설사(泄痢) 등의 소화기 병들이었다. 기생충 감염은 조선시대 최다의 질환이었다. 날것을 즐기는 식습관이 문제였다. 유만주 가의 병력(病歷)을 정리해보면 거의 모든 가족이 회충으로 고생하였음을 알 수 있다. 조선시대에는 '기생충'의 감염 경로라든지 기제가 이해되지 못하였기 때문에 정확한 치료약이 개발되기 어려웠다. 속방(俗方)이라는 형태의 다양한 치료법으로 대처되었지만 근본적인 치유 방식이 되지 못했다. 유만주 역시 회충 치료를 위해 가족들에게 더운 묵을 먹이기도 하였으나 그는 이 방법을 믿기 어려웠던지 안회산(安蛔散)을 주로 처방하였다. 당시 회충을 치료하기 위하여 많은 사람들이 담배를 즐겼는데 유만주는 오히려 담배의 피해가 더 크다고 지적하였다.

유만주의 어머니 역시 갱년기 장애로 인한 혈액 순환장애를 호소하고 있으며 다리에 신경통을 앓고 있었다. 당시 의원들은 이러한 부인질환을 '다산 후 산후조리를 잘못하여 혈분(血分)이 부족해서 생겨나는 병들'로 인식하였다.

유만주 자신과 아버지 유한준은 공히 치질로 고생하였다. 당시 여름철 습기로 인하여 이러한 질병들이 많이 발생하였다고 파악되었던 만큼 치질의 발생은 집안의 난방 등 거주 및 생활 습관과도 무관하지 않았을 것으로 여겨진다. 14년 간 자신을 괴롭혔던 치질 치료를 위해 유만주는 여러 가지 방법을 동원하였으나 실패하자 모든 질병이나 인생이 사람 손에 의하여 치료되거나 바뀔 수 있는 것이 아니라 복과 운명에 달려 있다는 사고에 빠지기도 하였다.

공부하는 학자로서 눈병은 치명적이었다. 안경이 널리 보급되기 이전에 수많은 사람들이 안질로 인한 시력 장애로 고생하였음을 알 수 있다. 유만주 자신이 우스갯소리로 말하고 있듯이 안질의 최고 치료법은 책을 원수로 여기는 것뿐이었다. 유만주는 안질을 치료하기 위해 매일 아침 빗으로 머리를 빗고 오후에 양치질을 한 후 녹두와 풍고(楓膏. 단풍나무 수액 굳은 것)를 가루 내어 젖에 섞어 점안(點眼)하기도 하였다.

계절별 발병률

유만주가의 질환을 계절별로 살펴보자. 전염병을 제외하고는 대개 여름철에 가장 많은 발병률을 보여준다. 여름철 상하기 쉬운 음식물 때문에 생기는 급체, 설사, 곽란 등의 질병은 거의 매년 모든 가족구성원들을 괴롭혔는데 당시 음식물 보관 등이 어려웠기 때문인 것으로 생각된다. 청서육화탕과 혹은 유강차(薷薑茶) 등은 상비약으로 차와 같이 음용되었다. 이 외에도 당시 사람들은 다양한 약재를 이용한 차를 개발하여 마시고 있다.

건강은 예방이 중요하다

상시적으로 질병에 노출되었던 전근대사회 사람들은 질병이 발병하기 전에 미리 조섭하는 일을 양생의 으뜸으로 여기고 있었다. 유만주도 항상 병이 나기 전에 예방하려고 노력하였다. 자신이 안질, 치질, 산증 등 많은 질병으로 고통받았기 때문에 예방을 중시한 것은 당연하였다. 유만주는 어머니와 아버지 그리고 처와 두 아들, 두 딸 등 모두 8명의 건강을 돌보아야 하는 책임이 있었다. 그는 특히 어머니와 아이들의 질병에 대해 매우 많은 신경을 쓰고 있다.

여름철에는 항시 상비약을 준비하여 설사 등 여름철에 주로 발생하는 질병에 대비하였으며 평소에 신체 관리를 통해 질병을 막으려고 하였다. 유만주는 섭생의 지름길로 소식(小食)을 강조하였는데 이 점은 매우 중요한 의미를 가진다. 조선 후기에 이르면 '비만'한 자들이 더욱 문제가 되기에 이른 것이다. 그동안의 사회경제적 발전과 더불어 너무 잘 먹어 병이 생기는 사람들이 늘어나게 된 것이다.

조선 전기 이래 최고의 양생법이었던 "약보(藥補)보다 식보(食補)"라는 생각이 조선 후기에 이르러 많이 전파되고 있음을 암시한다. 또한 잘 먹어 건강을 유지하기보다는 잘 움직여 건강을 지킨다는 발상도 나타났다. '무지'(無志), 즉 무엇을 하려고 생각하는 의도가 없는 데서 병이 발생한다고 설명한 유만주는 아무 생각 없는 게으름이 무위(無爲)를 불러 일으키고 무위는 나태로 이어져 병이 생겨난다고 보았다. 그는 부지런히 몸을 움직이는 노비들은 병이 생길 리가 없다고 생각했다. 그렇기 때문에 그는 같은 병이라도 노비와 양반은 서로 구별해서 조제해야 한다고 생각했다. 이것은 두 계층은 의식주와 노동 강도가 서로 다르기 때문에 혹 같은 증세가 발병하더라도 처방이 다를 수밖에 없다는 발상이다. 따라서 이와 같은 차이를 무시하고 그저 의서에 쓰여진 대로 무리하게 처방하는 의사들을 그는 질타하였다.

의술을 쓰는 자들이 말하기를 한 병에 동일한 처방을 쓴다고 하지만 우리나라는 반(班)·천(賤)이 매우 다르다. 대개 천한 자는 고량(기름진 음식)을 적게 먹고 근골을 많이 쓰므로 오장육부가 항상 소통하여 응체되는 법이 없다. 천한 여자가 월경불순하고 애 낳기 어렵다는 이야기를 듣지 못했는데 모두 위장과 사지가 양반의 고귀함과 다르기 때문이다.

이처럼 조선 후기에 이르면 마른 자와 비만한 자 그리고 양반과 노비의 체질적 특성에 대한 의학적 배려가 나타나기 시작했다. 그리고 19세기 말 이른바 사상의학은 체질을 고려하기 시작한 18세기 후반 의학의 종착역이었다.

●김호·서울대 규장각 특별연구원

제5부
풍속

연 희
세시풍속

연 희

공식적 연희의 실상

조선조의 공식적인 연희는 나례희(儺禮戱)와 산대희(山臺戱)로 대별된다. 나례(儺禮)는 섣달 그믐에 궁중과 민간에서 탈을 쓴 사람이 주문을 외면서 귀신 쫓는 동작을 하여 잡귀를 몰아내는 의식인데, 잡귀를 쫓는 의식보다 잡희(雜戱)가 확대되면서 나희(儺戱) 또는 나례희로 인식되었다. 이에 비해 산대희는 오색 비단을 장식한 높다란 다락에서 온갖 놀이를 하는 것이다. 이로 보건대, 나례희는 의식(儀式)의 성격이 강한 반면, 산대희는 놀이의 성격이 강한 연희라고 할 수 있다. 그런데 이 둘은 이처럼 구분되기도 하지만, 겹치는 부분이 많기에 나례희가 곧 산대희로 일컬어지기도 한다. 즉 산대희를 나례, 나희, 산대잡례(山臺雜禮), 산대잡희(山臺雜戱) 등으로 그 명칭을 혼용하고 있음이 그것이다. 그러나 이 둘은 연희의 성격상, 매우 이질적이다.

나례희

먼저 나례희에 대해 알아보기로 한다. 나례희에 대한 조선 전기의 기록으로 성현(1439~1504)의 『용재총화』(慵齋叢話)가 있다.

구나(驅儺)의 일은 관상감(觀象監)이 주관하는 것인데, 섣달 그믐 전 날 밤에 창덕궁과 창경궁의 뜰에서 한다. 그 규제(規制)는 붉은 옷에 탈을 쓴 악공(樂工) 한 사람은 창사(唱師)가 되고, 황금빛 네 눈의 곰가죽을 쓴 방상인(方相人) 네 사람은 창을 잡고 서로 친다. 지군(指軍) 5명은 붉은 옷과 탈에 화립(畵笠)을 쓰며 판관(判官) 5명은 푸른 옷과 탈에 화립을 쓴다. 조왕신(竈王神) 4명은 푸른 도포, 복두(幞頭), 목홀(木笏)에 탈을 쓰고, 소매(小梅) 몇 사람은 여삼(女衫)을 입고 탈을 쓰고 저고리 치마를 모두 홍록(紅綠)으로 하고, 손에 긴 장대(竿幢)를 잡는다.

12신은 모두 귀신의 탈을 쓰는데, 예를 들면 자신(子神)은 쥐 모양의 탈을 쓰고, 축신(丑神)은 소 모양의 탈을 쓴다. 또 악공(樂工) 10여 명은 복숭아나무 가지를 들고 이를 따른다. 아이들 수십 명을 뽑아서 붉은 옷과 붉은 두건(頭巾)으로 탈을 씌워 진자(侲子)로 삼는다.

창사가 큰 소리로 "갑작(甲作)은 흉(殉)을 잡아먹고, 불주(佛胄)는 범을 잡아먹으며, 웅백(雄伯)은 매(魅)를 잡아먹고, 등간(騰簡)은 불상(不祥)을 잡아먹고, 남저(攬諸)는 고백(姑伯)을 잡아먹고, 기(奇)는 몽(夢)을 잡아먹고, 강량(强梁)과 조명(祖明)은 다같이 책사(磔死)와 기생(寄生)을 잡아먹고, 위함(委陷)은 츤(櫬)을 잡아먹고, 착단(錯斷)은 거(拒)를 잡아먹고, 궁기(窮奇)와 등근(騰根)은 다같이 고(蠱)를 먹을지니, 오직 너희들 12신은 급히 가되 머무르지 말라. 만약 더 머무르면 네 몸을 위협하고 너의 간절(幹節)을 부글부글 끓여 너의 고기를 헤쳐서 너의 간장을 뽑아내리니 그때 후회함이 없도록 하라" 하고 외친다.

그러면 진자(侲子)가 "예" 하고 머리를 조아리며 복죄(服罪)한다. 이때 여러 사람이 "북과 징을 쳐라" 하면서 이들을 쫓아낸다.

위의 기록을 보면, 탈을 쓴 인물이 여럿 나온다. 이들 탈을 쓴 인물이 잡귀를 쫓는 의식을 행하였는데, 탈을 얼굴에 썼다는 것 자체가 일종의 분장이다. 이렇게 분장을 하고서 본격적인 놀이를 하게 되면, 그것이 바로 탈놀음이 된다. 그러나 이러한 탈놀음은 간단한 것이었고, 의식적 성격이 강했기에 완전한 놀이로까지 발전하지는 못했던 것으로 보인다. 이것은 함안과 고성의 부사를 지낸 오횡묵(吳宖默)의 기록에 비교적 상세히 나타나 있다.

① 날이 저물어 촛불을 밝히고 문을 닫은 후에, 갑자기 밖에 여러 사람들이 시끄럽게 떠드는 소리가 들리고, 등롱에 불을 밝혀 뜰과 섬돌이 훤하게 밝아졌다. 내가 통인을 불러 물으니, "소위 관속배들이 초하루 아침에 문안을 올리겠다고 합니다"라고 하였다. 잠시 동안 차례대로 문안을 받은 뒤에 갑자기 북·뿔피리·징·생황의 소리가 나면서 아이들 20~30명이 소리에 맞추어 들어왔다. 이어서 장정들 몇십 명이 제각각 자신들이 잘하는 악기를 들고 광장에서 음악을 연주하였다. 음악소리가 넘치고 뛰며 재주도 부리는데, 그중에 한 거한이 얼굴에 탈을 쓰고 동에 번쩍 서에 번쩍, 엎어졌다 눕기도 하고, 어떤 때는 소리를 길게 빼어 거리낌없는 태도를 짓기도 하고, 어떤 때는 거짓으로 넘어져서 중풍에 걸린 모양을 짓기도 하니, 빙 둘러서 구경하는 사람들이 실성한 듯 배를 움켜쥐고 웃지 않는 사람이 없었다. 또 몇몇 묘한 모습의 어린아이들이 어른의 어깨 위에 똑바로 서서 손을 들고 훨훨 날갯짓하며 춤추고 나아가기도 하고 물러나기도 하였다. 세속에서 말하는 매귀희(埋鬼戱)라고 하는 것이었다. 내가 돈 열 냥, 백지 두 묶음, 백미 서 말, 북어 한 쾌, 대구 세 마리, 막걸리 한 동이를 주었더니, 차일 아래에서 나누어 먹은 후에 또 관아 안으로 들어와서 한바탕 두드린 다음, 육청을 돌면서 그렇게 하였다. 아마도 이런 것이 연례적으로 하는 행사이면서 역병과 마귀 따위를 물리치는 것인가 보다.

② 풍운당(風雲堂)을 돌아다보니 아전의 무리들이 나악(儺樂)을 갖추고 유희(遊戲)를 하고 있다. 이것이 무어냐고 물으니 "해마다 치르는 관례입니다"라고 대답한다. (중략) 관아에 돌아왔을 때는 날이 이미 어두웠다. 조금 있으니 나희배(儺戲輩)들이 쟁(錚)을 치고 북을 두드리며 펄쩍 뛰어오르는 등 온통 시끄럽게 떠들며 일제히 관아의 마당으로 들어온다. 마당 가운데의 석대(石臺) 위에는 미리 큰불을 마련해놓았는데, 마치 대낮처럼 밝다. 악기를 마구 두들기기 때문에 어지럽고 시끄러워서 사람의 말을 구분하기가 어렵다. 월전(月顚)과 대면(大面), 노고우(老姑優)와 양반창(兩班倡)의 기이하고 괴상한 모양의 무리들이 순서대로 번갈아가며 나와, 서로 바라보며 희롱하고 혹은 미쳐 날뛰며 소란스럽게 떠들거나 혹은 천천히 춤을 춘다. 이같이 오랫동안 한 후에 그쳤다. 이곳의 잡희는 함안의 것과 대략 비슷하지만 익살은 보다 낫고, 복색의 꾸밈은 다소 떨어졌다.

①은 고종 28년(1891년)에 경남 함안에서, ②는 고종 30년(1893년)에 경남 고성에서 벌어진 나례를 구경하고 기록한 것이다. 가면을 쓰고 놀았다고 했으나, 문학적 갈등 구조의 내용을 공연한 것은 아니었고, 단순한 탈놀음에 그친 것이었음을 알 수 있다. 그렇다고 나례희가 민속극으로서의 탈놀이에 전혀 영향을 끼치지 않은 것은 아니다. 나례의 오방귀무(五方鬼舞)나 오방처용무(五方處容舞)는 탈놀이의 오방신장무(五方神將舞)와 흡사한 성격을 갖고 있다. 오방귀무는 나례 잡희의 첫부분에 공연되는데, 이것은 잡귀를 쫓고 놀이판을 정화하는 기능을 한다. 마찬가지로 진주, 마산, 가산 등의 오광대 탈놀이에서는 오방신장이 놀이의 첫 과장(科場)에 등장하여 사방의 잡귀를 쫓는 의식을 행하여, 놀이판을 정화한다. 또한 할미광대, 양반광대가 나례에 등장하고 있는데, 이들은 현재의 탈놀이에 등장하는 인물이다. 이로 볼 때, 그 진행 방식, 등장 인물 등에 있어서 나례와 탈놀이는 유사한 점이 인정된다. 다음으로 산대희를

보기로 한다.

산대희

산대희는 규식지희(規式之戱), 소학지희(笑謔之戱), 음악으로 이루어져 있다. 규식지희는 줄타기, 방울받기, 땅재주 등의 곡예이고, 소학지희는 재담으로 사람들을 웃기는 것이며, 음악은 노래부르고 춤추고 악기를 연주하는 공연을 총괄해서 말한 것이다. 이중 규식지희나 음악은 임금이 환궁하거나 중국의 사신을 접대하는 자리에서 공연되었다.

의금부에서 제의하였다. "예조에서는 황제가 새로 오른 것과 관련하여 오는 사신을 위해서 채붕(綵棚)을 만든 데 대하여 비망기가 내렸기 때문에 본 의금부에 공문을 띄웠습니다. 그래서 신 등이 곰곰이 생각하고 자세히 의논한 다음에 군기시(軍器寺)와 함께 대책을 세워 처리하기 위하여 호조에 보관하고 있는 채붕 만드는 격식(綵棚式詁)을 가져다 상고하여 보고 임오년(1582년)에 중국 사신이 나올 때의 산대도감 하인을 찾아가서 물어보았습니다. 좌우편에 각각 봄산, 여름산, 가을산, 겨울산을 만드는 데 매 산마다 상죽(上竹) 3대와 차죽(次竹) 6대가 들어갑니다. 상죽은 길이가 각각 90척이고 차죽의 길이는 각각 80척인데 양쪽의 산대에 드는 것을 계산하면 들어가야 할 상죽이 24대, 차죽이 48대이며 그 밖에 들어가야 할 기둥나무가 이루 셀 수 없을 정도로 많습니다. 가장 짧은 나무라고 해도 20여 자 아래로 내려가는 것이 없습니다. (중략) 산대를 만드는 일꾼들은 이전부터 수군으로 배치하여주었는데 의금부에 1,400명, 군기시에 1,300명을 배치하였다고 합니다. 지금 남아 있는 수군이 거의 없는데 온갖 신역에 시달리게 되면 거의 다 흩어져 도망치고 말 것입니다.

「봉사도」 제7폭 이동식 무대 및 당시의 공연물을 표현한 그림.

　위의 인용 내용은 『광해군일기』 156권에 들어 있는 것으로, 광해군 12년(1620) 9월 3일에 좌변나례청(左邊儺禮廳)을 맡은 의금부에서 임금에게 올린 것이다. 이것을 보면, 중국 사신을 영접하기 위해 산대를 만드는 것이 상당히 번거로운 일이었음을 알 수 있다. 이러한 번거로움 때문에 광해군 이후에는 윤거(輪車) 혹은 헌가(軒架)와 같은 예산대(曳山臺)가 사용되었다. 윤거나 헌가는 한번 만들어놓으면 그후에도 쓸 수가 있었고, 또 바퀴가 달려 있어서 이동도 편리했던 것이다. 이 예산대의 실상을 알려주는 자료로 「봉사도」(奉使圖)를 들 수 있다. 「봉사도」는 영조 1년(1725)에 중국 사신 아극돈(阿克敦)이 조선에 다녀가면서 각종 행사 절차 및 풍속, 풍경을 그린 화첩인데, 제7폭에 이동식 무대 및 당시의 공연물이 소개되어 있다.

그 제화시(題畵詩)에 "몇 번 잡희(雜戲)를 이끌어 앞으로 오니 / 퉁소와 북소리 마치 우레와 같네. / 갑자기 말 앞에 이르러 잠시 서 있다가 / 한 사람이 춤추고 미소지으며 말을 하네"라 되어 있고, 그 주에 "갈 때는 뭇 잡희가 함께 나아가는데, 한 사람이 춤추는 형상을 하며, 사람들을 향하여 웃으며 이야기를 한다"라고 되어 있다. 이 잡희를 그린 그림을 보면, 줄타기, 물구나무서기와 같은 묘기 등을 행하는 재인의 모습이 있고, 탈을 쓰고 춤을 추는 재인도 있다. 그리고 오산(鰲山)이라 일컬어진 이동식 무대인 산대가 있는데, 산대에는 바퀴가 달려 있고, 이 산대 위에는 낚시를 하는 어옹(漁翁), 춤추는 여인, 원숭이 분장을 한 재인 등이 있다. 이것을 두 사람이 밀고 있는 것으로 보아, 이 산대는 당시에 이동식 무대가 있었다는 것을 분명하게 알 수 있다.

한편, 소학지희는 놀이의 성격상 궁중에서 공연되기 힘들었지만, 조선시대에 들어오면서 임금 앞에서 공연한 것이 관심거리가 되었고, 그래서 기록되기도 했다. 소학지희는 말 그대로, 말로써 청중을 웃기는 것이기에, 천인인 광대가 임금을 웃긴다는 것은 그리 쉽지 않았을 것이다. 세조 때에 고룡(高龍)이라는 광대가 맹인이 다른 사람을 취하게 하는 내용을 공연하자, 세조가 이를 보고서 웃었다고 한다. 그렇지만, 연산군 때 공결(孔潔)이라는 광대는 『대학』의 강령과 조목을 희롱하다가 매를 맞고 쫓겨나 역졸이 되었다. 또 공길(孔吉)이라는 광대도 연산군 앞에서 이상적인 군주는 만나기 어렵지만, 훌륭한 신하는 어느 때든지 만날 수 있다는 내용의 공연을 벌이다가 유배를 갔다고 한다.

소학지희의 내용은 고정되어 있지 않았지만, 대체로 시사지사(時事之事)였다. 그것은 소학지희를 통해서 세정의 실태를 임금에게 알리고자 한 광대 집단의 의도 때문이었을 것이다. 광대가 세정의 실태를 고발하였다는 점에서, 소학지희의 광대는 단순히 놀음만을 추구했던 광대는 아니었던 셈이다. 이러한 광대 중, 유몽인(柳夢寅. 1559~1623)이 『어우

야담』(於于野談)에서 소개한 귀석(貴石)은, 명종이 어머니를 위해서 진풍정(進豊呈. 대궐잔치의 일종)을 할 때 뽑혀서 놀이를 했다고 한 것으로 보아, 당시에 소학지희 광대로 유명했던 것 같다. 귀석이 진풍정 때 공연한 소학지희의 내용 역시 시사지사였는데, 개인적으로 보내는 뇌물만 소중히 하고, 공식적으로 보내는 뇌물은 하찮게 여기는 당시의 세태를 비꼰 것이다.

공헌대왕(恭憲大王. 명종의 시호)이 대비전을 위해 진풍정을 대궐 안에서 베풀었을 때, 서울의 광대 귀석이 좋은 놀이를 진상하였다. 그는 풀을 묶어 꾸러미 네 개를 만들었는데, 큰 것 둘, 중간 것 하나, 작은 것 하나였다. 그는 자칭 수령이라고 하면서, 동헌에 앉더니 진봉색리(進奉色吏. 진상하며 바치는 것만을 담당하는 아전)를 불렀다. 한 광대가 자칭 진봉색리라고 하면서 무릎으로 기어 앞으로 나왔다. 귀석이 목소리를 낮추더니 큰 꾸러미 한 개를 들어 그에게 주면서 말했다. "이것을 이조판서에게 드려라." 또 큰 꾸러미 하나를 들어 그에게 주면서 말했다. "이것은 병조판서에게 드려라." 중간 크기의 꾸러미를 들어 그에게 주면서 말했다. "이것을 대사헌에게 드려라." 그런 후에 작은 꾸러미를 그에게 들어주며 말했다. "이것은 임금님께 진상하여라."

귀석의 공연에서 주목되는 것은, 배역을 나누었다는 점, 소품이 등장한다는 점 등이다. 이것은 귀석이 소학지희를 하나의 훌륭한 공연물로 발전시켜나갔음을 말해준다고 하겠다.

민간에서의 연회의 실상

국가 행사로서의 산대가 폐지된 18세기 후반, 특히 서울의 시정에서는 연희가 성행했다. 물론 그 이전에도 사대부가에서의 일반 잔치, 과거

급제자의 축하 잔치를 비롯한 좌석에서 연희가 베풀어졌을 것이다. 이러한 실상은 조선 후기 국문 고소설인 『민시영전』이나 『정진사전』에서도 확인된다. 그러나 18세기 이전의 기록은, 전해지는 많지 않아 그 실상을 정확하게 알 수는 없다.

조선조 민간에서의 대표적인 연희는 탈놀이와 판소리라고 할 수 있다. 그 외에 궁정에서 행해지던 여러 놀이 등이 공연되었는데, 이덕무(李德懋. 1741~93)의 『사소절』(士小節)에서 "집안에 산대, 철괴(鐵拐), 만석(曼碩) 등의 음란한 놀이를 베풀고 부인들이 보게 하여 웃음소리가 바깥까지 들리니 집안을 바로 다스리는 도리가 아니다"라고 한 것을 보아, 당시 전문적인 놀이꾼에 의한 연희가 상당히 성행하였음을 알 수 있다.

현재 공연되고 있는 탈놀이에 대한 형성을 짐작하게 하는 기록으로, 유득공(柳得恭. 1749~?)의 『경도잡지』(京都雜誌) 권 1, 성기(聲技)조의 기사가 있다.

> 연극에는 산희(山戱)와 야희(野戱)의 두 부류가 있는데, 나례도감(儺禮都監)에 소속된다. 산희는 다락을 매고 포장을 치고 하는데 사자·호랑이·만석중 등의 춤을 추며, 야희는 당녀(唐女)와 소매(小梅)로 분장하고 논다.

위의 내용에서 주목할 것은, 당시의 연극에 산희와 야희의 두 종류가 있었다는 점이다. 산희는 다락을 매고 포장을 치고 공연했다고 했으니, 꼭두각시놀음과 같은 인형극이다. 이에 비해 야희는 일정한 무대를 설치하지 않고 분장을 한 인물이 등장하여 논다고 했으니, 양주별산대놀이나 송파산대놀이와 같은 탈놀이이다. 소매나 당녀는 모두 이들 산대놀이에 등장하는 인물이기 때문이다.

그런데 산희와 야희가 나례도감에 속한 연극이었다고 한 점을 주목하면, 조선조의 연극은 국가의 공식적인 연희에 이미 산대와 같은 무대

를 설치하고 공연하는 연극과, 일정한 무대 없이 공연하는 연극이 있었
다는 것을 알 수 있고, 또한 서울의 시정과 같은 민간에서도 마찬가지
였음을 알 수 있다. 다만 앞에서도 살펴보았듯이 국가의 공식적인 연희
중, 무대 없이 노는 탈놀이는 극적 갈등을 표출하기 위한 것이라기보다
는 가면을 쓰고 우스꽝스런 행위를 하는 것에 가까웠다. 그렇다면 서울
시정에서 공연되었다는, 유득공이 기록한 야희는 어떠했을까 하는 의문
이 생긴다. 이러한 의문을 해소해주는 자료가 바로 강이천(姜彛天. 1769
~1801)이 남대문 밖에서 당시의 연희를 보고 지은 장편 한시 「남성관
희자」(南城觀戲子)이다. 이 시를 보면, 산희는 인형을 가지고 공연하는 연
극이고, 야희는 오늘날의 양주별산대놀이나 봉산탈춤에 등장하는 인물
이 다수 나오고 극적 갈등을 표출하고 있는 것으로 보아, 본격적인 민
속극으로서의 탈놀이임을 알 수 있다.

남문 밖은 우리 집서 일 리 남짓
사람들 웅기중기 성을 쌓고
멀리 바라보니 과녁판을 매단 듯
아래선 풍악을 울려
바다로 산이 무너져 쏟아지듯
사람 형상 가는 손가락만큼
얼굴을 바꾸어 번갈아나오니
문득 튀어나오는데 낯짝이 안반 같은 놈
머리를 흔들며 눈을 굴려

부채로 얼굴을 가리고 홀연 사라지니
휘장이 획 걷히더니

홀연 사라져 자취도 없는데

나도 얼른 신발 신고 달려가니
일만 눈 한곳에 쏠렸더라.
푸른 차일 소나무 사이로 쳐진 데
불고 켜고 두드리고 온갖 소리
구름이 열려 달이 황홀히 비치듯
나무로 새겨 채색을 하였구나.
어리둥절 셀 수가 없더라.
고함 소리 사람을 겁주는데
왼쪽을 바라보고 다시 오른쪽으로
돌리다
노기를 띠어 흉악한 놈
춤추는 소맷자락 어지럽게 돌아가
누나
더벅머리 귀신의 낯바닥 나타나

두 놈이 방망이를 들고 치고 받고　　　폴짝폴짝 잠시도 서 있지 못하더니
홀연 사라져 자취도 없는데　　　　　야차놈 불쑥, 저건 무언가?
얼굴은 구리쇠, 눈에 도금을 한 놈이　　너풀너풀 춤추고 뛰더니
홀연 사라져 자취도 없는데　　　　　달자가 또 달려나와
칼을 뽑아 스스로 머리를 베어　　　　땅바닥에 던지고 자빠지니
홀연 사라져 자취도 없는데　　　　　귀신이 새끼 안고 젖을 먹이며
어르다가 이내 찢어발겨　　　　　　까마귀 솔개 밥이 되게 던져버리네.

　위의 내용은 산희에 해당하는 부분이다. 나무로 새겨 채색을 했다는
것으로 보아 꼭두각시놀음임을 알 수 있다.

노장스님 어디서 오셨는지?　　　　　석장을 짚고 장삼을 걸치고
구부정 몸을 가누지 못하고　　　　　수염도 눈썹도 도통 하얀데
사미승 뒤를 따라오며　　　　　　　연방 합장하고 배례하고
이 노장 힘이 쇠약해　　　　　　　넘어지기 몇 번이던고?
한 젊은 계집이 등장하니　　　　　　이 만남에 깜짝 반기며
흥을 스스로 억제치 못해　　　　　　파계하고 청혼을 하더라.
광풍이 문득 크게 일어나　　　　　　당황하여 어쩔 줄 모르는 즈음
또 웬 중이 대취해서　　　　　　　고래고래 외치고 주정을 부린다.
(중략)
할미 성깔도 대단하구나　　　　　　머리 부서져라 질투하여
티격태격 싸움질 잠깐 사이　　　　　숨이 막혀 영영 죽고 말았네.
무당이 방울을 흔들며　　　　　　　우는 듯 하소하듯
너울너울 철괴선(鐵拐仙) 춤추며　　　두 다리 비스듬히 서더니
눈썹을 찡긋 두 손을 모으고　　　　　동쪽으로 달리다가 서쪽으로 내닫네.

　인용한 부분에 상좌, 노장, 젊은 계집(소매), 할미 등의 등장 인물이 보

인다. 그리고 이러한 인물들간에 극적 갈등이 분명하게 드러나고 있다. 따라서 「남성관희자」에 소개되어 있는 연희 중, 야희를 비교적 상세하게 묘사한 것으로 보아, 이를 근거로 이 시기에 오늘날의 탈놀이와 같은 모습이 형성되었을 것이라는 추측을 해볼 수 있다. 그러나 국가의 공식 연희에 동원된 재인이 각 도의 천인들이었으므로, 민간에서는 「남성관희자」에서 그려진 것과 같은 연극이 이미 공연되고 있었을 것이다. 다만 그것이 국가 공식 행사로 연희되었기 때문에 극적 갈등을 표출하는 연극이 되지 못했을 것이다.

판소리 연희의 실상을 알려주는 가장 이른 기록은 유진한(柳振漢. 1711~91)의 「가사춘향가이백구」(歌詞春香歌二百句)이다. 이 한시는 유진한이 영조 30년(1754년)에 판소리 「춘향가」를 듣고 지은 것으로, 지금 우리가 알고 있는 「춘향가」의 내용 거의 그대로를 담고 있다.

> 문 사이를 오가며 춘향 부르며 황혼에 마주서서 지환(指環) 만지니
> 처량한 신세타령 무슨 연고인가 수척한 차림이 저도 쑥스러워
> 아리땁고 약한 몸매 살갗만 남아 옥 같은 고운 모습 저리 수척해
> 시름과 한이 서려 가슴이 막혀 쓰러질듯 약한 몸 칼에 기대어
> 그간에 일어난 일 눈물로 하소연 낭군께서 가신 뒤 제가 바라긴
> 귀하게 돌아오길 밤낮 기다렸죠.

이 도령이 어사가 되어 옥중에 있는 춘향을 찾아왔을 때, 춘향이 이 도령에게 하소연하는 부분이다. 실제 소리로 부른다면, 꽤 길게 이어졌을 대목을 한시에서는 압축적으로 제시하고 있음을 볼 수 있다. 그렇기는 해도, 이를 통해 우리는 18세기 중엽에 이미 판소리 「춘향가」가 오늘날의 것과 거의 흡사하게 연희되었다는 점은 확인할 수 있다.

18세기 중엽에 이러한 기록이 존재했다는 것을 감안하면, 판소리는 이보다 훨씬 이전부터 공연되었을 것으로 보이는데, 대략 그 시기는 17

세기 말이나 18세기 초가 될 것이다. 그렇다면 우리가 알기에 판소리는 열두 마당으로 구성되었다고 하는데, 판소리가 시작될 때부터 열두 마당의 레퍼토리로 이루어져 있었을까? 이에 대해서는 명확하게 말할 수 없지만, 현재 알려진 열두 마당의 작품을 분석해보면, 한꺼번에 이들 판소리 작품이 형성되었다고 말할 수는 없을 것 같다.

열두 마당의 실상을 알려주는 가장 오래된 기록은 송만재(宋晚載. 1788~1851)가 1843년에 지은 『관우희』(觀優戲)이다. 송만재가 쓴 발문(跋文)에 보면, "나라의 풍속에 과거에 오르면, 반드시 광대놀이를 베풀어 소리와 재주를 논다. 집 아이가 봄에 합격한 기쁨을 듣고 그 원풀이를 하려는데, 집안이 심히 가난하여 한 바탕의 놀이를 갖추어 차릴 수가 없어" 서울에서 노는 풍물놀이인 유가의 모습을 보고 지은 것이라고 했다. 여기서 소개한 열두 마당은 「춘향가」, 「심청가」, 「흥보가」, 「수궁가」, 「적벽가」, 「변강쇠타령」, 「배비장타령」, 「강릉매화전」, 「옹고집」, 「장끼타령」, 「왈자타령」(무숙이타령), 「가짜신선타령」 등이다. 이중 아직까지 그 사설이 알려지지 않은 것은 「가짜신선타령」뿐이다. 아래에 송만재가 쓴 시를 소개해본다.

춘향가
금실의 다사함은 『회진기』(會眞記)랄까
광한루에 수의사또 당도하였다.
도령님 그전 다짐 어기지 않아
옥에 갇힌 춘향이를 살려 내었네.

적벽가
궂은 비에 화용도로 도망친 조조
관운장은 칼을 쥐고 말에서 볼 뿐.
군졸 앞서 비는 꼴 정녕 여우라

우습구나, 간웅들 모골이 오싹.

흥보가
제비가 박씨로 보답하는데
어진 아우 못난 형 분명하구나.
박 속에는 형형색색 보배와 괴물
톱으로 탈 때마다 매양 와르르.

강릉매화전
매화와 이별한 뒤 눈물이 흥건
와보니 임은 가고 외로운 무덤뿐.
반한 정 어설켜 인정이 흐려
황혼에 반혼(返魂)인가 착각을 하네.

변강쇠타령
큰 길 가의 장승 패서 땔감 삼으니
모진 상판 부라린 눈 꿈에도 호통.
고운 얼굴 속절없어 산에서 우니
벼슬에 어리미침 몇이란 말가.

왈자타령
장안의 한량으로 왈자패들은
붉은 옷 초림 쓴 우림 패거리.
동원에서 술 마시며 놀이판이니
뉘라서 의랑(宜娘) 잡아 한몫을 보노.

심청가

효녀가 가난으로 몸을 팔아서
상선 따라 가서는 물귀신 아내.
하느님의 가호로 왕비가 되어
잔치 끝에 아버님 눈 뜨시게 해.

배비장타령

애랑에 홀딱 반해 체통도 잊고
상투 자르고 이빨 빼길 마지를 않아.
술자리서 기생 업은 배비장이니
이로부터 멍청이라 웃음을 샀다.

옹고집

옹 생원이 하찮은 꼭두와 싸워
맹랑한 이야기 맹랑촌에 자자.
붉은 부적 부처님 영험 아니면
진짜인지 가짜인지 뉘 분간하리.

가짜신선타령

흰한 사람 못난 주제 신선 되려고
금강산에 들어가서 노승을 찾아
천년도(千年桃)와 천일주(天日酒)에 매이다니
뭐라고 속였는고, 왕교(王喬)와 악전(偓佺)

수궁가

동해의 자라가 사신이 되어
용왕 위한 단심으로 약 찾아나서

얄궂게도 토끼의 요설에 속아
간을 두고 왔다고 용왕을 우롱.

　　장끼타령
푸른 종지 붉은 가슴 장끼 까투리
묵밭에 팥이라니 의아하면서도
한 번 쪼다 덫에 걸려 요절났으니
싸늘한 마른 가지 눈이 녹는데.

　판소리의 장단은 전라도 세습무의 무악(巫樂) 장단과 비슷하다는 점, 그 연창자인 광대 역시 대부분 세습무 출신의 무부(巫夫)였다는 점, 그리고 창과 사설의 교체로 이루어지는 세습무의 서사무가 구연 방식이 판소리의 구연 방식과 유사하다는 점 등을 들어, 판소리는 전라도 무속에 기원을 둔 것이라고 한다. 이 점에 대해서는 더 치밀한 연구가 필요하겠지만, 어쨌든 전라도의 무속에 기반을 두고 생겨난 판소리는 후에 지배 계층의 애호물로 격상되어, 판소리 광대가 관직을 부여받는 사례까지 생겨났다.

　판소리의 가창 방식은 창과 아니리의 교체에 의해 이루어진다. 여기에 고수의 북 장단이 따르고, 광대 나름의 발림, 그리고 청중의 추임새가 어우러져 한 판의 소리 마당이 이루어진다. 그런데 판소리를 이야기할 때, 흔히 일고수이명창(一鼓手二名唱)이란 말을 한다. 첫째가 고수이고, 둘째가 명창이라고 했으니, 그만큼 고수가 중요하다는 뜻이다. 실제 판소리는 고수의 북장단에 맞춰 광대가 소리를 하기 때문에, 명창이 되기 위해서는 타고난 기량도 있어야 하지만, 무엇보다도 훌륭한 고수가 있어야 했다. 또한 판소리는 장단이 매우 발달된 구연물인데, 이 장단은 고수가 북을 어떻게 치느냐에 따라 결정되고, 이것에 따라 광대의 소리가 살기도 하고 죽기도 했다. 그렇지만 고수는 광대에 비해 대접이 형편없었으므로, 고수가 광대로 전향하는 사례가 생겨나기도 했다.

재인(才人)의 동원

민간에서의 연희는 경제력을 갖춘 개인이나 상인 집단이 재인을 초청하여 행해지거나, 마을 단위의 정기적인 행사에서 행해졌다. 이에 비해 국가 공식적인 연희는 각 도나 각 읍에서 불러들인 재인에 의해 이루어졌는데, 이들은 국가기관인 나례도감 또는 산대도감의 관리를 받았다.

국가에서 전국의 재인을 불러들였다는 증거가 될 수 있는 것으로, 당시의 공문서인 갑신완문(甲申完文. 1824년), 정해소지(丁亥所志. 1827년) 등이 있다.

완문 등장팔도재인(完文 等狀八道才人)

이 완문은 거행하는 일(산대희—필자 주)의 갖추어진 것을 알게 하기 위함입니다. 팔도 재인(八道才人) 등은 병자년(丙子年) 이후로 칙행(勅行)을 위해 당연히 좌우 산대(山臺)를 설치하고 거행하는 일을 해왔습니다. 재인 중에는 도산주(都山主)라 칭해지는 자가 있어 각 도 각 읍 재인 등을, 도산주가 취하여 와 각각 준비하게 해서 무사히 봉행해왔습니다. 지난 갑진 이후 좌우 산대가 실행되지 않았으나 전례의 앞에서 말씀드린 칙행 때에 나누어 맡긴 것들이 있어 각 도 재인들이 그 도 소임의 청에 대기하고 있은즉 팔도 재인 중 명칭을 허락하여 임직을 가진 자들이 많아 매번 착란되었습니다. 그러므로 지금에 이르러 옛 법으로 갱신해서 준행하고자 하여 팔도 도령위(都領位) 임직에 있는 자들이 행방(行房) 회의를 한 후 각 도의 소임에 다만 한 사람씩만 채정(差定)하되 공청도(公淸道) 재인 중 팔도 도산주 겸 도대방(都大房), 경기 재인 중 팔도 우산주(右山主) 겸 도집강(都執綱)·도대방, 강원도 재인 중 팔도 도공원(都公

員) 겸 본도 도대방, 황해도·평안도·함경도는 도장무(都掌務)·도색장(都色掌)에 각각 본도 대방들의 소임을 갖게 하고자 합니다. 이들을 삼망(三望) 권점자(卷點者)로 차정하되 각 이름이 적힌 도서는 각 그 도 소임들이 처분해서 정하고자 하며 절목(節目)들을 이루어 지금부터 각 읍재인 등이 완문을 짓고 돌림에 이것으로써 영구히 따르고자 하니 통찰해주십시오. 이 이후에 만일 이것을 받들어 행해지지 않는 일들이 있다면 다시 어지러워지는 폐단이 있습니다. 천만 복망하옵니다. 명령을 내려주십시오.

갑신 5월 일 완문

(중략)

호조(戶曹) 처분

위의 완문을 통해 볼 때, 각 도 각 읍의 재인이 서울로 상송되어왔음을 알 수 있는데, 이들은 평소에는 군에 예속되어 있다가 산대희를 공연할 때만 서울로 올라와 연희에 참여했던 것이다.

그러나 『나례청등록』(儺禮廳謄錄)에 의하면, 서울 이북지역의 재인은 따로 서울로 상송되지 않고 해당 지역에서 자체적으로 산대를 세우고 사신을 환영하는 행사를 벌였다. 그리고 서울지역에 거주하는 재인의 경우, 이들은 궁중에서 간소한 연희를 벌일 때 동원되었다. 『성종실록』에 의하면, 흉년이 들었는데도 외방의 재인이 나례를 위하여 성중에 많이 도착하자, 먹을 것이 없으니 궁하면 반드시 도적질을 할 것이라 하여, 나례를 중지하되, 내간의 아이들이 보려고 하니 서울에 사는 우인(優人)을 가리어 간략하게 하라는 내용이 있는데, 이는 서울 지역에도 일정정도의 재인이 항시 머무르고 있었음을 말해준다.

이 외에 공식적인 연희에 동원되었던 재인으로, 교방(教坊) 기녀와 악공(樂工)이 있었는데, 이들은 평소에는 관가에 매여 있다가, 연희가 있으면 동원되었다. 『악학궤범』에 보면, 이들이 처용무·학무(鶴舞)와 연화대

무(蓮花臺舞)를 춘 것으로 나와 있다.

　그런데 점차 재인들이 자발적인 공연 활동을 확대시켜나감에 따라, 중앙기구를 통한 이들의 통제는 점차 어려워졌다. 이 시기는 대략 1784년 정도로 추산된다. 이 이후 나례도감은 점차 그 기능을 상실하고, 재인청과 같은 재인 자치조직은 강화되어갔던 것으로 보인다. 그렇다면 위에서 들었던 갑신완문은 재인청이 설립되고 수십 년 뒤인 1824년에 조직을 정비하여 그 결과를 호조에 보고한 문서였던 셈인데, 어쨌든 이 문서를 통해 볼 때, 각 지방의 재인은 조선 후기에 들어서면서 점차 공식적 연희 활동에서 독립적인 연희 활동으로 그 방향을 바꾸어갔음을 알 수 있다. 그리고 이러한 독립적인 연희 활동은 상업 문화와 결부되어 점차 흥행 활동으로 변화되어갔다.

●**최원오 · 서울대 국문학과 강사**

세시풍속

농경사회의 풍속은 1년을 주기로 하는 농사력을 기본으로 하여 음력의 월별, 태양력을 적용한 24절후, 명절과 속절(俗節)의 내용이 포함되어 있고, 이에 따른 의식 및 의례 행사가 있다. 세시풍속은 따라서 생산대중을 중심으로 하는 당시 사람들의 주기적이고 반복적인 삶의 반영일 뿐만 아니라 그 시대의 시간적 개념과 관념을 함축하고 있는 역법체계의 표현이다. 이에 더하여 군·현을 단위로 하여 각 지역마다 겪어온 지배세력의 동향과 교체의 추이에서 풍속의 지역적 특색이 나타난다. 한 사회가 그동안 지켜 내려온 문화적 전통은 세시풍속의 내용 속에 용해되어 있다. 조선시대의 지배적 이데올로기인 성리학적 유교 전통이 지금도 그 뿌리를 잃지 않고 있지만 이에 못지않게 그 이전 사회의 주된 이데올로기였던 불교적 전통이나 도교적 전통이 곳곳에 남아 조선시대 내내, 그리고 그 이후까지도 존속되어오고 있다.

세시풍속은 이미 조선시대의 실학연구에서도 광범위하게 다루어진 분야의 하나이다. 정동유(鄭東愈)의 『주영편』, 유득공(柳得恭)의 『경도잡지』(정조연간), 김매순(金邁淳)의 『열양세시기』(1819), 홍석모(洪錫謨)의 『동국세시기』 등은 대표적인 세시 관련 종합서이다. 이규경(李圭景)의 『오수연문장전산고』(五洲衍文長箋散稿)에도 많은 자료가 실려 있다. 20세기에 들어와서 최영년(崔永年)의 『해동죽지』(海東竹枝, 1921년), 장지연의 『조선세시기』 등이 나왔는데, 이것들은 이전시기의 연구의 맥을 잇는 종합서이다.

이 글에서는 대표적인 세시풍속서로 잘 알려진 홍석모의 『동국세시기』 중에서 구체적인 생활사를 반영한 내용들을 간추렸고, 이것이 19세기 중반경에 작성된 것임을 감안하여 이에 대한 보완으로 이보다 약 300년 전에 쓰여진 이문건(李文楗)의 『묵재일기』(默齋日記)의 기사 중에서 세시풍속에 관한 사항들을 찾아 조선 전기의 풍속도 아울러 소개하였다.

이문건(1495~1567)의 『묵재일기』는 1535년(중종 30), 그의 나이 41세에 시작하여 1567년(명종 22), 73세로 죽을 때까지 작성된 것으로, 그가 승정원(承政院) 동부승지(同副承旨)를 지내다가 을사사화(1545년)로 파직되어 성주(星州)로 유배 가기 전까지는 서울에서의 생활이, 그 이후는 유배지 성주에서의 생활이 기록되어 있다.

『동국세시기』의 저자 홍석모는 1781년 7월 29일에 태어나서 1857년 10월 19일에 죽었으며 호는 도애(陶厓)이다. 이계(耳溪) 홍양호(洪良浩)의 손자로 명문가에서 태어났으나 1804년에 생원이 된 이후 음사로 남원부사를 지낸 것 말고는 관직에 나간 바 없이 주로 여행을 다니며 시문을 쓰는 등 한량 같은 세월을 보냈는데, 『세시기』를 작성한 것도 그의 이러한 편력이 작용하였던 것 같다.

두 저자 모두 양반 상류층이어서 대다수 민중들의 생생한 생활모습을 전달하기에는 한계가 있으나 이는 어느 분야나 마찬가지로 새로운 자료의 발굴 등으로 보완해나갈 수밖에 없을 것이다.

봄철의 세시풍속

음력으로 1월, 2월, 3월이 봄철에 해당하며 맹춘(孟春), 중춘(仲春), 계춘(季春)이라고 한다. 농민들에게는 생산활동을 시작하는 계절로 풍농(豊農)이, 유한층에게는 상춘(賞春)이 주된 관심사다.

정월 초하루 설날
(『동국세시기』抄)

• 서울 풍속에 설날 사당에 배알하고 제사지내는 것을 차례라고 한다. 남녀 어린이들은 모두 새 옷으로 단장하는데 이것을 설빔(歲粧)이라고 하고, 집안 친척 어른들을 찾아 뵙는 것을 세배(歲拜)라고 한다. 이날 시절 음식으로 손님을 대접하는 것을 세찬(歲饌)이라고 하고 대접하는 술을 세주(歲酒)라고 한다.

• 멥쌀가루를 쪄서 커다란 안반 위에 놓고 떡메로 무수히 쳐서 길게 늘려 만든 가래떡을 흰떡(白餠)이라고 한다. 이것을 얄팍하게 엽전 두께만큼 썰어 장국에다 넣고 끓인 다음 쇠고기나 꿩고기를 넣고 후춧가루 등을 쳐서 조리한 것을 떡국(餠湯)이라고 한다. 이것은 제사에도 쓰고 손님접대에도 사용한다. 멥쌀가루를 시루 안에 깔고 삶은 붉은 팥을 켜로 까는데 쌀가루의 두께는 시루의 크기를 보고 정한다. 혹은 찹쌀가루를 켜로 넣어 찌기도 한다. 이것을 시루떡(甑餠)이라고 한다. 이것으로 새해에 귀신에게 빌기도 하고 또 초하루와 보름에 올리기도 하며 아무 때나 귀신에게 빌 때도 올린다.

• 사돈집 사이에서는 부인들이 단장을 한 계집종을 서로 보내어 새해 문안을 드리는데 이때의 하녀를 문안비(問安婢)라고 한다. 각 관아의 서리와 종들, 그리고 각 영문의 장교와 군졸들은 접은 종이에 자기 이름을 쓴 명함을 현직 관원과 퇴직 관원의 집에 바친다. 그러면 그 집에서는 대문 안에 옻칠한 쟁반을 놓아두고 이를 받아들이는데 이것을 세함(歲銜)이라고 한다. 각 지방관청에서도 그렇게 한다.

• 서화에 관한 임무를 맡고 있는 도화서(圖畫署)에서는 「수성선녀도」(壽星仙女圖)와 「직일신장도」(直日神將圖) 그림을 그려 관가에 바치고 또

서로 선물하는데 이것을 세화(歲畵)라고 하여 축하하는 뜻을 나타낸다. 또 금빛 갑옷을 입은 두 장군의 화상을 그려 임금에게 바치는데 키가 한 길이 넘는 장군들은 각각 천자의 신임을 상징하는 도끼와 부절(符節. 나무나 종이에 글자나 문양 등을 넣은 것을 나중에 증거로 삼기 위해 둘로 쪼갠 신표(信標), 부신(符信))을 들고 있다. 이 그림을 대궐문 양쪽에 붙이는데, 이것을 문배(門排)라고 한다. 항간에서는 바람벽에 닭 그림과 호랑이 그림을 붙여 액을 물리친다.

• 남녀 모두 나이가 삼재(水災·火災·風災)에 든 자는 매 세 마리를 그려 문설주에 붙인다. 친구나 젊은이를 만나면 "올해는 꼭 시험에 합격하시오.", "승진하시오.", "득남하시오.", "돈 많이 버시오." 등의 말을 건네는데 이것을 덕담이라고 하며 서로 축하하는 말이다. 꼭두새벽에 거리로 나가 어떤 방향에서 들려오든지 상관없이 처음 듣는 소리로 한 해의 운세를 점치는데 이를 청참(聽讖)이라고 한다. 남녀 모두 1년 동안 머리를 빗으면서 빠진 머리카락을 모아 빗접 안에 넣어두었다가 반드시 설날 해질 무렵을 기다려 문밖에서 태우는데 이는 전염병을 물리치는 효과가 있다고 믿기 때문이다. 중들이 북을 치며 시가를 돌아다니는 것을 법고(法鼓)라고 한다. 혹은 시주 내용을 적어놓는 모연문(募緣文)을 펴놓고 바라를 치며 염불을 하면 사람들은 다투어 돈을 던진다. 또는 속세의 떡 두 개를 중의 떡 한 개와 바꾸어 이를 어린아이에게 먹이는데, 이렇게 하면 천연두를 순조롭게 넘길 수 있다고 한다.

『묵재일기』抄

• 상중이어서 아침에 삭제(朔祭) 후 정조제(正朝祭)를 행했다. 향리의 상인배들이 많이 와서 세알(歲謁)했다(1536. 1.1).

• 돌아가신 부모에 대한 제사를 드렸는데 주(酒), 적(炙), 면(糆), 병(餠)을 천(薦)했다. 제수를 갖추어 조상 묘에 보냈다. 마을사람들, 기녀(妓女), 인손(仁孫), 계손(季孫), 최문(崔文) 등이 와서 세배하였다(1556. 1.1).

• 중 석명(昔明)이 세배하러 와서 원일(元日)에 척자(擲字) 점을 쳐보니

근계(謹戒)하라는 뜻이 있었다고 말했다(1556. 1.11).

• 동리(東里)의 주민들이 무리를 이루어 쟁고(錚鼓), 즉 징과 북을 들고 와 치므로 곡식을 내주었고, 또 뜰에 들어오라고 하여 굿을 시키니 어지럽게 북을 치면서 가무하기를 꽤 오랫동안 하다가 그쳤다. 술을 내오게 하여 먹인 후 보냈다(1559. 1.1).

입 춘
(『동국세시기』抄)

• 대궐 안에서는 춘첩자(春帖子)를 붙인다. 재상집, 양반집, 일반 민가 및 상점에서도 모두 춘련(春聯. 입춘날에 집 기둥이나 바람벽에 붙이는 한자 시구)을 붙이고 송축한다. 이것을 춘축(春祝)이라고 한다.

• 관북지방 풍속에 이날이 되면 나무소(木牛)를 만들어 관가에서부터 민가 마을에 이르기까지 두루 길에다 내놓는다. 대개 이것은 추운 기운을 내보내는 주술적인 행사의 하나로서 토우(土牛)를 만들어 내보내는 제도를 본뜬 것으로, 농사를 장려하고 풍년을 기원하는 뜻을 나타내고자 하는 것이다.

보름날
(『동국세시기』抄)

• 이날은 찰밥을 짓는데, 대추·밤·기름·꿀·간장 등을 섞어 다시 쪄서 잣과 버무린 것을 약밥(藥飯)이라고 하여 보름날의 좋은 음식으로 여기며 이것으로 제사를 지낸다. 정월 보름 전에 붉은 팥죽을 쑤어 먹는다. 보름날 이른 아침에 날밤·호두·은행·잣·무 등을 깨물면서, "1년 열두 달 동안 아무 탈없이 평안하고 부스럼이 나지 않게 해주십시오" 하고 축원한다. 이를 부럼깨물기(嚼癤)라고 하기도 하고 혹은 이를 튼튼히 하는 방법이라고도 한다. 평안도 의주지방 풍속에 어린 남녀들이 이른 아침에 엿을 깨무는데 이를 이빨겨루기(齒較)라고 한다. 청주 한

잔을 데우지 않고 마시면 귀가 밝아진다고 하는데 이 술을 귀밝이술(牖聾酒)이라고 한다. 박·오이·버섯 등 각종 채소 말린 것과 콩, 호박 및 순무 등 각종 무를 저장해둔 것을 묵은 나물(陳菜)이라고 하며, 이날 반드시 이 나물들을 만들어 먹는다. 외 꼭지·가지 껍질·무 잎 등도 모두 버리지 않고 말려두었다가 삶아서 먹는데, 이렇게 하면 여름에 더위를 타지 않는다고 한다. 채소 잎이나 김으로 밥을 싸서 먹는데 이것을 복쌈(福裹)이라고 한다. 이날 오곡밥을 지어먹고 또 서로 나누어 먹는다. 영남지방의 풍속이 또한 이러해서 종일 이 오곡밥을 먹는데, 제삿밥을 서로 나누어 먹던 옛 풍습을 답습한 것이다.

• 시골 사람들은 보름 하루 전날에 짚을 군대깃발인 둑기(纛旗) 모양으로 묶고 그 안에 벼·기장·피·조의 이삭을 넣어 싸고 목화를 그 장대 끝에 매달아 집 곁에 세우고 새끼를 사방으로 벌려 고정시킨다. 이것을 벼낟가리(禾積)라고 하며 이것으로 풍년을 기원한다. 산골 풍속에는 가지가 많은 나무를 외양간 뒤에 세우고 곡식 이삭과 목화를 걸어두면 아이들이 새벽에 일어나 해가 뜰 때까지 나무 주위를 돌면서 노래를 부르며 풍년을 기원한다. 과일나무의 가지 사이에 돌을 끼워두면 과일이 많이 열리는데 이것을 과일나무 시집보내기(嫁樹)라고 한다. 초저녁에 횃불을 들고 높은 곳에 올라가는 것을 달맞이(迎月)라고 하며 남보다 먼저 달을 보는 사람이 재수가 있다고 한다.

• 남녀의 나이가 사람의 운수를 맡고 있다는 나후직성(羅睺直星)을 만나면 풀로 만든 허수아비인 추령(芻靈)을 만든다. 이것을 방언으로 제웅(處容)이라고 한다. 제웅의 머리통에 동전을 집어넣고 보름날 하루 전, 즉 14일 초저녁에 길에다 버려 액막이를 한다. 꼭두새벽에 종각 네거리에서 흙을 파다가 집 네 귀퉁이에 뿌려 묻거나 부뚜막에 바르는데, 이것은 재력가들이 밟고 다니는 시전거리 흙을 옮겨옴으로써 재복도 함께 옮겨지기를 바라는 주술적인 뜻이 담겨 있다. 아침 일찍 일어나서 사람을 보면 갑자기 상대방을 불러보고 상대방이 대답을 하면 곧 "내 더위

사라"고 한다. 이것을 더위팔기(賣暑)라고 한다. 이렇게 해서 더위를 팔면 그해에는 더위를 먹지 않는다. 이날은 개에게 밥을 먹이지 않는다. 개에게 밥을 먹이면 파리가 많이 끓어 야위기 때문이다. 그래서 속담에 우스개 소리로 굶는 것을 "개 보름 쇠듯 한다"고 한다. 아이들이 집안식구대로 "○○○ △△生 身厄消滅"(○○○은 성명, △△은 干支, 즉 누구의 몸에 있는 액운이 소멸되라는 뜻)이라는 문구를 연 등에 써서 연이 나는 데까지 띄우다가 해질 무렵에 액을 멀리 보낸다는 의미로 연줄을 끊어 날아가게 놓아버린다.

• 이날 온 집안에 밤새도록 기름불을 켜놓는데 마치 섣달 그믐날 밤 밤샘(守歲)하는 것과 같다. 장님을 보름날 전부터 불러다가 『안택경』(安宅經)을 읽히며 밤을 세운다. 이는 액을 막고 복을 빌기 위한 것이며 정월 안에 이러한 일을 다한다. 황해도와 평안도 풍속에 정월 보름 전날 밤 닭이 울 때를 기다려 집집마다 표주박을 들고 앞다투어 정화수를 길어오는데 이를 용알건지기(撈龍卵)라고 한다. 물을 맨 먼저 긷는 사람이 그해 농사를 제일 잘 짓는다고 한다. 또 콩 열두 개에다 각각 열두 달을 표시하여 수수깡 속에다 넣고 묶어 우물 속에 빠뜨린다. 이것은 달불이(月滋)라고 하는 것으로 이튿날인 보름날 새벽에 그것을 꺼내 보아 콩이 물에 불어 있는 정도에 따라 해당하는 달에 홍수 피해가 있을지 가뭄 피해가 있을지를 점쳐보는데 예측이 잘 맞는다고 한다.

• 이날 밤 서울 장안의 주민들은 신분이나 남녀 구분 없이 모두 몰려나와 열운가(閱雲街. 운종가(雲從街)로 현 보신각이 있는 곳에서부터 종로 3가까지의 길)의 종각(鐘閣)에서 저녁 종소리를 들은 다음 흩어져 여러 곳의 다리로 가서 왕래하는데 밤이 새도록 행렬이 끊어지지 않는다. 이것을 다리밟기(踏橋)라고 한다. 삼문(三門. 남대문, 서대문 및 그 중간의 서소문) 밖의 주민들과 아현(阿峴) 주민들이 떼를 이루어 편을 가른 다음 몽둥이를 들거나 돌을 던지며 고함을 치면서 달려들어 만리동 고개 위에서 접전하는 모양을 하는데, 이것을 편싸움(邊戰)이라고 하며 변두리

로 도망가는 편이 싸움에서 지는 것이다. 속설에 삼문 밖 편이 이기면 경기 일대에 풍년이 들고 아현 편이 이기면 팔도에 풍년이 든다고 한다. 용산과 마포에 사는 소년들 중에는 패를 지어 와서 아현 편을 돕는다. 성안의 아이들도 이를 본받아 종각 거리나 지금의 종로 3가에 있던 비파정(琵琶亭) 부근에서 편싸움을 하였고 성밖에서는 만리현과 우수현(雨水峴. 현재의 남대문 밖 도동 부근)에서 주로 편싸움을 하였다.

• 경상도 안동지방의 풍속 중에는 매년 정월 16일에 주민들이 읍내 복판을 흐르는 시내를 경계로 삼아 좌우로 나뉘어 서로 돌팔매질하며 싸워 승부를 결정했다. 황해도와 평안도 지방의 풍속에도 정월 보름날 돌팔매질하는 놀이가 있다. 동네 여자들은 늙은이, 젊은이 할 것 없이 밤에 떼를 지어 성밖으로 나간다. 이들은 물고기를 꿰어놓은 모양으로 줄을 서서 엎드려 가는데, 뒷사람이 앞으로 나아감으로써 서로 끊임없이 잇대어 나간다. 그리고는 어린 계집아이 한 명을 엎드린 여자들의 등 위로 걸어가게 하고 좌우에서는 그 아이를 부축하는데, 서로 소리를 주고받으면서 그 위를 왔다갔다 하는 것이 마치 다리밟기를 하는 것 같다. 위에 있는 어린 계집아이가 "이것이 무슨 다리지?" 하고 선창(先唱) 하면 엎드려 있는 여자들이 "청계산 놋다리(銅橋)지"라고 화답한다. 큰길을 따라 혹은 동쪽으로, 혹은 서쪽으로 왔다갔다 하다가 밤이 샌 뒤에야 그친다. 풍기지방 풍속에 정월 보름날 고을의 수리(首吏)가 검은 소를 거꾸로 타고 거문고를 안고 동헌에 들어가 원님에게 절을 한 다음 일산(日傘)을 받쳐들고 나오는데 이것이 무엇을 뜻하는지 알 수 없으나 필시 복을 비는 행사의 하나일 것이다.

• 충청도 풍속에는 횃불싸움(炬戰)이 있다. 또 편을 둘로 갈라 마주서서 동아줄을 서로 잡아당기게 하여 상대에게 끌려가지 않고 끌어당겨 이긴 편이 그해 풍년이 든다고 점친다.

• 강원도 춘천지방 풍속에 수레싸움(車戰)이 있다. 외바퀴 수레를 만들어 이것을 동리별로 편을 나누어 앞으로 밀고 나가면서 서로 싸우는

것으로, 승패의 결과로써 그해의 일을 점치는바, 패하여 쫓기는 편이 흉하다. 가평지방 풍속에도 이러한 것이 있다.

(『묵재일기』抄)

• 아침에 본가로 가서 약반(藥飯)과 청작(淸酌)으로 신주(神主) 앞에서 천(薦)하였다(1536. 1.15).

2월 초하루

(『동국세시기』抄)

• 정월 보름날 세워 두었던 볏가리대(禾竿)에서 벼이삭을 떨어서 흰떡을 만드는데, 크기는 큰 것은 손바닥만하게, 작은 것은 계란만하게 하며 모두 반달 옥 같은 모양을 낸다. 콩을 불려 만든 떡소(餡)를 떡 안에 넣고 그것들 사이에 솔잎을 겹겹이 켜를 지어 넣어 시루에 찐다. 푹 익으면 꺼내어 물로 씻은 다음 참기름을 바른다. 이것을 송편(松餅)이라고 한다. 이 송편을 노비들에게 나이 수대로 먹인다. 그래서 이날을 속칭 노비날(奴婢日)이라고 한다. 농사일이 이때부터 시작되므로 이렇게 노비들을 먹이는 것이라고 한다.

• 영남지방 풍속에 집집마다 신에게 제사를 지내는데 그 신 이름을 '영등'(靈登)이라고 한다. 신이 내렸다고 하면서 무당이 동네 거리를 돌아다니면 사람들은 다투어가며 불러들여 즐겁게 해준다. 그리고는 이 달 초하루부터 사람을 꺼려 만나지 않는데 이것이 보름 혹은 20일까지 간다.

(『묵재일기』抄)

• 초정일(初丁日)의 향교 석전례(釋奠禮) : 향교 석전을 마치고 교생 이인박(李仁博)과 김담수(金聃壽)가 제사 때 쓴 고기(膰肉)과 제사지낸 술(福酒)을 들고 와서 질청(作廳)에서 상대하여 천택과 함께 돌아가며 음복했다. 술아 다하자 갔다(1556. 2.8).

3월 삼짇날

(『동국세시기』抄)

• 진달래꽃을 따다가 찹쌀가루에 갈라 붙여 둥근 떡을 만든 다음 참기름에 지진 것을 화전(花煎)이라고 하고 녹두가루를 반죽하여 익힌 것을 가늘게 썰어 오미자 물에 띄우고 꿀을 넣고 잣을 곁들인 것을 화면(花麵)이라고 한다. 혹은 진달래꽃을 녹두가루와 섞어 만들기도 한다. 또 녹두로 국수를 만들기도 하고 이것을 붉게 물들인 다음 꿀물에 띄운 것을 수면(水麵)이라고 한다. 이것들은 모두 시절 음식으로 제사에 쓴다.

• 충청도 진천(鎭川)지방 풍속에 3월 3일부터 4월 8일까지 여자들이 무당을 데리고 우담(牛潭)이라는 연못가에 있는 동·서 용왕당과 삼신당(三神堂)에 가서 아들을 점지해달라고 비는데 그 행렬이 끊어지지 않고 사방의 여인들이 모두 와서 기도하므로 마치 장을 이룬 것 같다. 해마다 이러한 일이 늘 벌어진다.

(『묵재일기』抄)

• 3일 삼짇날 : 양 성주가 신원(新院)의 산 아래로 가서 답청(踏靑)의 자리를 마련하고 사우(士遇)와 경우(景遇)를 초대하고 나도 오라고 하여 아침밥을 먹고 모임에 갔다. 먼저 술자리를 마련하여 점심 때까지 술을 마셨다. 점심을 마치자 기생을 불러 노래를 부르고 술을 권하게 하였다. 날이 저물어서 모임을 파하고 헤어졌다(1556. 3.3).

한 식

(『동국세시기』抄)

• 서울 풍속에 이날 조상의 산소에 가서 제사를 지낸다. 설날·한식·단오·추석의 네 명절에 술·과일·포·젓·떡·면·탕·지짐 등의 음식으로 지내는 제사를 절사(節祀)라고 하는데, 선대로부터의 전통과 집안 형편에 따라 차이가 있지만 한식과 추석에 가장 성하다. 이때는 사방 교외에 남녀들의 행렬이 서로 이어져 끊어지지 않을 정도이다.

• 농가에서는 이날을 기해 밭에 씨를 뿌린다.

• 서울 풍속에 산언덕 물굽이를 찾아 놀러 다니는 것을 화류(花柳)놀이라고 하는데 이것은 곧 삼짇날 답청(踏靑), 즉 처음 돋은 풀을 밟는다는 풍속에서 유래한 것이다. 종로구 필운동에 있는 필운대(弼雲臺)의 살구꽃, 성북구 성북동에 있는 북둔(北屯)의 복사꽃, 흥인문 밖의 버들 등이 경치가 가장 좋은 곳으로 화류놀이꾼들이 주로 여기에 모인다. 서울과 지방의 무사들 및 동리사람들이 모여 과녁을 세우고 편을 나누어 활쏘기대회를 열어 승부를 겨룬다. 그런 다음 술을 마시며 즐기는데 가을철에도 똑같이 한다.

(『묵재일기』抄)

• 춘분 : 집 마루에서 춘분에 소사(小祀)로 조상에 대한 제사를 올렸다. 제사를 위해 전전날 단술을 빚었다(釀甘醴, 1538. 2.4).

• 한식 : 파루(罷漏) 후에 노원으로 출발하여, 선영 아래 도착하여 막(幕)에서 기다렸다가 올라가 묘제(墓祭)를 행하였다. 제(祭)를 다한 후 초지제(土地祭)를 행하였다(1537. 2.17).

3월 중의 연회

(『동국세시기』抄)

• 강원도 강릉지방 풍속에 노인을 공경하는 뜻으로 매년 좋은 절기를 잡아 70세 이상의 노인들을 초청하여 명승지로 모셔다가 위로한다. 이를 '청춘경로회'라고 한다. 전라도 남원지방 풍속에는 고을 사람들이 봄철을 맞이하여 부근 지역인 진안의 용담(龍潭)이나 광한루 남쪽의 율림(栗林)에 모여 술을 마시며 활쏘기대회 하는 것을 예로 삼았다. 익산지방의 용안(龍安)지역 풍속에 읍내 사람들은 봄철을 맞이하여 절차를 갖추어 향음주례(鄕飮酒禮)를 행한다.

(『묵재일기』抄)

• 양로연(養老宴) : 지방관이 주관하는 양로연에 나에게도 참석하라

고 하여 사양하지 못하고 백화헌(百花軒)으로 갔다. 당상에는 노인 4분
(李承昌, 鄭以咸, 呂, 洪繼玄)이, 당하에는 양천 남녀 60여 명이 앉았는데
각자 과반(果盤)을 받는 등 성대히 차렸다. 목사가 먼저 당상에서 술을
들고 이어 아래로 내리고, 다음에는 판관이, 다음에는 홍 충의위가, 다
음에는 여모가 행하였다. 노인 남녀가 모두 일어나 춤을 추고 기녀가
잡스러운 음악을 늘어놓을 때 구경꾼들이 정원을 가득 채웠다. 날이 저
물어 행사가 끝났는데 노인들이 인사하고 나가고 나도 역시 인사하고
물러났다(1558. 3.16).

여름철의 세시풍속

음력으로 4월, 5월, 6월이 여름철에 해당하며 맹하(孟夏), 중하(仲夏),
계하(季夏)라고 한다. 농민들에게는 더위를 이기며 생산활동을 해야 하
는 계절이며, 유한층에게는 피서와 보신이 주된 관심사인 계절이다.

4월 초파일
(『동국세시기』抄)
• 8일은 곧 욕불일(浴佛日. 불상에 향수를 뿌리며 관불 의식을 거행하
는 날)로 석가가 탄생한 날이다. 우리나라 풍속에 이날 등불을 켜기 때
문에 등석(燈夕)이라고 한다. 수일 전부터 각 가정에서는 각기 등장대(燈
竿)를 세우는데, 맨 위에 꿩장목을 세우고 색을 넣은 비단으로 만든 깃
발을 매단다. 형편이 넉넉하지 못한 집에서는 장대 꼭대기에 대개 오래
된 솔가지를 맨다. 각 집에서는 자녀 숫자대로 등을 달아 주위를 밝히
면 길하다고 생각한다. 이 일은 9일이 되어서야 그만둔다. 또 물동이에
다 바가지를 엎어놓고 빗자루로 두드리면서 진솔한 소리를 내는데, 이
것을 물장구놀이(水缶戲)라고 한다.
(『묵재일기』抄)

• 초파일 : 속절이기 때문에 영좌(靈座)에 추천할 용도로 서울집에서 개오동나무잎 차와 떡, 밀가루, 과일 등을 보내왔다(1536. 4.8).

5월 단오
(『동국세시기』 抄)

• 공조(工曹)에서 단오부채를 만들어 바치면 임금은 이것을 궁중의 재상들과 시종들에게 하사한다. 부채 중에 매우 큰 것은 대나무로 된 흰 살이 40개 내지 50개나 된다. 이것을 백첩선(白貼扇)이라고 하고 옻칠을 한 것을 칠첩선(漆貼扇)이라고 한다. 이것을 받은 사람들은 대개 금강산 1만 2천 봉을 그린다. 혹 광대나 무당들이 이것을 갖는 경우도 있다. 근래에는 부채에다 꺾은 가지·복사꽃·연꽃·나비·은붕어·해오라기 등을 그리기를 좋아하는 경향이 있다.

• 관상감(觀象監)에서 주사(朱砂)로 천중절, 즉 단오절 부적을 만들어 대궐에 바치면 대궐에서는 그것을 문 위에 붙여 좋지 못한 귀신들을 물리친다. 양반집에서도 이것을 붙인다. 그 부적의 내용을 보면 "5월 5일 천중절에 위로는 하늘의 녹을 받고 아래로는 땅의 복을 받아라. 치우(蚩尤. 고대 중국 황제시대의 제후)의 신은 구리 머리에 쇠 이마에 붉은 입과 붉은 혀를 가졌다. 404가지의 병을 일시에 없앨 것이니 율령을 시행하듯 빨리빨리 행하라"는 것이다.

• 전라도와 경상도 두 도의 감사와 통제사는 임금에게 명절부채(節扇)를 진상하고 예에 따라 조정의 대신들과 친척, 친우들에게 선사하며, 부채를 만드는 고을의 수령들도 역시 임금에게 진상하고 친우들에게 선사한다. 부채는 전라도 전주와 남평지방에서 만든 것이 가장 좋다.

• 남녀 아이들은 창포를 끓인 물로 얼굴을 씻고 모두 붉은색과 녹색의 새 옷을 입는다. 부녀자들은 창포 뿌리를 깎아서 비녀를 만들고 혹은 그 끝에 연지로 '수'(壽) 자나 '복'(福) 자를 새겨 쪽에 꽂아 전염병을 예방한다고 하는데, 이것을 단오 치장(端午粧)이라고 한다. 항간에서는

남녀들이 그네뛰기를 많이 한다. 이날 청장년들은 서울 남산의 왜장(倭場)이나 북악산의 신무문(神武門) 뒤에 모여 씨름을 하여 승부를 겨룬다. 그 방법은 두 사람이 맞붙어 무릎을 꿇고 각자 오른손으로 상대방의 허리를 잡고 왼손으로 상대편의 오른편 넓적다리를 잡은 다음 일시에 일어나면서 상대를 들어메치는데 넘어지는 자가 지는 것이다. 씨름 기술에는 안걸이, 밭거리, 둘러치기 등 여러 가지가 있으며 그중에 힘이 세고 솜씨가 민첩하여 여러 번 내기하여 자주 이기는 사람을 판막음(都結局)이라고 한다. 중국인들이 이를 본받아 고려기(高麗技)라고 하기도 하고 요교(撩跤)라고 하기도 한다. 이 경기는 단오 때 제일 많이 하며 서울과 지방이 차이가 없다.

• 김해지방 풍속에 매년 4월 초파일부터 아이들이 성 남쪽에 모여들어 돌팔매싸움(石戰)연습을 한다. 그러다가 단오날이 되면 장정들까지 모두 모여 좌우로 편을 갈라 깃발을 세우고 북을 울리고 고함을 치고 날뛰면서 마치 비가 오듯 돌을 던지다가 승부가 난 뒤에야 끝난다. 충청도 금산지방 풍속에 단오날이 되면 소년 무리들이 직지사(直指寺)로 모여 씨름대회를 갖는다. 이때 원근 사람들이 모두 모여 누가 이기는지 내기를 건다. 이 소문을 듣고 구경나온 사람이 수천 수백을 헤아리며 해마다 이렇게 한다. 경상도 군위지방 풍속에 효령현(孝靈縣)의 서쪽 산에 김유신사당(金庾信祠堂)이 있는데 속칭 삼장군당(三將軍堂)이라고 한다. 매년 단오날에 그 고을의 우두머리 아전인 이방이 읍내 사람들을 인솔하여 역마를 타고 깃발을 들고 북을 치며 사당으로 올라가서 신을 모시고 내려와 마을 거리에서 논다.

　(『묵재일기』抄)

• 단오 : 근처 이웃에 천연두가 돌아 조신하는 뜻으로 제사를 올리지 않았는데 이는 상속(常俗)에서 꺼리기 때문이다. 양 성주가 남정(南亭) 위에다 주연을 베풀고 초대하여 가서 술을 마셨는데 참석자는 경감찰(京監察) 박의남, 신급제(新及第) 안응균 및 고생이었다. (중략) 술을 점심에 마

치고 저녁이 되어 파하고 내려왔다(1556. 5.5).

기타 5월 중의 행사

(『동국세시기』抄)

• 임금은 보리·밀·고미(菰米)로써 종묘에 천신 제사를 지내며 재상 집과 양반집에서도 이를 행한다.

• 서울 풍속에 콩을 삶아 소금간을 맞추어 항아리에 장을 담가 겨울을 날 계획을 세운다. 온갖 꺼리는 날 중에 신일(辛日)이 있는데 '신'이라는 발음이 맛이 시다는 것을 연상시키므로 장 담그는 데 맞지 않다고 하여 이날을 피해 장을 담근다.

6월 유두

(『동국세시기』抄)

• 6월 15일을 우리나라 풍속에서는 유두날(流頭日)이라고 한다. 경주의 옛 풍속에 6월 보름날 동쪽으로 흐르는 물에 머리를 감아 불길한 것들을 씻어버리고 그 자리에서 재앙을 물리치는 제를 지내고 술을 마시는 유두연(流頭宴)을 열었다고 하는데 지금 조선 풍속에서도 이것을 이어받아 속절(俗節)로 삼고 있다. 이날은 멥쌀가루를 쪄서 둥글고 긴 가래떡을 만든 다음 그것을 구슬같이 잘게 썰어 꿀물에 담갔다가 얼음을 채워 먹으며 제사에도 쓴다. 이것을 수단(水團)이라고 한다. 또 건단(乾團)이라는 것도 있는데 수단같이 만들지만 물에 넣지 않은 것으로 곧 냉도(冷餉. 찬 경단)와 같은 종류이다. 혹 찹쌀가루로 만들기도 한다. 또 밀가루를 반죽하여 꿀에 버무린 콩이나 깨를 그 속에 넣어 찐 것을 상화병(霜花餠)이라고 하고, 밀가루를 반죽하여 기름에 지진 다음 고미로 만든 소를 넣거나 콩과 깨에 꿀을 섞은 소를 넣어 여러 가지 모양으로 오므려 만든 것을 연병(連餠)이라고 하며, 또 나뭇잎 모양으로 주름을 잡아 고미로 만든 소를 넣고 채롱에 쪄서 초장에 찍어 먹기도 한다. 이것

들이 모두 유두날의 시절 음식으로 제사에 쓰기도 한다.

삼복(三伏)

『동국세시기』抄

•개고기를 파와 함께 푹 삶은 것을 개장(狗醬)이라고 하는데, 거기에 닭고기와 죽순을 넣으면 더욱 좋다. 또 개장국을 만들어서 산초가루를 치고 흰밥을 말면 시절 음식이 된다. 그것을 먹고 땀을 흘리면 더위도 물리치고 보신도 된다. 저자에서도 이것을 많이 판다.

•붉은 팥으로 죽을 쑤어 먹는데 삼복, 즉 초복·중복·말복에 다 그렇게 한다.

기타 6월 중의 행사

『동국세시기』抄

•임금은 얼음을 각 관서에 나누어주는데, 나무로 패(牌)를 만들어주어 얼음 창고에서 받아가도록 한다.

•밀가루로 국수를 만들어 거기에 오이와 닭고기를 넣어 가지고 어저귀국(白麻子湯)에 말아먹으며, 또 미역국을 사용하여 닭고기를 조리한 다음 면을 넣고 물을 약간 따라 넣어 익혀 먹는다. 또 호박과 돼지고기를 섞은 데다가 흰떡을 썰어 넣어 삶기도 하고, 혹은 거기다가 굴비 대가리를 넣어 함께 삶기도 한다. 또 호박을 썰어 밀가루에 반죽하여 기름에 부치기도 한다. 이것들이 모두 여름철의 시절 음식으로서 계절에 맞는 좋은 반찬들이다. 참외와 수박은 더위를 씻는 먹을거리다. 서울 동부(東部)인 동대문 부근의 채소와 과일, 그리고 서부(西部)인 남대문 밖 칠패(七牌)의 생선은 이때가 한창이다.

•서울 서대문 밖 천연동에 있는 천연정(天然亭)의 연꽃과 삼청동의 탕춘대(蕩春臺)와 정릉의 수석(水石)에는 술과 문학을 즐기는 자들이 많이 모여들어 옛날 중국 황하 북쪽 하삭(河朔)지방에서 했다는 식으로 술을

마시며 피서를 한다. 서울 풍속에는 또 남산과 북악 골짜기에 흐르는 물에 발담그기(濯足)를 하는 놀이가 있다.

• 경상도 진주지방 풍속에 이달 그믐날에는 남녀들이 강가로 나가 함성불제(陷城祓除), 즉 성이 함락당한 데 대한 상서롭지 못한 것을 씻어 버리는 행사를 한다. 이때 원근사람들이 모여들어 보느라고 구경꾼들로 시장을 이룬다. 이는 옛날 임진왜란 때 이날 성이 함락되었기 때문이다. 이 행사는 해마다 한다.

가을철의 세시풍속

음력으로 7월, 8월, 9월이 가을철에 해당하며 맹추(孟秋), 중추(仲秋), 계추(季秋)라고 한다. 수확의 계절이다.

7월 칠석
『동국세시기』抄

• 이날 인가에서는 옷가지를 밖으로 내어 햇볕을 쪼이는데(曬衣裳), 이는 예로부터 내려오는 풍속이다.

7월 중원(中元)
『동국세시기』抄

• 7월 15일은 우리나라 풍속에 백중날(百種日)이라고 하여 중들은 재를 올리고 불공을 드리며 큰 명절로 여긴다. 고려시대에는 부처를 숭상하여 해마다 이날이면 우란분회(盂蘭盆會)를 열었는데 지금 재(齋)를 여는 풍속도 바로 이것이다.

• 우리나라 풍속에 이날로 망혼일(亡魂日)을 삼는데 대개 항간의 백성들이 이날 달밤에 채소·과일·술·밥 등을 차려놓고 죽은 어버이의 혼을 불러 모신다.

• 충청도 풍속에 이날 노소를 막론하고 저자에 나아가 마시고 먹는 것을 즐긴다. 또 씨름도 한다.

기타 7월 중의 행사

『동국세시기』 抄

• 재상과 양반 집에서는 이 달에 올벼로 제사를 지내는데 흔히 초하루와 보름에 지낸다.

『묵재일기』 抄

• 다례연(茶禮宴) : 유태호가 사람을 보내 다례연에 초대하였으나 거듭 사양하고 가지 않았다(1558. 7.23).

8월 추석

『동국세시기』 抄

• 8월 15일을 우리나라 풍속에서 추석 또는 가위(嘉俳)라고 한다. 신라 때부터 있던 풍속으로 시골 농촌에서는 1년 중 가장 중요한 명절로 삼는데 그것은 새 곡식이 이미 익었고 가을 농작물을 추수할 때가 멀지 않았기 때문이다. 이날 사람들은 닭을 잡고 술을 빚어 온 동네가 취하고 배부르게 먹으면서 즐긴다.

• 제주도 풍속에 매년 8월 보름날에 남녀가 함께 모여 노래를 부르고 춤을 추며 좌우로 편을 갈라 커다란 동아줄의 양쪽을 서로 잡아당겨 승부를 겨룬다. 이때 줄이 만약 중간에서 끊어져서 양편이 모두 땅에 엎어지면 구경꾼들이 크게 웃는다. 이를 줄다리기(照里之戲)라고 한다. 이날 또한 그네도 뛰고 닭잡기놀이(捕鷄之戲)도 한다.

기타 8월 중의 행사

『동국세시기』 抄

• 충청도 시골 풍속에 이달 16일에 씨름을 하고 술과 음식을 차려 먹

고 즐겁게 노는데, 이는 농사가 끝나 농민들이 피로를 푸느라고 하는 것으로 매년 그렇게 한다. 술집에서는 햅쌀 술을 빚어 팔며 떡집에서는 햅쌀 송편과 무와 호박을 넣은 시루떡을 만든다. 또 찹쌀가루를 찐 다음 그것을 쳐서 떡을 만들고 거기에 볶은 검은 콩가루나 누런 콩가루 혹은 참깨가루를 묻혀서 파는데 이것을 인절미(引餠)라고 한다. 또 찹쌀가루를 쪄서 계란같이 둥근 떡을 만들고 거기에 꿀에 버무린 삶은 밤을 붙인 것을 밤단자(栗團子)라고 한다. 또 토란단자라는 것도 있어 밤단자 만드는 법과 똑같이 만든다. 모두 가을철의 시절 음식이다.

9월 중양절

(『동국세시기』抄)

•9월 9일 중양절에 노란 국화 꽃잎을 따다가 국화 찹쌀떡을 만드는데 방법은 3월 삼짇날의 진달래떡을 만드는 방법과 같다. 또 이름도 화전(花煎)이라고 한다. 잘게 썬 배와 유자(柚子)와 석류(石榴)와 잣 등을 꿀물에 탄 것을 화채(花菜)라고 하는데 이것들 모두 시절 음식으로 제사에 쓴다.

•서울 풍속에 이날 남산과 북악에 올라가 음식을 먹으면서 재미있게 노는데 이것은 등고(登高)하는 중국의 옛 풍습을 따른 것이다. 청풍계(靑楓溪)·후조당(後凋堂)·남한산·북한산·도봉산·수락산 등 여러 곳에 단풍놀이를 할 만한 좋은 경치가 있다.

(『묵재일기』抄)

•중구(重九) : 감사, 성주 등과 동정(東亭) 북봉(北峯)으로 등고(登高)했는데 사우와 경우 등을 만나 술을 마시고 밤이 되어 파했다(1554. 9.9).

•9월 10일 촌회(村會) : 촌 노인과 그 자제 등 20여 명이 임정(林亭)에 모였는데, 각자 과반(果盤)을 준비하였으며 음식이 매우 맛있었고 술도 떨어지지 않았으며 기녀와 악공들을 불러 노래를 연주하면서 종일 수작(酬酌)하였다. 나도 해가 떨어져서도 술을 계속 마셨고 사우와 더불어 일

어나 춤을 추었다. 저녁 늦게 집에 가겠다고 말하고 돌아와 집에 도착하니 밤이 되어 밥도 먹지 않고 잤다(1554. 9.10).

겨울철의 세시풍속

음력으로 10월, 11월, 12월이 겨울철에 해당하며 맹동(孟冬), 중동(仲冬), 계동(季冬)이라고 한다. 생산활동을 마치고 휴식기로 들어가나 겨울나기 준비로 바쁜 계절이다.

10월 오일(午日)
『동국세시기』 抄

• 십이지의 하나인 오(午)가 들어가 있는 오일(午日)을 속칭하여 말날(馬日)이라고 한다. 팥을 넣어 만든 시루떡을 마구간에 차려놓고 신에게 말의 건강을 기원한다. 그러나 병오일(丙午日)은 이용하지 않는데, 그 이유는 '丙' 자와 '病' 자의 발음이 같으므로 말에 병이 날까 꺼리기 때문이다. 무오일(戊午日)을 가장 좋게 여긴다.

기타 10월 중의 행사
『동국세시기』 抄

• 내의원(內醫院)에서는 10월 초하루부터 이듬해 정월까지 발효우유를 만들어 임금에게 바친다. 또 기로소(耆老所)에서도 발효우유를 만들어 여러 기로소 신하들을 봉양하다가 정월 보름에 가서 그친다.

• 인가에서는 10월을 상달(上月)이라고 하여 무당을 불러다가 성주신(成造神)을 맞이하여 떡과 과일을 차려놓고 집안이 편안하기를 기원한다.

• 서울 풍속에 화로에 숯불을 피워놓고 석쇠(燔鐵)를 올려놓은 다음 쇠고기를 기름·간장·계란·파·마늘·후춧가루 등으로 양념하여 구우면서 화롯가에 둘러앉아 먹는데, 이것을 난로회(煖爐會)라고 한다. 숯

불구이는 추위를 막는 시절 음식으로 이 달부터 볼 수 있으며, 난로회는 곧 옛날의 난난회(煖暖會)와 같은 것이다. 또 쇠고기나 돼지고기에 무·오이·채소·나물 등 푸성귀와 계란을 섞어 장국을 만들어 먹는데 이것을 열구자탕(悅口子湯), 또는 신선로(神仙爐)라고 부른다.

• 메밀가루로 만두를 만드는데 채소·파·닭고기·돼지고기·쇠고기·두부 등으로 소를 만들어 넣어 장국에 익혀 먹는다. 또 밀가루로 세모 모양을 만든 것을 변씨만두(卞氏饅頭)라고 한다. 겨울 쑥의 연한 싹을 뜯어다가 쇠고기와 계란을 넣고 끓인 국을 쑥국(艾湯)이라고 한다. 또 쑥의 연한 싹을 찧어 찹쌀가루에 섞어 동그란 떡을 만든 다음 삶은 콩가루와 꿀을 바른 것을 쑥단자(艾團子)라고 한다. 또 찹쌀가루로 동그란 떡을 만들어서 삶은 콩과 꿀을 이용하여 붉은 빛이 나게 한 것을 밀단고(蜜團餻)라고 하는데, 이것들 모두 초겨울의 시절 음식이다. 찹쌀가루를 술에 반죽하여 크고 작게 썰어 햇볕에 말렸다가 기름에 튀기면 고치같이 부풀어오르는데 속은 비게 된다. 이것에 흰깨, 검정깨, 누런 콩가루, 파란 콩가루 등을 물엿을 이용하여 붙인 것을 강정(乾飣)이라고 한다. 강정은 이달부터 시절 음식으로 시장에서 많이 판다. 또 오색을 넣은 강정도 있으며, 또 잣을 박거나 잣가루를 묻힌 잣강정(松子乾飣)이 있으며 찰벼를 볶아 꽃 모양으로 튀겨서 엿을 묻힌 매화강정이라는 것도 있는데 홍색과 백색 두 가지이다. 이것들은 이듬해 설과 봄철에 이르도록 일반 민가의 제수물품으로 과일 줄에 같이 들어가며, 또한 설음식(歲饌)으로 손님을 대접할 때도 없어서는 안될 음식이 되었다.

• 서울 풍속에 무·배추·마늘·고추·소금 등으로 장독에 김치를 담근다. 여름의 장담그기(夏醬)와 겨울의 김장(冬菹)은 민가에서 1년을 보내기 위해 미리 준비해야 할 중요한 일이다.

• 충청도 보은지방 풍속에 속리산 정상에 대자재천왕사(大自在天王祠)라는 사당이 있어 그 신이 매년 10월의 인일(寅日)에 법주사(法住寺)로 내려온다고 하여 산중에 사는 사람들이 음악을 베풀고 신을 맞이하여

제사를 지내는데, 신은 45일 간 머물다가 사당으로 돌아간다.

11월 동지
(『동국세시기』抄)

• 동짓날을 작은 설(亞歲)이라고 하여 팥죽을 쑤며 찹쌀가루를 쪄서 새알 모양으로 만든 떡을 그 죽 속에 넣어 심(心)을 삼는다. 이것에 꿀을 타서 시절 음식으로 먹으며 제사에도 쓴다. 팥죽 국물을 문짝에 뿌려 액을 막기도 한다.

• 관상감(觀象監)에서는 임금에게 역서(曆書)를 올린다. 그러면 임금은 모든 관원들에게 황색표지를 한 황장력(黃粧曆)과 백색표지를 한 백장력(白粧曆)을 반포하는데 '동문지보'(同文之寶)란 네 자가 새겨진 옥새(御璽)를 찍는다. 각 관서에서도 모두 분배받는 몫(分兒)이 있다. 이날은 각 관서의 아전들이 각기 친한 사람을 두루 문안하는 것이 관례이다. 이조(吏曹)의 아전들 중에는 각기 벼슬을 많이 하는 집안과 단골 관계를 맺어 관리임명장인 고신(告身)을 써주는데, 그 집안에서 지방 수령으로 나가는 자가 있으면 고신을 써준 아전에게 당참전(堂參錢)을 준다. 그러면 그 아전은 관례에 따라 청색표지를 한 청장력(靑粧曆) 한 권을 그 사람에게 바친다. 대개 서울의 옛 풍속에 단오의 부채는 관원이 아전에게 나누어 주고 동짓날의 달력은 아전이 관원에게 바친다고 하여 이것을 '하선동력'(夏扇冬曆)이라고 하며 이러한 선물 관행이 고향의 친지와 묘지기 마을, 그리고 농장의 농민들에게까지 파급된다. 내의원(內醫院)에서는 계피·산초·엿·꿀 등을 쇠가죽에 싸서 응고 상태로 만든 전약(煎藥)을 임금에게 진상하며, 각 관서에서도 이것을 만들어 나누어 가진다.

기타 11월 중의 행사
(『동국세시기』抄)

• 11월에 임금은 청어를 종묘에 천신한다. 재상집과 양반집에서도 마

찬가지로 천신제를 행한다. 청어 출산지로 통영(統營) 지방과 해주(海州) 지방을 드는데 이 두 곳에서 가장 많이 잡힌다. 청어는 겨울과 봄에 진상한다. 고깃배가 한강에 와서 정박하면 청어는 즉시 온 시내에 두루 퍼지며 생선장수들은 거리를 따라 청어 사라고 소리친다. 통영에서는 껍질이 단단한 전복(甲生鰒)과 대구(大口魚)가 잡히는데 이것도 역시 진상한다. 진상하고 남은 것은 으레 재상들에게 선물로 보내진다. 제주도에서는 귤·유자·감귤 등을 진상한다. 그러면 임금은 이것을 종묘에 진상하고 궁중의 가까운 신하들에게 하사한다. 옛날에 탐라의 성주(星主)가 이것들을 바칠 때면 이를 치하하기 위해 과거 시험을 보이는 일이 있었다. 조선에 들어와서도 이 제도를 따라 태학과 사학의 유생들에게 시험을 보이고 감귤을 나누어주었는데 그 과거 이름을 감제(柑製)라고 하였으며, 시험을 치는 방법은 절일제(節日製)의 그것과 같다. 장원으로 합격한 자에게는 반드시 급제(及第)를 내려준다.

• 충청도 홍주지방의 합덕지(合德池)라는 곳에서는 매년 겨울마다 용이 땅을 가는(龍耕) 듯이 언 못이 갈라지면서 그 위로 긴 금이 생기는 기이한 현상이 있다. 그 금이 남쪽으로부터 북쪽 방향으로 세로로 언덕 부근까지 나면 다음해는 풍년이 들고, 서쪽으로부터 동쪽 방향으로 복판을 횡단하여 나면 흉년이 든다고 한다. 혹 동서남북 이리저리 종횡으로 가지런하지 않게 나면 흉년과 풍년이 반반이라고 한다. 농사꾼들은 이것으로 이듬해의 농사를 추측하는데 잘 맞는다고 한다. 경상도 밀양 지방의 남지(南池)에도 용이 땅을 가는 듯한 얼음 갈라지는 현상이 있어 이듬해 농사일을 예측한다.

• 메밀국수를 무김치와 배추김치에 말고 돼지고기를 썰어 넣은 것을 냉면이라고 한다. 또 잡채와 배·밤·쇠고기·돼지고기 등을 썰어 넣고 기름간장을 쳐서 메밀국수에 비빈 것을 골동면(骨董麵. 비빔냉면)이라고 한다. 평안도 냉면이 제일이다. 작은 무로 김치를 담근 것을 동치미(冬沈)라고 한다. 곶감을 넣어 끓인 물에 생강과 잣을 넣은 것을 수정과(水

正果)라고 한다. 모두 겨울철의 시절 음식이다. 새우젓국을 깔아 앉힌 후에 무·배추·마늘·생강·고추·청각·전복·소라·굴·조기·소금 등을 버무려 독에 넣고 묻어 한 겨울을 지내면 그 맛이 얼큰하게 매워 먹음직하다. 또 무·배추·미나리·생강·고추 등을 장에 절여 김치를 담가 먹는다.

12월 납일(臘日)
(『동국세시기』抄)

• 납일(臘日)은 원래 동지 후 세번째 오는 술일(戌日)이었는데, 조선시대에 들어와 동지 후 세번째 미일(未日)로 정하여 종묘와 사직에 큰제사를 지낸다. 이날 내의원(內醫院)에서는 각종 환약을 만들어 임금에게 올린다. 이것을 납약(臘藥)이라고 하며 임금은 그것을 측근 신하와 지밀나인(至密內人) 등에게 나누어 하사한다. 납일 제사에 쓰는 고기로 멧돼지와 산토끼를 쓴다. 경기도 내에 산간 고을에서는 예로부터 납일 제사에 쓰는 돼지를 바치기 위해 그 지방 백성들을 동원하여 멧돼지를 수색하여 잡았으나 정조 임금의 특명으로 이를 폐지하고 서울 장안의 포수를 시켜 용문산(龍門山), 축령산(祝靈山) 등 여러 산에서 사냥하여 바치도록 했다. 또 이날 참새를 잡아 어린아이를 먹이면 마마를 잘 넘어갈 수 있다고 하여 항간에서는 그물을 치거나 활을 쏘아 잡았으며 나라에서도 총을 쏘아 잡는 것을 허락하였다. 납일에 내린 눈을 녹인 물은 약으로 쓰이며, 그 물에 물건을 적셔 두면 좀이 쓸지 않는다.

섣달 그믐밤(除夕)
(『동국세시기』抄)

• 조정에 나가는 신하로서 2품 이상과 시종(侍從)들은 대궐에 들어가 묵은해 문안을 드린다. 양반들의 집에서는 사당에 배알한다. 연소자들은 친척 어른들을 두루 방문한다. 이러한 것들을 묵은세배(拜舊歲)라고

하며 이것을 하느라고 이날은 초저녁부터 밤중까지 골목마다 등불이 줄을 이어 끊어지지 않는다. 대궐 안에서는 섣달 그믐 전날부터 대포를 발사하는데 이를 연종포(年終砲)라고 한다. 불화살(火箭)을 쏘고 바라와 북을 치는 것은 곧 옛날에 큰 나례굿(大儺)을 열어 역질귀신(疫鬼. 전염병을 퍼뜨리는 귀신)을 쫓던 제도의 흔적이며 또한 섣달 그믐밤과 설날 아침에 폭죽을 터뜨려 귀신을 놀라게 하던 제도를 모방한 것이다.

• 섣달 그믐 하루 이틀 전부터는 우금(牛禁. 고기를 먹을 목적으로 소를 잡지 못하게 하던 제도)을 완화한다. 형조와 한성부 등 이를 담당하는 관서에서는 단속관리가 차고 다니는 '우금패'(牛禁牌)를 회수하여 두었다가 설날이 되면 내준다. 이는 서울 사람들에게 이때 한 번 설고기(歲肉)를 실컷 먹는 기회를 준다는 뜻으로 시행하는 것이지만 간혹 그렇게 하지 않을 때도 있다.

• 인가에서는 섣달 그믐밤에 집집마다 다락·마루·방·부엌에 모두 기름 등잔을 켜놓는다. 등잔은 흰 사기접시에 실을 여러 겹 꼬아 심지를 만든 것이다. 이것을 외양간과 변소에까지 대낮같이 환하게 켜놓고 밤새도록 자지 않는데, 이를 수세(守歲)라고 하며 이는 곧 경신일을 지키는 옛 풍속이다(守庚申. 경신수야(庚申守夜)라고 하며 60일마다 한 번 오는 경신일(庚申日)에 밤을 새는 민간도교신앙의 하나). 전해 내려오는 속담에 섣달 그믐에 잠을 자면 두 눈썹이 모두 센다고 하여 어린아이들은 대개 이 말에 속아 잠을 자지 않는다. 혹 자는 아이가 있으면 다른 아이가 분가루를 자는 아이 눈썹에 발라놓고 다음날 거울을 보게 하여 놀려주고 웃는다.

• 붉은 싸리나무 두 토막을 각각 반으로 쪼개어 네 쪽으로 만든 것을 윷(柶)이라고 한다. 길이는 세 치 가량(약 9센티미터)인데 혹 콩윷이라고 하여 콩같이 작게 만들기도 한다. 윷을 던져 내기하는 놀이를 윷놀이(柶戲)라고 한다. 이 놀이는 정초에 가장 성행한다. 세속에 섣달 그믐과 정초에 윷을 던져 얻은 괘(掛)로 새해의 길흉을 점치는데 그 방법은 윷사

위로 64괘 중의 하나를 정해 그 괘에 해당하는 주사(繇辭. 점괘를 설명하는 말)로써 앞날을 풀이한다. 대개 세 번 던져서 "어린아이가 젖을 얻는 괘"나 "쥐가 창고에 들어가는 괘"가 나오면 길하다. 어떤 이는 세 번 던지는 중에 첫번째 던지는 괘로 지난해의 운수를 보고 새해 설날부터 정월 보름까지 연이어 윷을 놀아 얻은 점괘로 올해의 운세를 본다.

• 항간의 부녀들은 색칠하지 않은 맨 널빤지를 짚단 위에 횡으로 올려놓고 그 양 끝에 마주 올라서서 서로 오르내리면서 몇 자씩 뛰는데 힘이 빠져 지칠 때까지 하며 즐긴다. 이 놀이를 널뛰기(跳板戱)라고 하며 정월 초까지 이 놀이를 한다.

• 함경도 풍속에는 이날 빙등(氷燈)을 설치하는 것이 있는데 아름드리 기둥 같은 초롱 속에 기름 심지를 안전하게 놓고 불을 켠 채 밤을 새워 징과 북을 치고 나팔을 불면서 나희(儺戱) 굿을 한다. 이를 청단(靑壇)이라고 한다. 평안도 풍속에서도 빙등을 설치하며 각 도의 고을에서도 각기 그 고유 풍속대로 한 해를 마치는 놀이를 행한다. 의주(義州)지방 풍속에는 각 마을에서 딱총(紙砲)을 놓는데 중국 북경의 풍속을 모방한 것이다.

기타 12월 중의 행사
(『동국세시기』 抄)

• 이달 초하룻날 이조에서 조정 관리 중에 파면되었거나 품직이 강등되었던 사람들의 명단을 작성하여 임금에게 올리는 것을 세초(歲抄)라고 한다. 임금이 세초의 관리명단 아래에다 점을 찍으면 해당자는 서용(敍用), 즉 다시 기용되거나 감등(減等), 즉 벌이 감해진다. 6월 초하루에도 그렇게 하는데 시기를 이렇게 정하는 것은 대체로 이와 같이 관리를 평가하는 대정(大政) 행사를 6월과 12월에 하기 때문이다. 나라에 경사가 있어서 사면을 하게 될 때는 별도의 세초를 작성하여 바치는데, 이러한 것들은 대개 임금이 관대한 정치를 하고자 은전을 베푸는 데서 나

온 것이다.

• 평안도와 황해도의 두 절도사(節度使)는 으레 조정의 벼슬아치와 친지의 집에 세찬(歲饌)을 보내며 각 도의 감사·병사들과 군·현의 수령들도 세궤(歲饋)의 예에 따라 세찬을 보낸다. 이때 편지 봉투 안에다 각종 토산물의 목록을 열거한 작은 별지(別紙)를 접어넣는데 이 별지를 '총명지'(聰明紙)라고 한다. 각 관서의 아전들도 살아 있는 꿩이나 곶감 등을 자기와 친한 집에 선물하며 문안한다.

• 장년 또는 그보다 어린아이들은 제기차기(蹴鞠) 놀이를 한다. 제기 모양은 큰 탄환 같은데 그 위에 꿩 깃을 꽂아 두 사람이 마주서서 다리 힘을 겨루는 것이며, 땅에 떨어뜨리지 않고 계속해서 많이 차는 것이 잘하는 것이다.

• 강원도 동북부에 위치한 고성(高城)지방 풍속으로 매달 초하루와 보름에 해당 관가에서 군사당(郡祀堂)에 제사를 지내는데, 비단으로 신의 탈을 만들어 사당 안에 보관해두었다가 이달 20일이 지나 그 신이 고을로 내려오면 고을 사람들은 그 탈을 쓰고 춤을 추며 관아 안과 읍내와 촌을 돌아다니며 논다. 그러면 각 집에서는 그 신을 맞이하여 즐겁게 놀린다. 그러다가 이듬해 정월 보름날 이전에 그 신은 사당 안으로 돌아간다. 이 풍속은 해마다 행해지며 대체로 나신(儺神. 나례 때 모시는 신)의 일종인 것이다.

(『묵재일기』抄)

• 경신일(庚申日) : 목사가 사람을 시켜 손님이 와서 경신회에 갈 수 없으나 그가 간 후 가겠다고 전해왔다(1554. 11.23). 우효선(禹孝先)이 와서 같이 수경신(守庚申)하자고 서신을 보냈는데 술이 없어 사양하였으나 다시 청하므로 허락하였다. 초야가 되었는데 아직 오지 않아 다시 오라고 영을 내리니 왔다. 방에서 대화하며 노기인 옥이(玉只)·옹금(雍今)·흔비(欣非) 등을 초대하여 기담(奇談)을 들었다. 마침 이도(二道)가 보낸 술 2병, 과일 3쟁반, 닭, 돼지 등을 먹었고, 며느리는 만두를 제공하였

다. 기생들에게도 국수를 먹였다(1551. 12.7). 당에 머물러 아이를 돌보았다. 아이는 수경신 행사로 즐거워하며 분주히 돌아다녔다(1563. 1.16).

· 설신사(設神祀) : 집사람이 신사(神祀)를 열었는데 밤늦게 끝났다(1556. 12.19).

· 입춘(立春) : 입춘 글을 지어 문에 붙였다. 題立春貼戶(1553. 12.23).

· 말일 전 날 : 세화(歲畵) 5장을 홍 충의위 댁으로 보냈다. 인손 집에도 역시 4장의 세화를 보냈다(1555. 12.29).

· 말일 / 제야(除夜) : 아침에 세화를 붙였다. 새벽에 나례(儺禮)하는 소리를 들었다(1553. 12.29). 사경(四更)에 나례하는 소리를 들었다. 아침에 위아래 집에 세화를 붙였다(1554. 12.30). 이격(李格)의 평인(伻人)이 과세(過歲)를 고하였다. 당의 서재에 머물렀는데 길아(吉兒)가 섭과 수제야(守除夜)하겠다고 하는데 못하게 할 수 없었다(1563. 12.30).

윤 달

(『동국세시기』抄)

· 세속의 관념에는 윤달에는 장가가고 시집가기에 좋다고 하고, 또 죽은 자에게 입히는 수의(壽衣)를 만들기에도 좋다고 하는 등 모든 일에 꺼리는 것이 없다.

· 경기도 광주(廣州)에 있는 봉은사(奉恩寺. 현재 위치는 서울 강남구 삼성동)에서는 매번 윤달을 만날 때마다 장안의 여인들이 다투어 와서 불공을 드리며 부처 앞에 돈을 놓는다. 이러한 일은 윤달 한 달 내내 끊이지 않고 계속되며, 이렇게 하면 극락세계로 간다고 하면서 사방의 노파들이 물밀듯이 분주히 달려와 다투어 모인다. 서울과 지방의 대부분의 절에서 이런 풍속을 볼 수 있다.

생활사 자료와 세시풍속

이상으로 세시풍속과 관련한 두 자료를 계절 순서대로 비교하여보았다. 19세기 중반경에 저술된 홍석모의 『동국세시기』는 풍속의 기원까지 언급한 본격적인 세시기인 반면 그보다 약 300년 전에 작성된 이문건의 일기는 세시에 대한 기술을 목적으로 쓴 것이 아닌 만큼 빠진 항목이 많았으나 구체적인 일상생활의 모습들을 담고 있어 후기의 자료를 보충함은 물론 그간의 변화상도 파악할 수 있는 중요한 자료이다.

특히 이문건의 일기에서 나오는 일상은 읍치(邑治)를 무대로 양반귀족들의 여가생활이 반영되어 있으며, 조선 후기와는 달리 유교적 가례가 아직 일반화되지 않은 상황에서 무속적인 관행과 수경신(守庚申) 같은 도교적 풍속도 성행하였음을 보여주고 있다.

매우 한정된 생활사 자료를 가지고 이와 같은 풍속의 시대적 차이는 물론 계층적·지역적 다양성 등을 모두 포괄하는 정리된 글을 쓰기란 쉬운 일이 아님을 감안하여 이번 글에서는 대표적인 세시자료의 일부를 발췌하여 실었다. 독자들에게 조금만이라도 보탬이 되기를 희망한다.

●정승모·지역문화연구소 소장

참고문헌

제1부 출생, 성장과 사망

출산과 육아

유안진, 『한국의 전통육아방식』, 서울대 출판부, 1994.

유중림, 『증보산림경제』.

이문건, 『양아록』.

_____, 『묵재일기』.

이복규, 「묵재일기에 나타난 노비명에 대하여」, 한국고문서학회 월례발표회 발표요
     지, 1999. 11.13.

이상주, 「이문건의 양아록」, 『역주 양아록』, 태학사, 1997.

허 준, 『동의보감』.

가 훈

도부학(渡部學), 「이조 양반유학자의 가훈서택당 이식의 '시아대필'」, 『조선학보』
     48.

이원호·손인철, 『한국인의 가훈』, 문음사, 1984.

이해준 편, 『초려 이유태의 향약과 정훈』, 신서원, 1999.

정구복, 「고문서를 통한 가훈 연구」, 『정신문화연구』 64, 한국정신문화연구원, 1996.

상례와 시묘살이

『경국대전』, 보경문화사, 1985.

김장생, 『사례편람』(四禮便覽), 조용승 발행, 1977.

『석주유고 —— 후집』(石洲遺稿 —— 後集), 석주이상룡기념사업회, 1996.

유장원, 『상변통고』(常變通攷), 영천, 영춘재, 1991.

이문건, 『묵재일기』, 국사편찬위원회, 1998.

이정회(李庭檜), 『송간일기』(松澗日記), 한국정신문화연구원, 1998.

『조선시대 관혼상제(Ⅲ) ── 상례편(2)』, 한국정신문화연구원, 2000.

주희 지음, 임민혁 옮김, 『주자가례』, 예문서원, 1999.

기제사와 묘제

고영진, 「15·16세기 주자가례의 시행과 그 의의」, 『한국사론』 21, 1989.

_____, 『조선 중기 예학사상사』, 한길사, 1995.

김경숙, 「16세기 사대부 집안의 제사설행과 그 성격」, 『한국학보』 98, 2000.

김현영, 「호남지방 고문서를 통해 본 조선시대의 가족과 친족」, 『호남지방 고문서
　　　　기초연구』, 한국정신문화연구원, 1999.

노명호, 「가족제도」, 『한국사』 15, 국사편찬위원회, 1995.

이해준, 「초려 이유태의 향약과 정훈」, 신서원, 1998.

정구복, 「1744년 안동 고성 이씨가의 가제정식」, 『고문서연구』 13, 1998.

정긍식, 「조선 초기 제사승계 법제의 성립에 관한 연구」, 서울대 박사학위논문,
　　　　1996.

최승희, 『증보판 한국고문서연구』, 지식산업사, 1989.

제2부 부부생활

양인의 혼인과 부부생활

영남대 출판부, 『경북지방고문서집성』, 1981.

한국정신문화연구원, 『고문서집성』 3 ── 해남윤씨 편, 1986.

노비의 혼인과 부부생활

김석형, 『조선봉건시대 농민의 계급구성』, 과학원출판사, 1957 ; 국내 복간본, 신서
　　　　원, 1993.

김순진, 「한국 노비설화 연구」, 이화여대 국어국문학과 박사학위논문, 1990.

김현룡, 「고소설의 애정 관련 노비 연구」, 『인문과학논총』 28, 건국대, 1996.

김희자, 『개화기 소설에 나타난 노비 연구』, 건국대 교육대학원 박사학위논문, 1985.

까를로 로제티 지음, 서울학연구소 옮김, 『꼬레아 꼬레아니』, 숲과나무, 1996.

아손 크렙스트 지음, 김상열 옮김, 『코레아 코레아』, 도서출판 미완, 1986.

안승준, 「16~18세기 해남 윤씨 가문의 토지·노비 소유실태와 경영 —— 해남 윤씨 고문서를 중심으로」, 『청계사학』 6, 1990

오희문, 『쇄미록』 상·하, 국사편찬위원회, 1962.

이문건, 『묵재일기』 상·하, 국사편찬위원회, 1998.

이영훈, 「한국사에 있어서 노비제의 추이와 성격」, 역사학회 편, 『노비·농노·노예 —— 예속민의 비교사』, 일조각, 1998.

한영국, 「조선 중엽의 노비결혼양태 —— 1609년의 울산호적에 나타난 사례를 중심으로」, 『역사학보』 75·76합, 77, 1977, 1978.

열녀와 사회규범

박지원, 김혈조 옮김, 「열녀함양박씨전」, 『그렇다면 도로 눈을 감고 가시오』, 학고재, 1997.

심희기, 『한국법제사강의』, 삼영사, 1997.

이월영·시귀선 옮김, 『청구야담』, 한국문화사, 1994.

제3부 가정생활

사대부의 가정생활

이문건, 『묵재일기』 상·하, 국사편찬위원회, 1998.

제사와 양자

고영진, 「15·16세기 주자가례의 시행과 그 의의」, 『한국사론』 21, 서울대 국사학과, 1989.

김경숙, 「16세기 사대부 집안의 제사설행과 그 성격 —— 이문건의 『묵재일기』를 중심으로」, 『한국학보』 98, 일지사, 2000. 봄.

김두헌, 『한국가족제도연구』, 서울대 출판부, 1969.

김용만, 「조선시대 균분상속제에 관한 일연구 : 그 변화요인의 역사적 성격을 중심으로」, 『대구사학』 23, 대구사학회, 1983.

마크 피터슨 지음, 김혜정 옮김, 『유교사회의 창출 —— 조선 중기 입양제와 상속제의 변화』, 일조각, 2000.

박병호, 『한국법제사』, 한국방송통신대학 출판부, 1985.

＿＿＿, 『한국법제사고』, 법문사, 1974.

박연호, 「조선 전기 사대부예의 변화양상 : '가례'와 종자법을 중심으로」, 『청계사
    학』 7, 청계사학회, 1990.

역사학회 편, 『한국친족제도연구』, 일조각, 1992.

이수건, 「조선 전기의 사회변동과 상속제도」, 역사학회 편, 『한국친족제도연구』, 일
    조각, 1992.

이순구, 「조선 중기 총부법과 입후의 강화」, 『고문서연구』 9 · 10, 한국고문서학회,
    1996.

이태진, 『한국사회사연구 : 농업기술 발달과 사회변동』, 지식산업사, 1986.

정긍식, 「16세기 봉사재산의 실태」, 『고문서연구』 9 · 10, 한국고문서학회, 1996.

＿＿＿, 「16세기 첩자의 제사승계권」, 『사회와 역사』 53, 한국사회사학회, 1998.

＿＿＿, 「묵재일기에 나타난 가제사의 실태」, 『법제연구』 16, 한국법제연구원, 1999.

＿＿＿, 「조선 전기 4대봉사의 형성과정에 대한 일고찰」, 『법제연구』 11, 한국법제
    연구원, 1996.

＿＿＿, 「조선 초기 제사승계법제의 성립에 관한 연구」, 서울대 박사학위논문,
    1996.2.

조선총독부 지음, 정긍식 옮김, 『관습조사보고서』, 개역판, 한국법제연구원, 2000.

최재석, 「조선 중기 가족 · 친족제의 '재구조화'」, 『한국의 사회와 문화』 21, 한국정
    신문화연구원, 1993.

＿＿＿, 『한국가족제도사연구』, 일지사, 1983.

적자와 서자

『대구부호적대장』(서울대 규장각 소장).

『대사마양대박실기』(양씨문중 목판본).

『양주익선생문집』(양씨문중 영인본).

이종일, 「18, 19세기의 서얼소통운동에 대하여」, 『한국사연구』 58, 한국사연구회,
    1987. 10.

＿＿＿, 「조선 후기 적서신분변동에 관하여」, 『한국사연구』 65, 한국사연구회, 1989.
    6.

『조선왕조실록』.

족 보

이수건, 「조선시대 신분사관련자료의 비판──성관, 가계, 인물관련 위조자료와 위
　　　조를 중심으로」,『고문서연구』14, 1998,

＿＿＿, 「고려시대 지배세력과 향리」, 계명사학회,『계명사학』, 1997.

＿＿＿, 「조선 초기 토성(土姓) 연구」, 영남대 민족문화연구소,『민족문화논총』,
　　　1997.

＿＿＿, 「여말선초 토성이족(土姓吏族)의 성장과 분화──안동권씨를 중심으로」,
　　　『이기백 선생 고희기념한국사학논총(상)』, 1994.

＿＿＿, 「조선 전기 성관체계와 족보의 편찬체제」,『박영석 교수 회갑기념 한국사
　　　학논총(상)』, 1992.

＿＿＿, 「조선 전기 지방통치와 향촌사회」,『대구사학』, 1989.

＿＿＿, 「고려시대 읍사(邑司) 연구」,『국사관논총』.

제4부 경제생활

시장교환

고동환,『조선 후기 서울상업발달사연구』, 지식산업사, 1998.

이병천, 「조선 후기 상품류통과 여객주인」,『경제사학』6호, 1983.

이성임, 「조선 중기 오희문가의 상행위와 그 성격」,『조선시대사학보』8, 1999.

＿＿＿, 「조선 중기 유희춘가의 물품구매와 그 성격」,『한국학연구』9, 인하대 한국
　　　학연구소, 1998.

이영훈,『한국 민주주의와 시장경제의 역사적 특질』, 한국개발연구원, 2000.

이헌창, 「조선 후기 충청도지방의 장시망과 그 변동」,『경제사학』18, 1994.

한상권, 「18세기 말~19세기 초 장시발달에 대한 기초연구」,『한국사론』7, 1981.

홍희유,『조선상업사』, 과학백과사전출판사, 1989.

물가변동

『고문서집성』21・22, 한국정신문화연구원.

김용섭, 『조선후기농업사연구』, 일조각, 1970.

박병호, 『한국법제사특수연구』, 한국연구원, 1960.

이수건, 『경북지방고문서집성』, 영남대 출판부, 1981.

이영훈, 『조선후기사회경제사』, 한길사, 1988.

최승희, 『한국고문서연구』, 지식산업사, 1989.

양반의 벼슬살이와 수입

이성임, 「조선 중기 오희문 가의 상행위와 그 성격」, 『조선시대사학보』 8, 1999.

_____, 「조선 중기 유희춘 가의 물품구매와 그 성격」, 『한국학 연구』 9, 인하대 한
　　　국학 연구소, 1998.

약국과 의원

한국정신문화연구원, 『고문서집성 8 —— 광주 안씨, 경주 김씨 편』, 1990.

유만주, 『흠영』 1~6, 서울대 규장각, 1997.

제5부 풍 속

연 희

김동욱, 『한국가요의 연구』, 을유문화사, 1984.

사진실, 「산대의 무대양식적 특성과 공연방식」, 『구비문학연구』 제7집, 한국구비문
　　　학회, 1998.

_____, 『한국연극사 연구』, 태학사, 1997.

윤광봉, 『조선 후기의 연희』, 도서출판 박이정, 1998.

_____, 『한국연희시연구』, 이우출판사, 1987.

전경욱, 「탈놀이의 역사적 연구」, 『구비문학연구』 제5집, 한국구비문학회, 1998.

_____, 「탈놀이의 형성에 끼친 나례의 영향」, 『민족문화연구』 제28호, 고려대 민족
　　　문화연구소, 1995.

세시풍속

정승모, 「조선 중기 전라도 순창군 성황제의의 성격」, 『역사민속학』 7, 한국역사민

속학회, 1998.

_____, 「동족 지연공동체와 조선전통사회구조」, 『태동고전연구』 1, 태동고전연구
　　　소, 1984.

_____, 「민간신앙」, 『한국사』 35, 국사편찬위원회, 1998.

_____, 『시장의 사회사』, 웅진닷컴, 1992.

조선시대 생활사 2

1판 1쇄 발행 2000년 9월 30일
1판 8쇄 발행 2011년 12월 23일

지은이 · 한국고문서학회
펴낸이 · 김백일
펴낸곳 · 역사비평사

출판등록 · 300-2007-139호.(2007. 9. 20)
주소 · 110-260 서울시 종로구 가회동 173번지
전화 · 02-741-6123~5 팩스 02-741-6126
홈페이지 · www.yukbi.com 전자우편 · yukbi@chol.com
ISBN 89-7696-511-0 03910